성안집 사람들

성안집 사람들

강인숙 지음

열림원

내 고향과 내 조국은
어려서 살았던 퇴락한 성안집 울타리 안이며,
거기서 함께 살았던 혈족들이다.

머리말

 지난해가 구순이었다. 어려서부터 몸이 약했는데 예상치 않게 너무 오래 살았다. 90년이면 한 세기에 가까운 세월이다. 식민지 시대와 국토 분단과 네 번의 전쟁이 담겨 있는, 엄청난 한 세기다. 지나온 세월을 정리하는 차원에서 그동안 출판했던 글들을 모아 자전적 에세이 전집을 내기로 했다.
 한 세기 동안에 전쟁을 네 번이나 겪은 나라에, 20세기에 태어난 한 인간으로, 남존여비 사상에 물들어 있던 시절에 딸 많은 집 셋째 딸로 태어난 한 여자로, 자기 일을 가진 한 주부로, 내게 주어졌던 삶이 어떤 것이었는지 시발점부터 차근하게 점검해보고 싶어서였다.
 그런데 쓰다 보니 우리 삶에 들어와 있는 사회와 역사의 몫이 예상외로 크다는 생각이 들었다. 전통적 가족관과의 관계도 유사했다. 나의 이야기가 남의 이야기와 공통분모를 가지고 있다는 것을 느끼기 시작한 지는 오래되었다. 1990년대 「박완서 소설에 나타난 모성」에 대해 논문을 쓰려고 자료를 찾아보다가, 문득 한 가족의 이야기가 곧 한 사회의 축소판일 수도 있겠다는 생각을 하게 된 것이다. 박 선생과 나는 출신지가 다르며, 가족 구성도, 환경도 같지 않다. 그런데도 두 집안 사이에는 많은 공통성이 있는 걸 발견했다.

1. 아버지 자리가 비어 있는 안방
2. 아버지 대신 신주처럼 떠받드는 맏아들의 존재
3. 실질적인 가장인 자립정신이 강한 어머니
4. 교육에서만은 남녀차별을 하지 않는 어머니의 진취성
5. 아들 대신 가장 역할을 하는 딸의 존재
6. 그런데도 여전히 남아 있는 남존여비 사상과 남아 선호벽

그것은 어쩌면 20세기 초 한국 중산층 가정의 보편적인 패턴이 아니었을까 하는 생각이 들었다. 박완서론을 쓰면서 발견한 것은 한국 전통 사회의 부성 부재 현상이었다. 그건 가부장 제도의 허점이기도 했다. 최고 연장자가 집안의 수장인데, 할아버지가 장수하시면 아들이 설 자리가 없어진다. 그래서 아버지들은 밖에서 나도는 일이 많았다. 잘못하면 『삼대』에 나오는 덕기네

집처럼 열쇠 꾸러미가 아들을 건너뛰고 손자에게 전해지는 일도 일어난다. 박 선생네와 우리 집은 원인은 다르지만, 안방에 아버지가 없었다는 점에서는 동질성을 지녔다. 박 선생 글에서 보면, 풍을 맞아 권위를 상실하기는 했지만, 할아버지가 아직 생존해 계시는데도, 며느리들이 모여 낡은 서적들을 찢어 노끈을 만들면서 할아버지의 자랑인 양반 제도를 비웃는 장면이 나온다. 할아버지 권위의 이러한 약화 현상에서, 한국 가부장 제도의 붕괴가 드러난다. 아버지는 없고, 아들은 이념 전쟁에 휘말려 폐인이 되어 있는 『엄마의 말뚝』의 세계에서, 남자들은 대체로 제 구실을 못 하고 있다. 그러니 가정을 지탱하는 것은 어머니와 딸이다.

우리 집도 마찬가지였다. 할아버지의 권위 약화, 부성 부재 현상, 오빠의 부모 봉양 능력 부족 등은 우리 집에서도 일어난 현상이다. 아버지는 집에 못 오시고, 조혼한 오빠는 아이가 많아, 아들 노릇을 할 여력이 없다. 그래서 전시에 부모를 봉양한 것은 박 선생댁처럼 딸이었다. 유교적 가부장 제도가 무너져 내리던 시기에, 집안을 지탱해준 것은 그렇게 여자들인 경우가 많다. 일제 시대까지도 한국 사회를 받쳐주던 기층문화는 모계사회적 전통에 뿌리를 내리고 있었던 것이다.

그런 보편적 패턴 외에 각 집안에는 개별적 특징이 있다. 그것은 가족 각 개인의 차이로 다시 세분화되고 다양화된다. 사회에 닿는 부분이 서로 다르므로 구성원 하나하나가 마주치는 문제는 각기 다르게 나타나기 때문이다. 그 개개의 문제가 모자이크가 되어 한 시대의 한 부분을 나타내는 가족의 사회사가 되는 것이고, 가족의 사회사가 모이면 민족의 사회사가 되는 것이 아닌가 싶어서, 가족들의 문제를 모두 다루는 에세이를 계속 쓰게 된 것 같다. 나는 2004년부터 2024년까지 다음과 같은 일곱 권의 자전적 에세이집을 출간했다.

1. 『아버지와의 만남』(2004)
2. 『어느 고양이의 꿈』(2008)
3. 『셋째 딸 이야기』(2014)
(이 세 권을 합하고 추려서 이번에 『성안집 사람들』로 출간하는 것임)
4. 『서울, 해방공간의 풍물지』(2016)
5. 『어느 인문학자의 6·25』(2017)
6. 『글로 지은 집』(2023)
7. 『만남』(2024)

이번에 그것을 한데 묶어 자전적 에세이 전집을 내게 되었다. 일곱 권 중에서 1, 2, 3권은 일제 시대의 이야기다. 겹친 부분이 많고, 가족 이야기의 비중이 너무 커서 전집에서는 세 권을 하나로 묶기로 했다. 그 대신 할아버지 세대의 이야기를 새로 추가

했다. 1권인 『성안집 사람들』은 거기까지다. 해방부터 6·25까지 4권에 나오기 때문이다. 한 가족의 역사 속에는 그 배경이 되는 시대적 상황이 방영되어 있다. 그래서 새로 한 세대를 추가하였다. 문명개화에 참여한 동생과 참여하지 못한 형의 이야기를 새로 추가해서 오리진에 접근하려 한 것이다.

첫 권인 『성안집 사람들』에서는 개인의 배경이 되는 가족사가 주로 다루어진다. 대문을 열고 들어가 정면에서 건물의 배치도를 한꺼번에 파악하는 것처럼, '나'라는 한 인간을 만들어낸 한 집안의 다양한 문제들을 파노라마 같은 한 폭의 벽화로 먼저 보여드리는 것이다.

우리 집의 개별성은 근본적으로 유적민流謫民의 후예라는 점에 있다고 할 수 있다. 귀양 가는 유형의 사람들이 타고난 타협을 모르는 강직함과 문관의 허약성, 비현실성 때문에 유발되는 유적지에서의 가난, 그런 여건 속에서 격이 맞지 않는 향학열 등이 기본항으로 주어져 있는 것이 우리 집의 특성이다. 그런 환경에서 버라이어티 쇼가 벌어진다. 사람들 하나하나에게 부과된 운명적인 사건의 양상이 서로 다르기 때문이다. 대상은 조부와 아버지와 우리 형제 3대의 6·25 때까지의 이야기로 한정했다.

이번에 새로 쓴 부분은 조부 세대다. 그건 개화 세대라고 할 수 있다. 1879년과 1891년생이신 할아버지 두 분은 성격이 지나치게 강직하고 급하셨다. 시대적 배경은 가파른 식민지 초기인데, 타협을 모르는 남자 두 분이 무서운 얼굴로 가족사의 첫머리에 서 계신다. 사회적 여건에 의해 짓이겨질 운명이 예견되는 구도다. 그 어른들은 개화의 양면을 대표하기도 한다. 한 분은 개화의 선두에 서 계시고, 한 분은 그 흐름에서 탈락하고 있기 때문이다.

형보다 12년 늦게 태어난 작은할아버지는 1907년부터 와세다 대학 정법과를 졸업하는 1924년까지 학과 과정을 정상적으로 밟으면서 최고 학부까지 깨끗이 끝마친다. 개화파의 선두에 서 있던 엘리트인 그 어른은, 졸업하자마자 학교 교장이 된다. 그런데 열두 살에 소년 가장이 된 우리 할아버지는 그런 동생의 치다꺼리까지 하느라고 학교 문전에도 못 가보셨다. 개화의 대열에서 완전히 탈락한 것이다. 그런 격차가 있는데도 불구하고 두 분 다 좌절로 끝난다는 데 문제가 있다. 식민지라는 여건이 지적 엘리트마저 짓뭉개버렸기 때문이다.

아버지 세대의 문제는 독립운동이다. 10대에 참여한 독립운동 때문에, 어려서 큰 역할을 하지도 못한 19세의 한 남자는, 3년간 옥살이를 하고도 해방될 때까지 고향에 가는 것이 금지되는 벌을 받는다. 군자금 모금 조직과 연결되어 있었기 때문이다. 그래서 우리 집에는 일제 시대 내내 아버지가 안 계셨고, 별수 없이 어머니가 가장 역을 대행했다. 신여성이 아닌데도 자립심이 강하고 유능해 여자 가장 역할을 제대로 수행한다는 점에서, 우리 어머니는 박완서의 어머니와 닮았다. 신식 교육을 받지 않았는데도 자립정신이 투철한 여성들이다.

오빠의 문제는 맏아들이라고 미술을 못 하게 한 것과 조혼, 그리고 학도징용이다. 학병을 겨우 피했는데, 학도징용에 걸린 오빠는 중노동을 하다가, 평생 고질이 되는 전신 신경통을 얻었고, 졸업을 못 해서 해방되던 27세 때까지 신분이 학생이었다. 아이가 둘이나 있는 가장이었는데 말이다.

해방되던 해에 여고 4학년이던 큰언니는 정신대 때문에 희생되는 세대에 속한다. 보지도 못한 신랑과 열아홉에 결혼한 언니 세대에는 불쌍하게도 6·25 때 청상이 된 사람이 많다. 우리 큰언니도 두 아이를 안고 스물세 살에 혼자가 되는, 박경리 선생과 같은 역정을 밟았다.

남동생이 피난 와서 죽자 어머니가 비탄에 젖어 있는 기간이 너무 길었다. 그 기간에 여동생은 녹내장에 걸렸다. 어머니가 슬픔에 빠져 늦게 손을 써서, 시야가 흐려 학교에 못 다니게 되었다. 그녀의 문제는 난민 캠프의 수난이고, 비극이다. 막내는 부모님이 원하지 않는데 태어났다. 'Unwanted baby'의 문제가 그녀의 비극이다. 우리 집 6남매 중에서, 정상적인 순서대로 학교를 마친 것은 절반밖에 되지 못한다. 시대가 요동을 치는 모습이 거기에서도 나타난다.

『성안집 사람들』에 실려 있는 글들은, 대체로 그동안 『네 자매의 스페인 기행』(2002), 『아버지와의 만남』(2004), 『셋째 딸 이야기』(2014) 등에 이미 발표한 에세이들이다. 부족한 부분에 보완 작업을 좀 했을 뿐이다. 하지만 할아버지 형제분의 이야기는 다르다. 이번에 새로 쓴 것이다. 가족의 범위를 한 대 더 넓혀서 개화기까지 포함시켰다. 19세기 말부터 20세기 중반까지 한 가족의 3대 이야기가 이번 전집의 대상이다.

2권부터는 나의 자전적 에세이 시리즈가 된다. 그러니까 『성안집 사람들』은 전집의 서론에 해당한다고 할 수 있다. 우리 가족이 살아온 식민지 시대와 귀양다리의 후예다운 적응력의 부족, 유년기를 보낸 외딴집 고립성의 기본항이 되는 점에서 나는 우리 가족과 공통분모를 지닌다.

하지만 나의 삶은, 해방 후 서울에서 살아온 80년간의 도시민 생활에 비중이 무겁게 실린다. 기간이 길기 때문이다. 나의 자전적 에세이집은 결혼 전의 이야기 세 권과 결혼 후를 그린 『글로 지은 집』과 2024년에 나온 이어령과의 『만남』으로 일단 마감될 것이다.

우리나라에는 자전적인 에세이나 가족을 그린 대하소설이 적은 편이다. 그래서 나의 자전적 에세이가 다른 분들의 가족사 에세이를 유발하는 계기가 되었으면 하고 기대해본다. 역사도 결국 개인이 모여 만드는 집단의 기록이니, 가족사 이야기가 많으면 역사책 쓰기에 이바지하는 면이 많을 것 같기 때문이다.

종이책이 수난을 겪는 시기에 상업성이 적은 책을 내주신 정중모 사장님과 수고하신 모든 분들께 깊은 감사를 드린다.

2025년 9월

小汀 강인숙

차례

머리말 7

1. 나 놀던 옛 동산

성안집의 추억 23
무더위 속의 강복降福 29

2. 귀양다리의 후손들

귀양다리의 향학열 35
소년 가장의 아픔 46
자기 이름을 손수 지은 대학생 55
창씨개명 이야기 71

3. 아버지와의 만남

아버지와의 만남	77
게아의 딸들	85
어느 쾌락주의자의 박애주의	90
아버지의 뗏목	99
아버지의 집	114
산과 그림자	123
말년의 아버지	136

4. 삭풍과 싸우는 여인

어머니를 위한 비망기	151
삭풍朔風과 싸우는 여인	159
어머니와 기독교	166
어머니의 찬송가	170
차임벨과 묘지	173
어머니가 남긴 말들	179

5. 나의 오빠 오봉五峯선생

호랑나비를 잡던 소년	201
지카다비와 북행열차	206
어둠 속에 찍힌 판화 — 막내가 본 1945년의 북한	211

어느 카레이스키의 자아비판	222
상처 그리고 6·25	226
전주와의 만남	228

6. 언니의 혼일婚日

비상시의 이력서	235
언니의 혼일婚日	247
향수동	300
내 집에 가 죽을래	324

7. 잠자는 공주의 잠꼬대

잠자는 공주의 잠꼬대	329
가달거리기와 걷어 먹이기	333
이름값	341
작은언니와 사르다나 춤	349

8. 셋째 딸 이야기

딸 많은 집 셋째 딸	355
어느 고양이의 꿈	364
조세트 원피스와 무명 속옷	375

9.   어느 읍의 이야기

어느 읍의 이야기 383
병복病福 388
우리들의 병든 기쁨조 394

10.   남동생의 숙제장

갈대 마나님 — 죽은 동생의 숙제장 403

11.   막내의 '은하수'

막내의 '은하수' 409

해설   가족 이야기의 서사 심리학 — 서경자(문학평론가)   417

1
나 놀던 옛 동산

성안집의 추억

동쪽에 큰 산이 있다. 산새도 쉬어 넘는다는 마운령摩雲嶺 산맥의 끝자락이다. 북쪽은 인공으로 쌓아 올린 높은 동산이다. 동산 뒤는 20미터가 넘는 가파른 낭떠러지. 방어용 요새 터여서 인공으로 만든 북벽이 부자연스럽게 높다. 마운령을 넘기 전 마지막 고을인 곡구谷口에는 왕조 시대의 큰 역참 터가 있었다. 폐허가 된 지 오래인데도 1940년대까지 북쪽은 여전히 낭떠러지였고, 서남쪽에는 개천이 'ㄴ'자형으로 흐르고 있었다. 개천 둑이 방벽이었고, 개천은 천연의 해자였던 것이다. 규모가 컸던 역참 건물들은 한일합방 후에 모두 헐려서 수만 평의 성안에는 건물이 하나밖에 남아 있지 않았다. 방 세 개짜리 작은 주택이다. 지붕이 절반만 기와로 이어져 있고, 고방도 마방도 없는 단출한 건물을 자연석으로 쌓은 돌각담이 둘러싸고 있었다. 그 작은 건물이 우리가 1942년까지 살던 성안집이다. 남북쪽으로 보면, 절반이 동산이고 절반은 평지다. 평지는 일할 사람이 없어서 잔풀이 돋아 있는 대로 목초지처럼 방치돼 있었고, 넓은 뒷동산에는 과수원이 있어서 풍경이 평화로웠다. 과수원 한복판에 1,200년 된 은행나무가 하나 서 있다. 신라 때부터 있어 온 나무다. 균형이 잘 잡힌 장엄한 거목이다. 늙어서 더 검어진 은행나무 등걸 아래에, 봄이면 백매화가 풍성하게 핀다. 성안 한가운데를 가로지르는 하얀 길가에는 유록색 댑싸리가 심겨 있었고, 5월이면 서쪽에 있던 오동나무 숲에 풍성한 보랏빛 꽃이 만발한다. 그래서 그 폐허에는 폐허다운 황량함이 없었다. 그곳은 내가 지상에서 살아 본 가장 아름다운 고장이다. 동산에는 과일이 심겨 있고, 봄이면 복숭아꽃도 핀다. 호랑나비가 날아다니는 여름에는 진달래 교목 잎에 벗어놓은 갑옷 같은 매미 껍질이 잔뜩 붙어 있다. 예전에는 텃밭 자리에 천 평짜리 연못이 있었다고 한다. 그곳도 지금은 개천둑이 울타리가 되는 빈 풀밭이다.

  시간이 지나면서 개천 둑은 차츰 가라앉아 낮아졌고, 건물은 지대가 높은 데 있어서. 마루에 앉아 있으면, 개천 너머 남쪽 들판에 장난감 같은 기차가 다니는 철로가 보인다. 그리고 철로 너머에 남벽藍碧색 바다가 있다. 동쪽과 서쪽에 터널이 있고, 그 사이에 둥그스름하게 모래사장이 펼쳐져 있는…… 풍성하고 아름다운, 청정 해역이다.

옛날 이곳에는 역(驛)이 있었다. 마운령이 워낙 험해서 이곳은 옥저 시대부터 국경 지대였기 때문이다. 그 험준한 산마루가 만주와 조선을 갈라놓았고, 신라와 고구려도 갈라놓았다. 이원군은 진흥왕이 순수비를 세운 신라의 마지막 접경지대다. 그 웅장한 산은 고려 때도 중국과의 경계선이었다. 김종서가 육진을 정벌하기까지 그곳은 계속 외국과의 경계선이었다. 지금도 함경북도와 남도를 갈라놓는 경계선이어서, 여기에는 오래전부터 말과 사람이 쉬어 갈 큼직한 성이 세워져 있었다. 그래서 사람들은 그 폐허를 "성안"이라 불렀고, 그 안에 사는 우리를 성안집 사람들이라 불렀다.

우리 집은 성안의 폐허에 남은 마지막 건물이다. 집에서 한참 올라간 동쪽 산 중턱에 또 하나의 외딴집이 있다. 우리 뒷동산에서 과수원을 경영하는 과수원집이다. 그 집에는 주독이 올라 코가 빨개진 영감님이 딸들과 살고 있었다. 과수원집 영감님은 안목이 있는 분이었던 것 같다. 그가 가꾸는 동산의 과수원은 손질이 잘 되고 꽃들이 구색을 갖춰 심겨 있어 아름다웠다. 그분은 은행나무 둘레에 백매화를 심어놓았고, 가을이면 외딴집에 노란 국화가 만발했다. 길가에 사철 유록색인 댑사리를 정연하게 심어놓은 그 영감님은 우리 집 옆에 꽈리밭도 만들어놓았다.

문제는 그 집과 우리 집에 장정이 하나도 없다는 데 있었다. 할아버지는 마을에서, 아버지는 서울에서 딴 살림을 차리고 있는 우리 집에는, 오빠마저 유학을 가서 여자만 가득하다. 윗집도 마찬가지다. 호랑이가 드나들던 시절인데, 그 넓은 성안에 노약자와 아녀자들만 살고 있었다. 홍수가 나면 개천 둑이 성안 쪽으로 터지는 것은 그 때문이었던 것 같다.

1942년에 엄청나게 큰 홍수가 나서 우리 집 쪽 개천 둑이 터진 일이 있다. 캄캄한 밤이었는데 강물이 노도처럼 밀려 들어왔다. 삽시간에 성안 땅이 몽땅 호수로 변한 것이다.

둑이 터질 기미가 보이면, 제일 먼저 자리를 옮기는 것은 은행나무 둥지에 사는 늙은 구렁이다. 터줏대감인 구렁이의 이동은 강력한 위험 경보다. 어머니는 그걸 보시더니 비가 오기 전에 중요한 물건을 모두 뒷집으로 옮겼다. 비가 오기 시작하자 사람들도 옮겨갔다. 제일 먼저 검은 지리멘 띠로 싸 업은 조카가 떠났다. 그다음은 할머니와 우리 형제 차례다. 하지만 어머니는 그곳을 떠나지 않았다. 어머니는 빈 장롱들이 둥둥 떠다니는 홍수의 현장을 그 밤 혼자 지켰다. 밀려들어 온 고목 등걸에서 인광燐光이 피어 도깨비불들이 출렁이는 물살을 따라 미친 춤을 추는 칠흑의 밤에 마흔이 갓 넘은 어머니는 성안을 지키는 수호신처럼 그 재난의 현장에 혼자 서 있었다.

전날까지만 해도 우리는 낮에 새언니랑 유치원놀이를 했다. 수박색 새틴 치마에 하얀 노방 깨끼적삼을 입은 이쁜 언니가 어린 시누이들에게 노래와 춤을 가르쳤다. 탄산수 같은 매미 소리가 울려 퍼지는 그림 같은 동산에서 서늘한 기운이 흘러 내려오는 여름의 한나절을, 우리는 손을 잡고 윤무를 추었다. 방학이 되면 우리 집에서는 언제나 축제가 벌어진다. 서울에서 오빠와 언니들이 오기 때문이다. 먼 곳, 가까운 곳의 친척들이 모여들고, 작은고모가 송편을 이고 온다. 홍수가 나던 1942년의 축제는 유난히 풍성했다. 술이 달린 세발자전거와 에스키모 이야기가 나오는 "소년구락부少年俱樂部"가 쏟아져 나왔기 때문이다. 동네 아이들이 신이 나서 빗자루를 들고 자전거 뒤를 따랐다. 템포가 빠른 군가들을 부르며 전쟁놀이를 시작한 것이다. 그러나 우리가 윤무를 추는 태평연월은 곧 끝이 났다. 그날 밤에 내린 비로 둑이 터져서 집이 못 쓰게 된 것이다. 할 수 없이 우리는 반딧불이 난무하던 아름다운 성안집을 떠나야 했다. 마치 그것이 신호인 것처럼 재앙이 꼬리를 물었다. 할머니가 돌아가셨고, 오빠는 학도병學徒兵을 피해 만주로 떠났으며, 큰언니는 정신대에 쫓기게 되었고, 아버지는 토질이 도져서 피를 토하며 돌아오셨다.

 그렇게 시작된 재앙은 일본 사람들이 떠나가도 끝이 나지 않았다. 로스케들이 밀려오고, 공산당이 권력을 잡자 숙청 바람이 불기 시작된다. 해방되고 석 달 만에 우리는 그곳을 영원히 떠났다. 우파인 아버지가 숙청 대상에 든 걸 알았기 때문이다. 겨우 손에 들 만큼의 짐만 가지고 우리는 기차 꼭대기에 올라갔다. 죄 지은 사람들처럼 밤중에 몰래 고향을 등진 것이다. 그것은 우리가 38따라지로 전락하는 비극의 시작이었다.

1504년에 갑자사화甲子士禍로 우리 조상들은 두만강 변의 "영달진"으로 귀양을 갔다. 귀양이 풀린 후 후손들이 고향을 찾아 남하하다가 험준한 마천령 고개 때문에 주저앉은 곳이 이원利原 고을의 무[文坪里]고, 그다음에 자리 잡은 곳이 관동리舘東里의 성안집이다. 그곳을 떠난 지 어느새 반세기가 가까워져 온다. 그동안 전라도로, 경상도로 피난 다니던 성안집 후예들은 지금은 거의 다 미국에 가서 아직도 정착을 못 하고 유랑하고 있다. 메마른 지구의 위에서 길 잃은 개미 떼처럼 처절한 행군을 하는 그들을 생각한다. 귀양은 풀렸지만, 고향으로 가는 길은 아직도 뚫리지 못한 것이다.

지금 나는 뻐꾸기가 우는 북한산 기슭의 외딴집에서 잡초를 뜯으며, 살아 있어도 서로를 볼 수 없는 미국의 혈육들을 생각한다. "내 조국은 내가 자란 브루클린 14구다"라고 헨리 밀러Henry Miller가 말했다. 그러나 내게 고향은 어느 고장이 아니다. 어느 마을도 아니다. 내 고향과 내 조국은 어려서 살았던 퇴락한 성안집 울타리 안이며, 거기서 함께 살았던 혈족들이다. 집은 예전에 없어졌고, 사람도 자꾸 줄어든다. 그래서 내 고향의 판도도 날마다 달마다 작아지고 있다.

1975년 『한국문학』

무더위 속의 강복降福

어린 날의 청정한 추억 속에는 시간을 잊게 하는 마력이 있다. 그 추억의 고장에 가면…… 나는 아직도 여섯 살짜리 조그만 계집아이. 저승에 간 할머니, 어머니가 내려와 마루에 앉아 있고, 산신이 사람들과 어울려 윤무를 춘다. 볕이 모자라 무더위도 축복으로 받아들이던 신화 속의 북쪽 나라. 그 고장의 기억은 언제나 여름이다.

그 고장의 여름은 누에와 함께 있다. 모기장이 쳐 있는 서늘한 뒷방은 농가의 성소聖所. 고개를 든 채 누에들은 힘든 잠에 취해 있고, 뽕잎의 물기를 닦으며 아낙들은 늙은 시종처럼 조신하다. 한번 앓을 때마다 재롱이 느는 갓난아기처럼, 한숨 잘 때마다 땟물을 벗어가는 누에의 변신. 몸속에서 비단실 잣기 위해 숨소리도 잦아든 잠실蠶室의 고요. 누에도 사람도 사제司祭처럼 경건하다.

 그 고장의 여름은 호박꽃의 향연이다. 낡은 돌담 에워싸고 호박꽃이 원색의 번식욕을 과시한다. 지신地神이 손수 가꾼 애호박들이 알몸을 드러내고 커가는 담 밑에서, 강낭콩은 강낭콩의 꽃씨를 잉태하고, 꽈리는 자기 몫의 결실을 도모한다. 길가에 선을 두른 댑사리의 대열들. 잡초까지 기죽을 펴는 그 분방한 성숙.

 그 고장의 여름은 매미 소리로 영근다. 개울을 넘어 옛 성터의 울안에 발을 들이면, 탄산수처럼 청량한 매미들의 제창이 시작된다. 수천 명의 관객이 일제히 터뜨리는 갈채 소리 같은, 높은 가지에서 쏟아져 내리는 매미 소리는 우리의 귀가를 환영하는 송가다. 이슬만 먹고 자란 그 고장의 매미는 성대가 틔어, 목청껏 부르는 여름의 노래는 언제나 싱그러운 환희의 찬가다.

 그 고장에서는 여름에 사람들이 모여 앉아 옥수수를 먹는다. 갓 삶은 옥수수는 반숙한 계란찜 맛. 별빛에도 달빛에도 옥수수는 영글고, 먹어도 먹어도 물릴 줄 모르는…… 옥수수의 미각은 고향의 바람 냄새. 푸성귀 다듬는 할매 옆에서 옥수수수염으로 다래를 만든다. 풀각시 머리에 다래를 얹어놓고, 방아깨비 넘나드는 툇마루에서 조손이 치루는 풀각시의 성년식. 각시 머리에 낭자 하나 틀어주며, 할매도 손녀도 가슴이 뛴다. 어느 여인국의 한가한 여름이다.

 그 고장의 앞뜰에는 바다가 있다. 청람青藍의 맑은 물이 풍성한 수해水海다. 정갈한 반달형 해변가에 근엄하게 솟아 있는 학사대學士臺의 거석巨石들. 선인仙人이 걸어 나와 새겨놓은 듯한 한시의 음각들이 거룩하다. 밤마다 밀물이 은밀히 밀려와서 흔들바위 한 자락을 한 치씩 돌려놓고, 도깨비불이 술꾼을 홀려 익사시킨다는 학사대 앞바다에 알섬이 있다. 투명한 어란들이 영글어가는, 알섬은 신선들의 서식처. 홍어가 치맛자락 펄럭이며 너울거리면 오빠들은 징병의 악몽을 잊고 어란 영그는 소리에 잠이 든다.

그 고장의 자장가엔 고저가 없다. 해조음처럼 같은 음이 반복되는 단조로운 가락. 모닥불 연기가 유령처럼 배회하는 어스름 속에서, 소금장수 이야기가 바닥이 나면, 구미호 이야기가 바닥이 나면…… "멍멍개야 짖지 마라. 꼬꼬닭아 우지 마라." 노 할머니는 언니 머리 긁어주고, 젊은 할매는 동생 머리 긁어준다. 꼬리에 불을 지핀 반디가 난무하는 산촌의 뜨락. 애기박이 매달린 처마 밑에서 주문처럼 반복되던 외딴집의 자장가.

그 고장의 하나님은 생김새도 알 수 없는 남성적인 산신령님. 해병처럼 외지에만 나도는 남정네들을 위해, 버섯처럼 발아래에서 자라나는 딸들을 위해, 산신 앞에 부복하던 어머니의 산신제식山神祭式. 옹달샘 물로 지은 메 한 솥의 제수 앞에, 말아 쥔 한지 한 장 하늘에 치켜들고, 종이 한 장만큼의 연기를 올리어서, 떠나간 남자들의 안녕을 기원하고, 종이 한 장만큼의 연기를 올리어서 남아 있는 딸들의 수와 복을 기원하며, 빈 산에서 피어 올린 어머니의 소지燒紙 공양.

 볕이 모자라 무더위도 축복으로 받아들이던 신화 속의 내 고향. 매미가 축가를 부르고, 고기 떼가 물살을 가르던 그 원초의 뜨락에, 지금도 햇볕이 쏟아지고 있을까? 지금도 바람이 불어오고 있을까?

1979년 8월

2

귀양다리의 후손들

귀양다리의 향학열

우리 집안에는 전통문화가 조금밖에 남아 있지 않았다. 갑자사화(1504년 10월 4일) 때 맏형과 조카 셋이 참살당하고, 본인은 함경북도 북단에 있는 온성穩城으로 귀양을 갔던 홍문관 교리 강집姜諿의 후손이기 때문이다. 왕이 바뀌자 귀양은 곧 풀렸지만, 가족을 참살당한 기억 때문에, 서울에 못 가겠으면서 강집 어른은 온성에 그냥 묻히셨단다. 하지만, 후손들은 근지가 있는 고향에 가려고 남쪽을 향해 걷기 시작했다. 서울에 가면 적어도 신분은 되찾을 수 있고, 과거도 볼 수 있기 때문이다. 그런데 이원군의 산이 하도 험해서 가족을 데리고 걸어 넘을 수가 없었다. 그래서 중간에 주저앉은 곳이 서면에 있는 문평리文坪里라는 산촌이었다.

온성은 우리나라 지도의 동북쪽 꼭대기에 있는 마지막 고을이다. 토끼 귀 끝부분에 해당하는 곳이어서 변방 중의 변방이다. 그런 곳에 귀양 가서 갇혀 살던 자리를 걸어서, 걸어서 남쪽을 향해 내려오던 강집의 후손들이, 너무 지쳐서 주저앉은 문평리는 깊은 산속에 있었다. 이웃 고을인 북청에 가려면 성대령星垈嶺이나 궐령蕨嶺을 넘어야 하는데, 그 산들이 너무 험해서 아녀자를 거느리고 가는 것이 불가능했다. 이원군은 산세가 어찌나 험한지 영마루 이름이 마운령摩雲嶺이 아니면 마천령摩天嶺. 마천루처럼 하늘을 만지는 스케일이다. 그래서 예로부터 천연의 국경 지대였다. 신라, 옥저의 국경선이 거기였고, 신라, 고려의 국경선도 역시 그곳이었으며, 지금도 함경북도와의 경계선이 이원이다. 진흥왕순수비가 발견되어 일제 시대에 그 고을은 신라의 마지막 고을임이 입증되었다.

고향으로 가려던 강집공의 후예들은 산을 넘으려다가 산속에서 한 세대가 사라졌다. 포기하고 유턴해서 다시 내려오는 과정에서 또 한 세대가 사라지곤 했다. 그래서 선산도 유턴을 하고 있다. 여러 대의 무덤들이 북청 가는 길가 산비탈 좌우에 널려 있다. 1974년에 외아들인 오빠가 먼저 세상을 하직하자, 아버지는 비탄 속에서도 산속에 버리고 온 조상들의 무덤의 소재지를 열심히 오빠의 비석 뒤에 적어놓으셨다. 수침동, 범석동, 조산리 등의 묘한 지명이 있었던 생각이 난다. 통일이 되면 후손들이 한 번이라도 그 무덤을 찾아가 보기를 아버지는 바라신 것이다.

산 아래라고 해도 문평리는 상당히 깊은 산속에 자리하고 있어서, 20세기에도 여전히 호랑이가 나오는 산속의 오지였다. 호랑이가 자주 내려와서, 마을 전체에 담을 쌓고 살아서, 동네의 별칭이 '담안'이 될 정도로 궁벽하다. 일제 말에 걷기 운동을 강요해서, 초등학교 5학년 때 하룻밤에 문평리 근처에 있는 정관사까지 80리 길을 걸은 일이 있다. 그때 나는 딱 한 번 그 산골 동네를 먼발치에서 보았다. 초가집이 드문드문 서 있는 한심한 벽촌이었다. 장이 서는 읍내까지 당일로 왕복하는 일이 어려운 거리라고 했다. 1940년대인데도 아직 그 마을에는 동네 전체에 담이 둘러쳐져 있었다. 그때까지 호랑이가 드나들었기 때문이다.

한국 사람들은 모두 자기 조상을 양반이라고 하는데, 그 말은 맞을 가능성이 크다. 계급사회가 안정되지 않은 데다가 당파 싸움이 잦아서, 우리나라에서는 걸핏하면 남자들을 귀양을 보냈고, 그때마다 연루자의 삼족 중에서 살아남은 아녀자들은 모두 관비로 전락하는 곤두박질을 되풀이하였기 때문이다. 그런 정치적 상황은 주인보다 머리가 좋은 노비를 양산했고, 전통적인 법도와 예법을 잊은 양반의 후손을 만들어냈다. 그들은 빈손으로 고향을 향해 가다가 길에서 주저앉은 사람들이어서, 제사도 제대로 지낼 수 없었고, 음식도 제대로 만들어 먹을 수 없었다. 종아리를 맞아가며 열심히 배운 유교적 법도는 그렇게 시나브로 소멸하여 갔다. 머리로 세상을 살던 문반들이라 농사를 지을 줄도 몰라서 귀양다리의 후예들은 거의 모두 제4계급에 속했다. 그런 세월이 자그마치 5세기나 지속하였으니 유교 문화의 전통이 제대로 남아 있을 수가 없다.

그런 형편인데도 귀양을 갈 때까지 불의와 맞서던 강직한 성품과 타협을 모르는 오기는 조금도 사그라지지 않았다. 우리 고장 사람들은 자존심이 강해서 돈이 없어도 비럭질을 하지 않는다. 남의 집 종살이도 하지 않는다. 그래서 식모와 거지와 기생이 없다. 없는 것이 또 하나 있다. 문맹이다. 아무리 가난해도 자식을 절대로 문맹으로 만들지 않는 상문주의는 앙금처럼 바닥에 깔려 있어서, 향학열이 비정상적으로 강했다. 그것이 이원군의 '사무삼결四無三缺 정신'이다.* 우리 고장에는 지주가 없다. 평야가 없기 때문이다. 과거를 못 보게 하니 양반도 없고, 노비도 물론 없다. 그러니 천생 자기 손으로 직접 화전을 일구거나, 배를 타고 바다에 나가서 일용할 양식을 구하는 길밖에 살 방법이 없는데, 그런 역경 속에서도 북청 물장사로 상징화된 향학열만은 사위지 않고 남아 있었다.

---

* 서울대 사회학과 원용면 씨가 정리한 함경도 사람들의 특징은 사무삼결이다. 기생이 없고, 식모가 없고, 거지가 없고, 문맹이 없다. 거기에 아첨할 줄 모르는 것, 타협할 줄 모르는 것, 적당히 처리하지 못하는 것이 세 가지 결점으로 지적되고 있다. 그런 융통성 없는 강직함이 사화마다 걸린 이유라고 할 수 있다(『利原郡誌』, 敎音社(1984년판), 166쪽 참조).

귀양은 사건의 주모자들에게만 주어지는 무거운 형벌이었으니, 당대의 최상층 사람들이 주로 대상이 된다. 지리적으로는 서울에서 멀리 보내질수록 거물이다. 그러니 국토의 북쪽 꼭대기까지 귀양을 간 우리 조상들도 별수 없이 양반이었다. 경남 진주가 본향인 우리 집안은 대사헌부터 시작해서 귀양 간 교리공까지 6형제가 있었는데, 형제 중에 이조 판서와 군수를 한 분도 있었다니 형제들 대부분이 연산군 때의 벼슬아치들이었다. 그중 세 명이 무오사화와 갑자사화에 연루되어 처형을 당했고, 다음 대도 세 명이나 처형되었다. 교리공만이 사화 당시에 지방에 계셔서 죽음을 모면하고 귀양을 가게 된 것이다. 그나마도 일족의 명맥이라도 이어주자는 동정론 덕이었다고 한다. 그래서 우리는 족보에 교리공파로 분류되어 있다.

가진 것이 없는 귀양다리들이 남의 고장에서 어떻게 생계를 유지해갔는지 나는 알지 못한다. 내 주위에서 그분들과 처지가 가장 가까웠던 무리는 1951년 흥남 철수 때 부산으로 내려온 피난민촌의 남자들이었을 것이다. 자유를 찾아 가산과 가족을 모두 두고 내려온 그 과감한 시골 유지들은, 밤이 되면 "밤마다 너를 찾아 38선을 헤매인다"라는 처절한 노래를 부르면서 날마다 부둣가에서 가슴을 쥐어뜯으며 울부짖더니, 투사들답게 얼마 지나지 않아서 살길을 찾기 시작했다. 자갈치 시장이나 미군 부대에서 막노동을 해서라도 자리를 잡아간 것이다. 배를 타고 바다로 나가는 분들도 있었고, 밀선을 타고 외국으로 떠나는 사람도 있었다. 적극적인 현실 대응이다. 그런데 그걸 못 하는 부류의 사람이 있었다. 서당 출신 학자풍의 30대였는데, 그는 몸이 약해서 막노동이 어려웠다. 그분은 오래오래 거리를 헤매다가 겨우 찾아낸 직업이 이 약 장사였다. 그런데 몸에 있는 기력을 다 짜내도 큰길에서 "이 약이요! 빈대 약이요!"하고 외칠 소리가 목에서 나와주지 않았다. 그래서 밤마다 벽을 차면서 그 소리를 외쳐대는 악몽 속에서 헤매고 있었다.

  우리의 유적민流謫民 조상들은, 아무래도 역경에 대한 대처 능력이 없던 이 약 장사 아저씨와 비슷한 타입이었을 것 같은 생각이 든다. 배운 것은 경서밖에 없는데, 그분들에게는 가혹한 환경이 기다리고 있었다. 그 무렵의 함경도에는 서당을 갖춘 마을이 적었으니 생업을 찾을 길이 없었던 것이다. 우리 고장은 바닷가까지 바위산이 다가서 있는, 토끼의 등뼈 부분에 위치해 있어서, 경치는 기가 막히게 좋은데 농토가 적다. 그러니까 거기에서 살려면 산비탈의 나무들을 찍어 내고 땅에 불을 질러서 버덕밭[*]이라도 손수 일구어내야 하는데, 글방 샌님들에게 그 엄청난 중노동을 감내할 체력이 있을 리 없다.

---

[*] 높은 곳에 있는 황무지 같은 데 있는 밭. 버덩밭인데 함경도에서는 버덕밭이라고 한다.

소년 가장이어서 할 수 없이 농사를 생업으로 삼았던 우리 할아버지가 외아드님인 아버지에게 쟁기질을 가르치다가, 너무 서툴러서 포기하셨다는 말을 들은 일이 있다. 아드님 손에만 가면 웬일인지 쟁기가 자꾸 공중으로 치솟아서, 크게 다칠 것 같아 손을 떼게 했다는 것이다. 엘리트 선비였던 우리 조상들은 아버지처럼 쟁기를 다루는 데서는 열등생을 면하지 못했을 것이니, 가난은 그분들에게는 숙명이었다. 그러니 갓을 살 돈이 없어지면 갓을 벗고 살 수밖에 없었을 것이고, 도포를 개비할 여유가 없어지면 도포를 버리는 수밖에 방법이 없었다. 입에 풀칠하는 일 자체가 버거워서, 그분들은 조상에게서 배운 법도와 예법을 야금야금 잊어가며 대를 이어나갔다.

하지만 그분들은 그런 역경 속에서도 자식을 문맹으로 만드는 일만은 절대로 하지 않았다. 유대인들처럼 그분들에게는 두뇌가 마지막 보루였다. 두뇌는 누구도 빼앗아 갈 수 없는 인간 최후의 자산이다. 가난하다고 머리가 나빠지는 것은 아니기 때문이다. 그래서 "강씨 치고 머리 나쁜 사람이 없다"라는 말을 듣게 된다. 하지만 그다음에 오는 평은 긍정적이 아니다. "강씨 치고 부자인 사람이 없다"라는 것이기 때문이다. 귀양인의 후예들은 사실상 사농공상 어느 계급에도 소속될 수 없는, 겉도는 존재였다. 그런 사람들이 몇 대를 두고 길 위에서 살았기 때문에, 비문화적으로 되어갔던 것이다.

하지만 결국은 그 두뇌 덕에, 우리의 5대조인 여대與大 할아버지는 그 와중에도 고을의 종신 좌수가 되셨다. 그건 함경도 사람이 할 수 있는 높은 자리였는지도 모른다. 그 어른은 치수 사업을 탁월하게 해서 명성을 얻으셨다고 한다. 토목 공사는 예나 지금이나 지출이 많고 건수가 복잡해서 모함을 당하기가 쉽다. 우리 할아버지도 누군가가 모함해서 서울에서 감사가 내려왔는데, 장기帳記 하나 들고 나오지 않은 여대 어른은, 몇 해 동안의 사업 명세를 줄줄이 정확하게 외워서, 자신의 결백을 완벽하게 입증해버렸다. 그때의 감사관이 그 기억력과 청렴성에 감복해서, 그분을 종생 좌수로 임명했다는 것이다. 청빈함과 추진력을 갖춘 강직한 인물이 기억력까지 좋으니 종신토록 좌수라도 할 수 있었던 것 같다.

 기억력과 사고력은 그분의 후손들도 모두 갖추고 있는 덕목이었다. 갑오경장이 머리만 좋고 체력은 모자라는 강씨 일족에게 면류관을 씌워주었다. 서북 사람은 과거를 못 보게 하던 고약한 제도가 없어지니, 강씨들은 남보다 앞서서 자기들이 잘하는 배움의 길에 몰입했다. 쌓여 있던 향학열이 분출하기 시작한 것이다. 그 틈을 비집고 들어온 것이 기독교와 서양 문명이다. 그래서 우리 집안은 일찍 개화가 되었다. 그져도 호랑이가 드나드는 이원군의 오지에는 1907년에 벌써 학교가 생긴다. 같은 무렵에 교회도 세워지면서 문평리에는 재봉틀과 뜨개질까지 들어왔다.

우리 어머니는 신혼 초에 문평리에서 이미 일급 편물사였으며, 재봉틀도 가지고 있어서, 생계에 많은 도움이 되었다고 한다. 1920년대 초반의 일이다.

유교적 전통의 취약지구인데 교육열은 높으니까 신문명은 흡반처럼 신속하게 흡수되었다. 사람들은 미친 듯이 학교에 다니기 시작했고, 초대교회의 신자들처럼 신명을 다해서 새로 들어온 신을 믿었으며, 인간 평등사상과 개인 존중 사상에 물들어갔다. 사방 백 리밖에 안 된다는 그 작은 고을에서, 일제 시대에 강흥수, 강원용 두 목사가 나온 것은 그런 정신적 배경 덕이다. 억눌렀던 교육열도 분출했다. 과거 금지법이 없어지니 희랍인 노예 같던 유적민의 후예들에게 기회가 열린 것이다. 그래서 북청 물장사 신화처럼 가진 것이 하나도 없는 빈촌에서 새 시대의 일꾼들이 배출되었다. 1920년대에 경성제대 출신이 여러 명이 나오는 이변이 생겨났다.

그 초석을 놓은 것이 종가댁이다. 종손이던 강현수姜賢秀 어른은 여대輿大 할아버지가 조성해놓은 넓은 선산을 과감하게 팔아 아드님에게 신식 공부를 시켰다. 일본에 가서 일고一高를 나오게 하고 경성제대 의학부에 가게 한, 본격적인 교육열이었다. 아드님이 졸업을 하자 그 어른은 의사 아들에게 익선동 34번지에 최신 시설을 갖춘 '강내과의원'을 차려주셨다. 오진암梧珍庵 바로 옆이었던 그 집에 나도 가본 일이 있다. 사랑채만 해도 이미 너무 넓고 컸다. 종손 어른은 고을에 도서관 세우기, 학교 세우기 등에도 힘을 써서 산촌의 작은 마을을 아주 빠르게 개화시켰다.

아드님이신 강건하姜乾夏 박사는 유명한 내과 의사인데, 최남선 선생의 아드님과 대학 친구여서 그 집에 드나들다가 나중에는 사위가 되셨다. 강 박사는 정치에도 관심이 많으셨던 것 같다. 6·25 때에 납북된 것은 한민당 발기인이었기 때문이었다고 한다. 우리 문중에 강필동姜必東이라는 분이 『율계집栗溪集』 6권을 남겨놓고 돌아가셨는데, 자신의 사후 4대손이 성년이 되는 날 공개하라고 유언하셨다고 한다. 율계집 공개 모임이 1920년대에 우리 고향에서 벌어졌다. 그 책에 진흥왕의 마운령 순수비 이야기가 나온다고 해서, 강현수 어른이 사돈인 최남선 씨를 그 모임에 초대한 것이 마운령 순수비 찾기의 도화선이 되었다. 마운령 순수비는 강건하 씨 댁을 통하여 최남선 선생께 알려진 것이다. 그 비석은 신라의 국경선을 다시 긋게 만드는 중요한 유적이었다.

서울 한복판에 종가가 그렇게 터를 잡자, 고향의 많은 청소년이 그 집을 의지하여 서울에 전문교육을 받으러 왔다. 보성전문을 졸업한 강용하 선생이 보성학교에서 교편을 잡으면서, 돈암동에 두 번째 아지트가 생겨났다. 담안 강씨들은 그 두 집에 와 묵으면서 줄줄이 보성학교를 거쳐 경성제대와 연·고대 등에 들어갔다. 경성제대 법문학부에 다닌 강현태姜顯泰 씨를 위시해서

1920년대에 경성제대 출신이 여러 명 나왔다. 증조부가 일찍 병사해서 우리 집은, 그 동네에서도 가난한 축에 속했을 텐데도, 작은할아버지는 1907년부터 1924년 와세다 대학 정법학부를 졸업할 때까지 정규 코스를 제대로 밟고 학업을 마치셨다. 어머니가 머리를 잘라 다래를 만들어 학비를 댈 정도로 온 가족이 향학열이 높아서, 큰고모까지 서울 유학을 보내는 희한한 일이 그 산골 동네에서 벌어진 것이다. 그 치열한 교육열은 우리 세대까지 이어졌다. 지금 모두 미국에 이민 가 있는 우리 자매들은 빈손으로 이민 갔는데도 대학에 못 간 조카가 없다. 피난 와서 5년 만에 다시 피난을 간 우리 집에서도 작은 언니와 내가, 학기도 어기지 않고 제때에 대학을 나온 기적 같은 일이 벌어졌다. 상문주의에서 온 그런 교육열이 나라를 살리고 개인을 살렸다. 70년대부터 시작된 우리나라의 고도성장은 오랜 상문주의의 열매라고 할 수 있다.

2021년 8월

소년 가장의 아픔

작은할아버지와 아버지의 삶은 일제에 의해 왜곡되고 망가졌지만, 개인적으로는 좋건 그르건 자신이 선택한 삶이다. 두 분은 명석한 두뇌와 훤칠한 풍채도를 타고나서 많은 사람의 사랑을 받았고, 애국지사나 독립유공자의 명패라도 달 수 있었다. 그러니 아주 나쁜 것은 아니었던 셈이다. 두 분에게는 할아버지라는 비빌 언덕이 있었다. 그런데 할아버지의 삶은 애초부터 당신의 의지와는 무관하게 타의에 의해 결정되어 있었다. 열두 살 때 부친이 돌아가셔서 선택의 여지가 없이 소년 가장이 된 것이다. 그건 조상이 남긴 얼마 안 되는 농토를 직접 경작해야 하는 것을 의미했다. 그것으로 동생 둘과 아내와 어머니를 부양해야 하니 자작농이 되는 수밖에 길이 없었다. 할 줄도 모르는 쟁기질을 운명처럼 감수하면서 근근이 생계를 유지하고 있는데, 어쩌자고

12세 연하의 동생이 덜컥 일본 유학을 떠나버렸다. 할아버지는 별수 없이 4년 동안 동생의 치다꺼리를 해야 했다. 학비도 도와야 하고, 가족도 돌보이야 해서, 숨 돌릴 겨를도 없었다. 가장이라는 멍에에 짓눌린, 억울한 삶이다.

  나중에 아들이 성장하자, 일손이 아쉬웠던 할아버지는 그에게 농사일을 가르치기 시작했다. 그런데 아들은 아무래도 농사에 적성이 맞지 않는 것 같았다. 자신은 열두 살에 해낸 쟁기질을 열여섯이 돼도 익히지 못했다. 아들은 손과 발이 품위 있게 생긴, 귀티 나는 아이였다. 그의 우아한 긴 손은 쟁기질에 맞지 않았는지 그 손에만 가면 웬일인지 쟁기가 자꾸 거꾸로 솟으며 헛돌았다. 크게 다칠 것 같아 말리는 수밖에 없었다. 그런데 마을에 자행거(자전거)가 처음으로 나타났다. 아들은 처음 보는 그 기계에 익숙하게 선뜻 올라타더니, 연습도 하지 않았는데 이웃 마을을 향해 삽상하게 달려갔다. 그 모습이 나는 새처럼 자유로워 보였다. 그래서 할아버지는 아들을 농군으로 만드는 일을 단념하셨다. 그가 세상을 향해 질주해가도록 풀어주기로 한 것이다.

  기독교와 신학문에 몰입해 있던 아들은 열일곱이 되니 독립운동을 시작했다. 지방 유지들과 손을 잡고 홍익청년단을 만들어 상해임시정부를 돕는 모금 운동을 했다. 세 번째 송금을 하다 들켜서 3년 형을 받았다. 옥살이할 때, 할아버지는 주말마다 함흥 감옥에 가서 빨래를 받아왔다. 고문을 받아 피범벅이 된 옷을 그러안고 울며 돌아오곤 한 것이다.

 하지만 아들은 피멍이 든 얼굴로도 잘 웃는 낙천적인 청년이었다. 그건 할아버지에게는 없는 자질이다. 할아버지는 성격이 과격했고, 원하는 삶을 살지 못해서 항상 분노에 차 있었다. 술에 취하면 담배밭 고랑을 몇 칸씩 건너뛴다는 소문이 날 정도로 울분에 차 있었는데, 한 번도 원하는 삶을 살아보지 못해서, 아들처럼 화평한 웃음을 웃어본 일이 없었다. 그건 아마 아들이 모계에서 물려받은 자질이었던 것 같다. 출옥한 후 아들은 형사가 붙어 다녀서 고향에 갈 수 없는 세월을 20여 년간 살았다. 20~40대를 형사를 끼고 다닌 것이다. 하지만 아들은 그 화평한 웃음을 잃지 않았다. 그건 사람들이 주변에 저절로 모여들게 만드는 온기 있는 웃음이었다. 귀양다리 집안의 원한에서는 벗어난 자의 온화함이 그 웃음에 서려 있었다.

 형을 마치고 나와서 아들은 대학에 가기를 원했는데, 삼촌 학비 때문에 진학할 수 없었다. 할 수 없이 사업을 시작했다. 적성에도 맞지 않는 사업을 그는 신이 나서 하면서, 불평이 없었다. 아들은 당신보다 틀이 컸다. 20대인데 규모도 크게 백두산 벌목 작업부터 손을 댔다. 종가댁 어른을 설득해서 같이 벌인 사업의 규모를 보고 할아버지는 아들의 품격에 압도당했다. 아들의 사업은 나날이 규모가 커졌다. 장백현에 해자가 딸린 학교 같은 큰 건물을 사서 정미소와 양조장을 시작하더니, 곧 조림업으로 눈을 돌렸다. 당신은 평생 조상이 물려 준 농토를 몇 평도 늘리지 못했는데, 아들은 가진 것 하나 없는데도 스스로 길을 개척해서 성큼성큼 달려가고 있었다.

할아버지는 여러 면에서 그런 아들에게 압도당했다. 아들은 당신보다 출중한 외모를 가지고 있었고, 스케일도 컸으며, 굽힐 줄 모르는 열정을 가지고 역경을 살아내고 있었다. 거기에 인품까지 온화했다. 아들 덕에 할아버지는 생계 부담에서 해방되었다. 고마운 일이었지만, 좋아만 하고 있을 수는 없었다. 고향을 떠날 때 농사를 그만두어서, 할아버지는 40대부터 생업이 없는 몸이 된 것이다. 아들이 따로 사는 아버지의 생활까지 돌봐 주어서 몸은 편해졌다. 그런데 몸이 편해질수록 마음은 무거워졌다. 아들에게 압도당하는 것 같은 느낌이 열등감을 자아냈다. 당신보다는 한층 높은 인종 같아 보여서 열패감을 벗어버릴 수 없었다.

그런 압박감은 동생에게서 더 받았다. 대학을 졸업한 동생은 30대 후반부터 교장 선생이 되었기 때문이다. 나이 차가 많아 업고 다니며 기른 꼬마가, 서른도 되기 전에 만인이 우러러보는 애국지사가 되었으니 할아버지는 우선 대견했다. 하지만 대견한 것이 전부는 아니었다. 동생은 모든 것이 잘 풀리는 것처럼 보이는데, 당신 앞에는 어둠밖에 없었기 때문이다. 할아버지를 가장 고통스럽게 만드는 것은 강연하는 아우의 모습을 보는 일이었다. 그건 엎드려 절을 하고 싶을 정도로 대견한 모습이었지만,

창자가 뒤틀릴 정도로 패배감을 자아내는 요인이기도 했다. 할아버지는 그 아우를 자식처럼 사랑했다. 그는 당신이 피땀을 흘려가며 빚어낸 명품 도자기 같은 존재였다. 보기만 해도 가슴이 벅찬 자랑스러운 존재였던 것이다. 그 아우를 기르는 재미로 세상살이의 어려움을 견뎌왔다고 해도 과언이 아닐 정도였다. 그런데도 그가 박수를 받는 걸 보면 샘이 나서 숨이 가빠졌다. 그건 당신이 너무나 너무나 하고 싶었던 일이었기 때문이다. 동생처럼 청중을 향해 외치고 싶은 말들이 가슴에 가득 차 있었다. 언변이라면 당신도 누구에게 꿀리지 않지만, 할아버지는 한 번도 가슴 속의 포부를 대중 앞에서 펴본 일이 없었다. 식구들 부양하느라고 학교 문 앞에도 가보지 못했기 때문이다. 그런 자신이 불쌍해서 통곡이 터져 나왔다. 한 번이라도 좋으니 동생이 선 자리에 서보고 싶다는 열망이 통곡이 되어 터져 나왔다. 아아! 자기는 젊었을 때 얼마나 바다 건너로 유학을 가고 싶었던가? 자기에게는 왜 작은 비빌 언덕조차 주어지지 않았는가? 할아버지는 좌절감을 감당하지 못해 홧술을 마시게 되었다.

  그 복잡한 내면의 뒤얽힘에 술이 들어가면 동생을 향한 가학취미가 나타났다. 할아버지는 폭음을 하고 와서 이따금 무심히 자고 있는 동생의 머리칼을 움켜쥐고 이 방 저 방으로 끌고 다니기 시작했다. 일본 총독도 무서워하지 않던 동생은, 그러나 형이 하는 폭행을 순순히 참아주었다. 자기 때문에 희생당한 형에 대한 뿌리 깊은 측은지심 때문이다. 작은할아버지는 폭행을 당하면서도 "형이 있으니 참 좋구나. 형이 아니면 누가 감히 내 머리에 손을 댈 수 있겠는가? 손을 대고 무사할 수 있겠는가 말이다." 하면서 껄껄 웃으셨다고 한다.

우리 집은 손이 귀해서 2대에 걸쳐 남자 어른이 세 분밖에 없었는데, 내가 보기에도 그중에서 할아버지가 제일 밑지는 제비를 뽑으신 것 같았다. 할아버지는 당신보다 멋이 있는 미남이면서 통이 큰 아우와 아들 사이에 끼어 이중으로 갈등을 겪으셨다. 세 분 중에서 인물이 가장 빠진다는 점도 화나는 항목 중의 하나였다. 작은할아버지는 루스벨트를 닮은 눈을 가지고 있는 시원스러운 미남이고, 아버지는 모계를 닮아 어진 품성이 스며 나오는 온화한 분위기를 겸비한 미남인데, 할아버지만 미남이 아니었다. 언젠가 조선 시대의 화가 강세황의 초상화를 보면서 나는 우리 할아버지와 그분의 안면 골격이 너무 비슷해서 놀랐다. 조상이 물려준 골상인 모양이니 할 말이 없다. 잘생긴 아우와 아들은 늘씬한 신여성이 달라붙어 떨어지지 않는데, 자신은 구정물 냄새나는 산촌의 주모밖에 차례가 오지 않는 것도 화가 나는 일이었고, 주모에게서 낳은 막내딸에 애착을 가지고 있었는데, 그 애가 장마 때 물살에 휩쓸려 요절한 것도 참을 수 없는 항목 중의 하나여서, 할아버지는 드디어 알코올중독자가 되고 말았다.

의지가 강한 분이니까 3년 만에 털고 곧 일어나 재기하셨지만, 그동안에 엉망이 되어버린 체면은 재생시킬 방법이 없었다. 고향을 떠나니 그나마 전답마저 없어져서, 할아버지는 가족을 부양할 방법이 없었다. 그래서 가독권을 며느리에게 맡겨버리고 조용히 집에서 떠났다. 상처투성이가 된 몸을, 당신처럼 상처를 안고 사는 늙은 주모에게 의탁한 것이다. 그녀의 구정물 냄새나는 방에서 보내는 시간만이 열등감을 잊게 해주었기 때문이다. 그런 데다가 할아버지는 성격이 과격하고 까다로우셨다. 불행하니까 사람들에게 너그럽지 않아서 집안에서도 인기가 없었다. 할아버지가 못 견뎌 하는 존재에는 며느리도 끼어 있었다. 가족을 외면하고 작은집에 가서 칩거하고 있는데, 며느리는 자신이 버리고 온 집을 잘 꾸려나가고 있었기 때문이다. 그러니 할아버지는 집에 와도 마음이 편하지 않았다. 그래서 며느리에게 가혹해지기 시작했다. 아들이 있는데도 딸이 많다고 트집을 잡았다. 아버지는 어머니의 박력 있는 성격을 살려주면서, 항상 도움을 받으며 즐겁게 사는데, 독선적인 할아버지는 어머니의 기를 억지로 꺾으려다가 설 자리를 잃으신 것이다.

  해방 후에 홍진집 할매가 사망하니 별수 없이 핍박하던 며느리에게 기탁하게 되셨으니 말년도 즐거울 수 없었다. 어머니에게서 다래 공양을 받아 학교를 마치신 작은할아버지는, 늘 말로 어머니를 격려하고 위로해서 존경을 받으며 사는데, 할아버지에게는 그런 도량도 없으셨고, 개성이 강한 아내를 자유롭게 살게 하면서, 당신도 피해를 받지 않는 아버지 같은 용인술도 못 타고 나서서, 할아버지는 늘 며느리와 불편한 관계에 있었다. 딸을 많이 낳았다고 대놓고 못마땅해한 것이 불화의 단서였다. 그래서 손녀들에게도 인기가 없었다. 할아버지는 우리 집 대원군이셨고 어머니는 민비였다. 하지만 아버지는 고종이 아니었다. 외아들인 아버지는 유순하셔서 할아버지께 한 번도 불손해본 일이 없다 하지만 당신이 원하는 일을 다른 사람 때문에 못 하는 법이 없는 분이어서, 할아버지에게서도 전혀 지배를 당하지 않았다. 싸우지 않고도 자유롭게 사는 아버지의 특기는 집안에서도 빛을 발하고 있었다.

1·4 후퇴 때 남하하신 할아버지는, 어느 날 나를 붙잡고 처음으로 마음의 문을 여셨다. 아버지 옥바라지하던 일을 차근차근 말씀해주셨고, 남편과 사이가 좋지 않은 용주 고모가 남편의 직장이 있는 고창에서 보낸 세월도 가슴 아파하셨다. "네 고모가 글쎄 '아버지! 짐제 맹경(김제 만경) 따이 차암 넓습디다' 하는 글을 보내지 않았겠니. 얼마나 외로웠으면 그런 글을 썼겠느냐구." 할아버지의 얼굴에 처연한 빛이 서렸다. 마흔도 못 되어 심장마비로 세상을 떠난 큰따님에 대한 그리움을 그런 식으로 표현하시는 할아버지에게 나는 처음으로 혈연의 정을 느꼈다. 맨날 딸이 많다고 어머니를 구박해서 우리는 할아버지와 정이 없었던 것이다. 무섭기만 하던 할아버지 안에 그런 따뜻한 부분이 있음

을 알게 되자, 나는 할아버지 노년의 고독이 슬퍼서 눈시울이 뜨거워졌다. 딸 하나 없이 당신이 핍박하던 며느리 손에서 삶을 마감하는 할아버지가 너무 가엾게 느껴졌다.

다행히도 할아버지는 삶의 막바지에서 실력을 발휘할 기회를 한번 얻으셨다. 전북대학에 있던 오빠 집에 가 있던 시기였다. 그 3년 동안에 할아버지는 동네의 유지들과 친분이 생겨서 함께 여행을 하며 즐기셨는데, 그 와중에 할아버지가 산소 자리 보는 탁월한 안목이 있음이 알려져서 아마추어 지관으로 이름을 얻으신 것이다. 사방에서 산소 봐달라고 부탁했고, 극진한 대접을 받는 세월이 이어졌다. 사실 할아버지가 고른 우리 성안집은, 풍광은 말할 것도 없지만, 아버지가 누구 눈에도 띄지 않게 드나드는데도 더할 나위 없이 적합한 명당이었다. 내가 잡은 평창동 집터를 어느 전문가가 와서 보더니, 내게 집터 보는 안목이 있다고 칭찬을 한 일이 있다. 그렇다면 그건 할아버지에게서 물려받은 재능일 것이다. 하지만 손자 집에 계속 머무실 수 없으니 그것도 한여름 밤의 꿈이었다.

너무 외로우셔서 할아버지는 사람을 찾아 한강 변을 헤매다니시다가 교통사고를 당하여 79세에 돌아가셨다. 1955년 가을의 일이다. 포부도 크고 야심이 많은 분이셨는데, 향교의 장의掌議가 된 것밖에는 이룬 것이 없는 슬픈 삶이었다.

2021년

자기 이름을 손수 지은 대학생

춘원보다 1년 위인 우리 작은할아버지는, 어른들이 지어준 갑수(甲秀)라는 이름을 버리고, 당신의 이름을 스스로 "제동(濟東)"이라고 고치셨다. 호나 펜네임이 아니라 본명을 뜯어고친 본격적인 개명(改名) 작업이었다. 그 이름을 할아버지는 와세다 대학 재학 중인 1921년에 이미 사용하셨다. 《개벽》이나 《학지광》 등에 논설문을 그 이름으로 쓴 것이다. 아마 입학 전에 호적까지 고치신 모양이다.

그건 일본 사람들이 시켜서 한 억지 개명이 아니다. 당신이 원해서 가지고 싶은 이름을 스스로 고른 것이다. 그래서 새 이름에는 안에서부터 우러나오는 한 젊은이의 순수한 꿈이 노출되고 있었다. "동양을 구제하겠다"라는 것이 할아버지의 꿈이었다. 한국이 아니라 동양이다. 우리 할아버지뿐 아니라. 개화기에는 젊은이들이 그렇게 통이 커져서, 이런 작명법이 더러 있었다. '양주동梁柱東' 선생도 거기에 속한다. 양 선생은 동방의 기둥이 되고 싶으셨던 것이다.

그건 항렬을 중시하는 전통문화에 등을 돌리는 일종의 모반 행위였다. 한국에서는 조상이 준 이름과 항렬을 거부하는 것은 근본을 저버리는 행위로 간주하여왔기 때문이다. 일찍 개화한 작은할아버지는 당신이 원하는 대로 삶의 진로를 정하신 자유로운 분이었기 때문에, 자신의 운명을 스스로 개척한다는 기분으로, 이름도 원하는 것으로 바꾸신 것 같다. 개화기의 청년답게 할아버지도 새로운 문명에 현혹당하고 있었던 것이다.

사실 개화기는 스스로 자신의 이름을 짓고 싶던 사람들의 시대였다. 한국인이 처음으로 자신의 개별성을 자랑스럽게 인식하기 시작하던 시기였기 때문이다. 개화기는 새로운 문명 앞에서 가슴이 터질 듯이 부풀어 있던 젊은이들의, 개혁을 향한 열정이 팽배하던 시기였고, '사랑' 같은 내밀한 감정으로 남자와 여자가 대등한 동행을 꿈꾸기 시작했던 시기였으며, 낭만적 풍조가 청소년들을 정신없이 흔들어대던 시기이기도 했다. 그래서 남자도 여자도 모두 꿈이 너무 컸는데, 디디고 선 땅은 시시각각으로 무너져 내리고 있던 비극적인 시기였다.

개화기의 새 문화는 서북 사람들에게 더 강렬한 자극을 주었다. 과거 응시 자격을 박탈당했던 귀양다리의 후예들이 많아서,

향학열이 이상비대 상태였던 그 지역 사람들은, 당당하게 교육을 받을 수 있는 새 시대를 두 손 들고 환영했다. 오랫동안 억압당했던 지적 갈증은, 새로 들어온 서양 문명을 저항 없이 수용하는 원동력이 되었다. 개화기의 리더 중에 서북인이 많은 이유가 거기에 있다. 이름 바꾸기는 그런 새것 받아들이기 풍조 중의 상징적인 부분이었다. 강제동 할아버지는 신세대의 역군 중의 한 분이었다.

개화기의 그런 분위기 속에서, 1920년대까지도 호랑이가 출몰하는 산촌이었던 이원군의 오지 문평리에는 1907년에 이미 학교가 생겼다. 한일합방 이전의 일이다. 1894년에 서울에서 최초로 교동소학교가 생겼으니 아주 빠른 편이다. 문중에서 사비를 털어 학교를 운영했으며, 교장은 대대로 강씨네가 맡았다 한다. 작은할아버지는 1913년에 이원 공립보통학교를 졸업한 첫 졸업생이다.

같은 해에 그 마을에는 교회도 생겼다. 기독교도 그렇게 급속도로 전파되어, 대부분의 마을 사람들이 교인이 되었다. 그래서 그 고장에는 전통적인 제사를 지내는 집이 드물었다. 우리 집도 마찬가지였다. 내가 전통적인 제사를 본 것은 기독교인이 아닌 할머니 집에서였다. 증조할머니가 돌아가셨을 때, 할머니는 상청을 만들어놓고 아침마다 상식을 올리고 곡을 하면서, 삼년상을 깍듯이 치르셨다. 할머니가 동생과 나를 데리고 따로 살던 성안집 시기였다. 하지만 어머니 대(代)부터는 식구들이 모여앉아 찬송하고 기도하는 기독교식 추모 형식이 자리 잡았다.

제사 지내는 것만 못 본 것이 아니다. 우리 형제는 굿을 하는 것도 구경한 일이 없다. 바다가 가까워서 물에 빠져 죽는 사람들이 가끔 있었다. 그러면 바닷가에서 닭을 바다에 던지면서 꽹과리를 두드리는 굿판이 벌어졌다. 하지만 우리는 굿 구경을 해본 일이 한 번도 없다. 굿하는 근처에는 얼씬거리지도 못하게 어머니가 엄히 단속하셔서, 우리는 한국 샤머니즘과는 인연이 거의 없다. 그런 데다가 1920년대 후반부터 관동리로 옮겨 외딴집에 살아서, 사실은 그 고장의 풍속도 잘 알지 못한다. 고향 출입이 금지된 아버지가 밤에 몰래 다녀가기 편하라고 선택한 집이어서, 우리 집은 마을과 한참 멀었다. 커뮤니티 밖이어서 이웃이 없으니 우리는 그 고장의 전통적 풍속도 배우기가 어려웠다. 1942년의 큰 홍수 때문에 집이 물에 잠겨서 비로소 우리는 커뮤니티 안으로 편입하였다. 그런 분위기에서 자라서 우리는 유교적인 예의범절을 배우고, 자연신에 경외감을 느끼는 다신교적 분위기에 젖는 대신에, 기독교적 교육에 철저하게 길들었다.

우리 친정 남자들은 키가 크다. 대체로 1미터 80이 넘는 장신인 데다가 풍채가 좋은 분이 많다. 언변도 탁월하다. 해방되던 날 아버지가 마을 사람들을 모아 놓고 한 연설이 너무 좋아서 지금도 그 감동이 잊히지 않는다. 작은할아버지는 아버지보다 더

출중한 웅변가였다. 연설을 너무 잘하셔서, 대학 1학년 때부터 지방 순회강연의 대표적 연사 중 하나가 되셨다. 와세다 대학 재학 중이던 1921년 8월에 〈학우회 순회강연〉 강사가 되어 전국을 돌며 「오인吾人의 자각」, 「문화적 생활의 발전책」 같은 제목으로 최창익崔昌益 선생과 함께 계몽 강연을 다니다가 전주에서 체포되셨는데, 2주일 만에 석방되자 나머지 강연 일정을 계속하셔서 《동아일보》에 한 달에 두 번 기사가 나온 일도 있다.

할아버지는 신극 운동에도 참여하셨다. 다음 해인 1922년 여름방학에는 '관성觀城연예단'이라는 학생극단의 단장이 되어 순회공연도 하셨다. 할아버지는 1920년대 초에 그런 강사였는데, 나는 그 사실을 최근에야 알게 되었다. 작년에 전공 분야의 자료를 찾으려고 1920년 초의 잡지들을 뒤적이다가, 할아버지가 쓴 논설문들과 만난 것이다. 《학지광》 22호(1921년)에는 「불가사의」라는 글이 실려 있었고, 《개벽》(1923년)에는 「미션스쿨의 문제점」을 지적한 글이 실려 있었으며, 순회강연의 제목은 「오인의 자각」이었다.

그렇게 지적인 분이었지만, 할아버지는 남의 아픈 곳을 쓰다듬어주는 따뜻하고 섬세한 감성도 지니고 계셨다. 그래서 흠모하는 제자들이 많았다. 그분들은 할아버지가 돌아가실 때까지 곁을 떠나지 않고, 물심양면으로 옛 스승을 극진히 봉양했다. 대학 졸업 후에 바로 은행에 취직이 되셨다는데, 할아버지는 그 안정된 직장을 버리고 고향에 내려가, 청소년들을 교육하는 일에 몰두하기 시작했다. 청소년을 계몽해서 신교육을 시키는 것만이 일본을 정신적으로 이기는 길이라는 신념 때문이었다. 할아버지는 이원군의 사립 학교들을 공립으로 만들고, 내실을 기하는 교육 환경을 만드는 일에 몸과 마음을 다 바쳤다. 1925년부터 32년까지 진명학교 교장을 하시다가, 이웃 고을인 군선에 공립 보통학교를 만들어서 32년부터 그 학교 교장도 하셨던 것이다. 자료가 없어서 재임 기간을 정확하게 알 수는 없지만, 1925에서부터 7년간을 진명학교에, 1932년부터 군선 공립보통학교에 계셨다는 기록이 있는 것으로 보아 40세 중반까지는 교직에 계셨던 것 같다.

교장 시절의 할아버지에게는 재미있는 일화가 많다. 그중에는 조선 총독에게 사과를 받아냈다는 믿기 어려운 이야기도 있다. 총독이 갑자기 학교에 들른다는 정보를 알아낸 젊은 교장은, 일부러 학교를 비웠다가, 그들이 강연을 하는 도중에 나타나서 교장의 허락 없이 교정을 쓴 사실을 문제 삼은 것이다. 그 과정에서 얼마나 조리 있게 따졌는지 총독이 자신의 범한 잘못을 빌었다는, 믿을 수 없는 이야기가 전설처럼 그 고장에 남아 있다. 그 일로 인해 할아버지는 주변 사람들에게서 '총독'이라는 별명을 얻었다. 총독 할아버지는 정치·경제 전공이어서, 불법행위를 하는 일본 사람들에게 그런 식으로 법을 따지며 호통을 쳐서 이긴 일이 자주 있었다 한다. 기차간에서 한국인 승객을 법에 어긋나게 대접한 일본인 차장이, 무릎 꿇고 빌 때까지 기차를 정지시킨 일도 있다는 것이다. 할아버지에게는 그런 일화가 많다. 그런 카리스마가 있었기 때문이다.

안정된 삶을 마다하고 고향에 가서 학교를 맡을 때 당신의 포부는 동양을 구제하고 싶을 만큼 광대하셨겠지만, 교장을 그만둔 후로는 요시찰인물이 되어 직업을 가지기 어려워졌다. 그래서 총독 할아버지는 40대 후반부터 몰락의 길을 걷기 시작한다. 이룩하고 싶은 새 세계의 비전은 분명히 거창한데, 식민지 청년에게는 그 포부를 펼칠 거점도 힘도 없었다. 나라가 없어져버렸기 때문이다. 모처럼 외국에까지 가서 습득한 새 지식을 펼 자리가 없어서 룸펜으로 전락한 것도 식민지 지식인의 비극 중의 하나다. 그래서 당대의 최고 학부를 제대로 졸업한 엘리트 청년은, 당신 학비를 대느라고 학교 문안에도 못 들어가 본 형처럼, 좌절하여 밑바닥 인생으로 전락하기 시작한다. 현실은 에누리가 없어서, 백수로 산 세월이 10년이 되어오자 할아버지는 무너져 내리기 시작했다. 3남 1녀의 자녀들을 부양할 수가 없어서 제자들과 조카에게서 도움을 받게 되니, 동양을 구하려던 거인의 꿈은 산산조각이 나 버린 것이다. 그때부터 자포자기한 할아버지는 저녁마다 약주를 들고 주정을 하는 것이 일과가 되어버렸다. 가족을 부양하지 못하니 집안에서 가장의 위상은 떨어질 수밖에 없는데, 주정까지 하니 신세대의 아내가 달가워할 리가 없다. 아버지가 사 드린 큰 집에서 하숙을 해서 생계를 이어 가던 작은할머니는, 이미 종이호랑이같이 힘을 잃은 백수 남편을 더 이상 존경하지 않았다. 더 이상 어려워하지도 않았다. 그리고 더 이상 사랑하지도 않았다. 멋쟁이이고 현실적인 할머니는, 좋은 학벌을 가지고도 가족을 부양하지 못하는 남편을 용서할 수 없었는지도 모른다.

그 할머니는 낙천적이어서 역경을 놀이로 바꾸는 재주가 있었다. 젊고, 활력이 많은 건강한 할머니는 저녁때가 되면 도우미를 길가에서 파수 보게 했다가, 할아버지가 귀가하는 것이 보이면 집에 달려와 알리게 했다. 신호가 오면 할머니는 하숙생들까지 다 거느리고 뒷산으로 도망가서, 거기에서 노래를 부르고 잡담을 하며 즐겁게 시간을 보낸다. 그러다가 할아버지 방에 불이 꺼져야 돌아왔기 때문에 주정을 받는 일은 거의 없었다. 홧술이 억병으로 취한 할아버지는 아무도 없는 빈집에서 토하기도 하고, 욕을 퍼붓기도 하고, 통곡을 하기도 하다가, 혼자서 지쳐서 잠이 드셨다. 그건 할아버지의 일과였으며, 슬픈 일인극이었다.

하지만 주정을 받아주지 않는 일 같은 것은 문제도 아니었다. 혼자 견디면 되기 때문이다. 할머니가 할아버지를 정말 못 견디게 만드는 것은, 당신을 존경해서 모여드는 제자들 앞에서 궁한 티를 내는 일이었다. 가난하니까 궁한 티는 나오기 마련이겠지만, 남편을 이미 사랑하지 않게 된 할머니는, 그 일이 남편을 얼마나 참담하게 만드는지 알려고도 하지 않고 그 작업을 계속했다. 궁한 티만 슬쩍 내면 제자들이 돈을 내주니, 할머니로서는 그처럼 쉬운 벌이가 없었다. 그건 할아버지를 칼로 저며가며 살해하는 행위와 같았다. 할아버지가 가장 귀하게 여기는 명예를 대가로 내주는 것이었기 때문이다. 그래서 빈집에서 만취된 할아버지는 아무리 땅을 치며 통곡을 해도 울분과 증오가 가시지 않았다. 그런 때에 할아버지는 옆에 있지도 않은 마나님을 향해 욕설을 퍼붓는다. 화가 나서 내뱉는 욕 중에는 "마비馬婢 간나"라는 이상한 욕도 들어 있었다. 한국에서는 여자는 말을 다루는 일을 하지 않았으니 '마비' 같은 게 있을 수가 없어서, 그 욕은 소학생이었던 나를 혼란에 빠뜨렸다. 뜻을 알 수 없었기 때문이다. 할아버지가 얼마나 욕을 잘하셨던지 숨을 거두자 할머니가 "그 입도 다물어지는 때가 있구나!" 하고 탄식해서, 할아버지를 존경하던 어머니를 화나게 만든 일도 있다.

할머니가 손님들에게 손을 벌리는 일을 막으려고 아버지는 해방될 때까지 수십 년 동안 삼촌에게 생활비를 보태드렸다. 아버지는 하숙을 칠 수 있는 큰 집을 사서 오빠 언니들 3남매를 그 집에 유료로 하숙을 시키는 방법도 써보셨다. 하지만 가난 구제는 나라에서도 할 수 없다는 말처럼, 학교에 다니는 자녀가 넷이나 되니 할머니는 할머니대로 궁핍을 면하기 어려웠을 것이고,

그래서 할아버지의 인품에 치명상을 입히는 행위를 멈추지 않은 모양이다. 그 일은 할아버지가 해방 후에 재기하는데도 지장을 준 것 같다.

하지만 우리 부모님은 평생 보살펴야 할 그 삼촌을 마지막까지 하늘처럼 우러르고 공경했다. 아버지는 출옥한 후에 삼촌의 공부를 끝마치게 하려고 자신의 대학 진학을 포기하셨다. 아버지는 삼촌의 숭배자여서 백수가 되신 후에는 생활비를 지속적으로 도왔지만, 조금도 성가셔하거나 아까워하지 않았다. 열 살밖에 차이가 나지 않는 숙질간이어서 두 분은 형제처럼 친숙했고 공감대도 넓어서, 시간이 가는 줄 모르고 대화를 나누셨으며, 서로를 진실로 깊이 사랑하셨다. 옷 사치를 하시는 아버지는 당신 옷을 맞출 때 삼촌 옷도 마련해드려서 할아버지가 초라해지는 것을 막아드렸다.

작은할아버지댁은 일제 시대 말에는 서울에 있어서, 일 년에 몇 번밖에 만나지 못했으니, 나는 할아버지에 대해서 언니들이 전해주는 풍문만 들었을 뿐이다. 하지만 월남해서 같은 동네에 살게 되자 할아버지는 매일 아침 식사를 우리 집에 와서 하셔서, 직접 할아버지를 대할 기회가 많았다. 해방 후에는 아버지도 사업이 여의치 않아서 생활비를 못 보내니, 마나님이 반기지 않아서 할아버지는 매일 우리 집에서 아침을 드시게 되었다. 나는 할아버지의 세련된 매너와 훤칠한 풍모, 깊이 있는 식견 등을 존경하게 되어 할아버지가 오시면 곁에서 떠나지 않았다. 내가 중학에 들어갈 때가 신탁통치가 문제 되던 시기였는데, 구두시험 때 교감 선생이 신탁통치를 어떻게 생각하느냐는 질문을 했다. "어려운 일이 아무리 많아도 자립해서 시작해야 한다"라고 할아버지의 말씀을 그대로 되풀이했더니, 교감 선생이 '하! 그놈 참.' 하면서 신통해하던 생각이 난다.

 어머니도 세상에서 제일 존경하는 분이 그 삼촌이었다. 젊은 여자가 자진해서 머리채를 잘라 학비를 보낼 정도로 진심으로 공경하는 어른이었으니까, 할아버지는 우리 집에 오면 언제나 극진한 대접을 받으셨다. 어머니가 제일 행복한 시간은 할아버지의 강연을 듣는 때였다고 한다. 대중 앞에서 연설을 할 때면, 눈에서 불이 일 것 같은 시삼촌의 열정과 패기를 어머니는 흠모하고 존경했던 것이다. 그래서 작은할아버지를 시아버지보다 더 공경했다. 한마디 말로 천 냥 빚을 갚는다더니, 작은할아버지는 줄 것이 말밖에 없는 처지였는데도, 어머니는 그 시삼촌에게서 많은 것을 받았다. 사랑과 믿음과 보살핌이다.

 하지만 생업이 없는 세월이 너무 길어지니 그 비범한 어른도 차츰 허술해지기 시작했다. 이미 60대가 가까워지니 무언가를 시작하기에는 너무 늦은 연세인 데다가 건강도 좋지 않아서, 해방되었는데도 잡을 일자리가 없었다. 오래 시골에 칩거했으니 서울과의 연줄도 소원해졌고, 동창생들과의 접촉도 뜨악해졌으니, 왕년의 명성마저 묻혀버린 모양이다. 해방 후에 새 정부가 들어설 때 농림부 장관설이 잠시 떠돌다가 잦아들더니, 친일파 특별 재판부 감찰관이 되셨는데, 다음 해에 돌아가셔서 일도 제대로 해보지 못하고 말았다.

하지만 할아버지는 가만히 계시지 않았다. 해방 후에도 할아버지가 전력투구한 것은 학교를 만드는 일이었다. 한국에 제일 필요한 것이 정치가를 기르는 학교라고 생각한 할아버지는, 옛 동지들과 힘을 모아서 1948년에 '정치학원'이라는 학교를 인가받는 데 성공했다. 학교 이름이 너무 직설적이라고 내가 흉을 보니까 "니가 몰라서 그런다. 우리나라 사람들이 정말로 할 줄 모르는 게 정치야. 정치를 가르쳐야 돼." 하면서 탄식하시던 생각이 난다.

정치학원을 할 자금은 할아버지의 친구인 김상은 씨가 전담했다. 황해도 부자인 그분은 나중에 아버지의 탄재 회사의 이사장이기도 했다. 그 대학이 지금은 19개의 단과대학을 가지고 있는 건국대학이다. 그래서 내가 경기여고 다닐 때, 우리는 초대 이사 가족의 자격으로 정치대학 개교 행사에 참여할 수 있었다. 낙원동에 있던 정치대학 건물은 붉은 벽돌로 지은 아담한 이층집이었다. 그 건물은 지금 장안동으로 옮겨져서 건국대 박물관이 되어 있다.

작은할아버지와 같은 연배의 초대 이사들이 6·25 전후에 돌아가시거나 납북되셔서, 학교가 위태로웠는데, 그분들보다 한 세대 젊으셨던 유석창 박사가 학교를 수습하여 발전시켰다. 장안동에 18만 평의 터를 새로 마련하고, 이름도 건국대학으로 바꿔서 제대로 된 종합대학을 만든 것이다. 그건 제2의 창학이었다. 하지만, 해방 직후에 그렇게 빨리 학교 인가를 받은 것은 작은할아버지의 인맥 덕이었다고 할 수 있다. 할아버지는 해방 직후부터 학교 만드는 일에 전력투구하셨다. 그리고 학교가 인가 난 지 1년 후에 돌아가셨다. 경제적으로 도움은 되지 못했지만 마지막까지 교육자로서의 당신의 사명에 충실하신 것은 감사할 일이다.

밤마다 통곡으로 울분을 발산하던 그 불우한 천재는 예순도 못 채우고 세상을 떠났다. 6·25가 나기 1년 전의 일이다. 20대에 동양을 구제하겠다면서 이름을 바꾸던 그 서기 어린 기개, 청소년 교육에 쏟던 바닥 모르는 열정, 궁핍 속에서도 품위를 잃지 않으려고 안간힘을 쓰시던 룸펜 인텔리겐치아 intelligentsia의 자존심……. 그 큰 뜻을 제대로 펴보지 못하고 그냥 무너지셔서, 직설적이고 거창한 할아버지의 성함을 볼 때마다 나는 가슴이 아프다.

젊었을 때의 강원용 목사님이 제동 할아버지를 존경해서 자신의 롤 모델로 삼으셨던 것 같다. 나는 어느 날 WCC 총재를 하면서, 크리스천아카데미를 운영하고, 경동교회에서 목회 일도 하시는 목사님의 정신없이 바쁜 일정표를 보면서, 작은할아버지 생각을 했다. 나라가 있었으면 목사님처럼 큰일을 많이 했을 큰 인재의 깊이 모를 좌절을 생각하니, 목사님이나 그 뒤를 이은 우리 세대가 누리는 것은 나라가 있는 백성의 특혜라는 생각이 들었다. 할아버지는 강 목사와 많이 닮은 인물이었는데, 할아버지에게는 일본 사람들에게 항복하지 않고는 할 수 있는 일자리가 없어서, 한동안 중학교 교장을 하신 후에는 무직으로 세월을 허송하신 것이다.

우리 할아버지뿐 아니다. 일제 시대에는 우리 할아버지처럼 패배와 좌절 속에서 땅을 치며 통곡을 하다가 끝난 인물들이 얼마나 많았겠는가? '사랑'이라는 황홀한 낱말을 발견하기도 전에 그들에게는 이미 조혼한 아내와 자식들이 있었고, 자유를 향해 날개를 펴려 할 무렵에 이미 디디고 설 나라가 없었다. 1910년, 20년대에 적빈赤貧을 무릅쓰고 현해탄을 건너간 일본 유학생들 중에는 너무 참담한 삶을 산 분들이 많다. 학비가 없어서 대부분이 졸업을 하지 못했지만, 우리 할아버지처럼 깨끗이 끝내고 돌아와도 그분들에게는 그 지식을 펼칠 나라가 없었다. 그래서 많은 인텔리들이 망명을 하거나 무직자가 되었다. 패배와 좌절 속에서 땅을 치며 밤마다 통곡을 하다가 가셨다. 새 문명의 발견과 때를 같이하여 나라 없는 백성이 된 현실은, 그들의 태반을 나락 저 밑바닥으로 추락하게 만들었던 것이다.

내게는 식민지 시대의 한국의 인텔리겐치아들의 비극이 작은

할아버지로 상징화되어 나타난다. 동양을 구제하고 싶었던 그 큰 포부, 새 문화를 만난 환희와 정열이, 모조리 환멸과 좌절로 바뀌던 깜깜한 시대를 살다간, 1920년대의 지도자들의 젊음과 꿈과 좌절이 할아버지의 초췌한 노년의 모습과 유착되어 있기 때문이다. 한때는 일본 총독을 사과하게 했었다는 그 패기를, 마누라에게 이상한 욕이나 하고, 빈집에서 통곡하며 소모하던 삶은 너무 참담해서, 아직 어린 나이였는데도 그 할아버지를 생각하면 늘 가슴이 저렸다.

나는 그런 상징적인 일들을 통해 '내 나라'와 이따금 만난다. 지금은 사라진 총독부 건물도 그런 상징물 중의 하나다. 서울에서 시가전을 하려고 인도의 포석들이 뜯겨 바리케이드로 변하고, 그 도시가 네로 시대의 로마처럼 연일 화염에 쌓여, 연기가 추석 달을 삼키던 1950년 9월 그때, 기적처럼 어느 날 아침 그 건물에 꽂히던 태극기를 70년이 지나도 잊을 수 없기 때문이다. 처음 국산 차가 나오던 날도 그랬다. 그 네모난, 못생긴 작은 차가 내게, 사람들이 원하는 일을 하면서 살 '내 나라'의 상징이 되어 가슴으로 안겨 왔다.

이 나라에, 다시는 제동 할아버지 같은 세대가 생겨나지 않게 도와주소서 하고 빌고 싶다. 세상 어디에도 착한 점령군은 존재하지 않는다. 세상 어디에도 적군에게 사랑을 베푸는 군대는 없다. 나라는 스스로 지켜야 한다. 우리에게 자신을 지킬 그 슬기와 용기가 없으면 이 백성은 다시 식민지의 백성이 되는 수밖에 방법이 없다.

2021년

창씨개명 이야기

서슴지 않고 이름을 바꾸던 어른이셨지만, 작은할아버지는 성을 바꾸는 창씨개명에는 철저하게 반대했다. 이름과 성은 달랐다. 이름은 바꿀 수 있지만 성은 바꾸면 안 되는 것이다. 한국에서는 양자도 같은 성끼리만 한다. 한국인들은 성을 바꾸는 것을 최대의 치욕으로 생각하기 때문이다. 억울한 일을 당하면 마지막으로 하는 맹세가 "거짓말이면 성을 갈겠다"는 것이 한국인이다. 성은 생명의 뿌리요, 마지막 근지여서, 어디에도 떳떳이 내세울 수 있는 든든한 자신의 담보물이다. 그래서 바꾸어서는 안 되는 것이다. 자신의 정체성의 바탕이기 때문이다. 일본 사람들은 성에 대한 집착이 적으니까 창씨개명이 그렇게 큰 반발을 불러올 줄 모르고 그런 일을 시작한 것이 아닌가 싶다. 창씨개명은 민족적 자존심을 건드리는 행위여서 아무도 따르고 싶어 하지 않았던 것이다.

우리 집도 마찬가지였다. 이름은 자신이 원해서 바꾼 거지만 성은 바꾸는 것이 아니라고 생각한 작은할아버지는 성을 바꾸지 않는 쪽으로 의견을 굳혔다. 하지만 일본이 성을 바꾸라고 다그치는 속도가 가속화되어갔다. 해가 바뀌고 세월이 지나가니 아이들의 진학에 지장이 생겼다. 윤동주처럼 성을 바꾸지 않으면 대학 입학이 곤란해지는 것이다. 그런 일이 거듭되자 할아버지는 할 수 없이 성을 바꾸기로 마음을 바꾸셨다. 그 대신 '三公'이라는 기발한 성을 생각해냈다. 창씨개명을 할 때는 대체로 지명이나 본관과 연관성이 있는 것을 택하는 것이 상례인데, 그중 어느 것과도 연결이 되지 않는 우리 집 새 성은 여러 가지 문제를 불러왔다. 우선 읽기가 어려웠다. 일본에서는 한자를 음과 훈 양쪽으로 읽는데, 상당히 자의적恣意的이어서 예상하기 어려운 발음이 많다. 내가 본 일본 성 중에서는 五月女라는 것과 五木이라는 성의 표기가 너무 요상했다. 五月女를 '이카메'라고 읽고, 五木을 '이츠기'라고 읽는다는 말을 듣고 너무 놀랐던 생각이 난

---

* 일본 무사들은 영지가 바뀌면 성도 바뀐다. 도요토미 히데요시의 성은 처음에는 "木之下"였다. 그 후에 성공하여 영지가 바뀔 때마다 성이 바뀌다가 마지막에 가서야 도요토미 히데요시가 된다. 우리나라에서는 성이 같은 사람끼리 양자를 하는 게 대세인데, 일본에서는 성이 다른 집에 양자를 가는 것을 대수롭게 여기지 않는다. 성에 대한 개념이 우리와 다르다. 결혼할 때 여자들이 남편 성으로 개명하는 것도 우리와 다른 점 중의 하나다. 중국 여자들도 결혼으로 성을 바꾸지 않기 때문이다.

다. 하지만 그런 불규칙한 읽기가 내게도 피해로 다가온 것은 우리 '三公'이 읽기 어려운 글자였기 때문이다. 할아버지는 '삼공'을 "미야"라고 발음한다고 말씀하셨다. 하지만 왜 그렇게 고쳤는지는 알려주지 않았다. 그런 데다가 발음이 예상 밖이어서 선생들도 그 이름을 제대로 읽어내지 못했다. "산코오"라고 읽는 선생도 있고, "미코"라고 읽는 분도 계셨다. 새 선생이 들어와서 내 이름을 틀리게 부르면 아이들이 와그르르 웃음을 터뜨려서, 매번 새로 오는 선생의 심기를 건드린다. 읽기가 까다로운 성 때문에 우리 형제들은 모두 학교에서 자주 시달렸다. 음만 요상한 것이 아니다. 뜻도 무언가 불온한 느낌을 준다. 그러니, 선생들은 신경이 곤두서서, 처음 이름을 부를 때는 꼭 야단을 맞았다. 뜻이 수상하다고 어느 날 선생에게 불려가서 닦달질을 당하고 온 작은언니가, 왜 그런 성을 택했는지 할아버지에게 여쭈어보았다고 한다. 할아버지는 웃으시면서 "삼공三公이 나온 집안이라는 뜻이야. 하지만 밖에 나가서 말하면 안 된다"고 하시더란다.

성을 강요받아 바꾸면서 무섭게 화를 내던 작은할아버지는, 웬일인지 성을 되찾은 후에도 행복하지 못했다. 너무 오래 현실을 떠나 겉도는 삶을 사셔서, 돌아올 방향판을 잃은 것이다. 해방 후에 할아버지가 주로 한 일은 주례를 서거나 축사를 해주는 일, 이따금 시국 강연 같은 것을 하는 것이 전부여서, 역시 생업은 없는 채로 세상을 떠나셨다. 동양을 구하기는커녕 한 가정도 책임지지 못하는 부실한 가장으로, 세상에서 겉돌다가 삶을 마감한 한심한 사회인으로 종생한 것이다. 지금은 사라져버린 '미야'라는 성처럼, 작은할아버지도 이제는 우리 가족에게도 사라져버린 기억 속의 인물이 되셨다. 해방되고도 80년의 세월이 흐른 것이다.

2021년 12월

3

아버지와의 만남

아버지와의 만남

내가 확실하게 기억하는 아버지의 첫 모습은 국민복에 헬멧을 쓴 중년 남자다. 아마 일곱 살 때의 일이었던 것 같다. 독립운동을 한 아버지는 노상 미행당하는 처지여서 낮에 집에 올 수 없었다. 거물은 아니니까 타향에서 생업에 종사하는 것은 참견하지 않는데, 고향에 나타나는 것만은 엄하게 금했다. 그 고장의 저항 세력과 접선하는 것을 두려워했기 때문이다. 그래서 아버지는 미행자를 따돌리고 도둑질하듯 밤중이나 새벽에 잠깐 집에 들렀다가 다음 기차로 되짚어 떠나니 아이들은 아버지를 만나기 어려웠다. 시간이 지남에 따라 감시망도 흐슨해져서 점점 더 자주 오시기는 했지만, 그때에도 밤에 왔다가 새벽에 떠나면 형사가 뒤따라오곤 했다. 형사의 출현 같은 것으로 우리는 아버지가 다녀갔음을 알게 된다. 어머니가 항상 아버지의 기호식품을 장만하거나 옷을 만들고 있었으니까 사실 아버지는 늘 우리와 함께 있은 셈이다. 하지만 그건 풍문이고 전설이어서 실체가 없었다. 헬멧을 쓰고 오시던 날은 아버지가 만주의 통화성通化省에서 두 번째 재판을 끝내고 풀려난 날이어서, 우리는 처음으로 대낮에 아버지를 만날 수 있었다.

그때 아버지는 내게 '멋있는 남자'라는 인상을 심어주었다. 우리 시골에는 헬멧을 쓴 남자가 없다. 그렇게 키가 큰 남자도 없고, 그렇게 얼굴이 희고 잘생긴 남자도 없다. 그 후에도 나는 군용 헬멧과 국민복의 밀리터리 룩military look이 그렇게 잘 어울리는 사람을 본 일이 없다. 아버지는 말하자면 내 세계에 나타난 새로운 종류의 남성이었다. 그래서 외계인처럼 낯이 설었고, 너무 멀게 느껴졌다. 할머니와 어머니가 우리와 같이 사는 시골집에는 남자 어른이 있는 일이 드물다. 할아버지는 장터에서 작은댁과 살고 계셨고, 오빠는 서울에 유학 가고 없으니, 남동생만 빼면 그 집에는 남자 자체가 없었다. 그러니까 남자 어른이 안방에 앉아 있는 것부터가 큰 이변으로 느껴졌다. 그런 데다가 그 양반은 너무 세련되어서, 지붕을 절반만 기와로 인 퇴락한 우리 집에는 어울리지도 않았다. 어쩌자고 저런 분이 우리 집에 오셨을까?

어머니의 명령에 따라 동생들이 주르르 달려가서 아버지에게 안길 때도 나는 선뜻 다가설 마음이 나지 않았다. 그분은 아주 온화한 표정과 따뜻한 분위기를 지니고 있었지만, 나는 끝까지 거리를 좁히고 싶지 않았다. 나는 아버지가 어서 일어나 돌아갔으면 하고 간절히 바랐다. 아버지에게 다가설 마음이 나지 않은 또 하나의 이유는, 그리고 가장 근본적인 이유는 아버지 뒤에 어떤 낯선 여자가 서 있었던 데 있다. 처음 보는 여자였지만 나는 그녀가 누군지 알고 있었다. 아버지가 서울에서 홀아비라고 속이고 그 여자와 같이 살기 시작한 것은 남동생이 태어나던 1937년부터다.

둘째 아들을 잃은 후 12년 만에 아들을 다시 낳은 어머니는, 하늘에라도 오를 듯이 들떠 있었다. 그런 어머니의 행복감은 우리에게 그대로 전이되었다. 그 애가 태어난 4월 10일이 일본의 육군기념일이어서 사람들이 거리에서 만세를 부르며 행진을 했다. 우리는 그들이 우리 집을 위해 축제를 벌인다고 생각할 정도로 신이 나 있었다. 4월의 장백현은 아직 추웠지만 우리는 종일 춤을 추며 거리를 누볐다. "우리 엄마가 사내꼬부랑이를 낳았다네!" 그런 노래를 부르며 네 계집아이가 춤을 추며 거리를 누빈 것이다. 그건 김연순 여사와 그녀의 딸들이 참으로 오래간만에 맞은 축제였다.

그 축제에 찬물을 끼얹은 게 아버지였다. 아버지는 그때 인간으로서는 절대로, 절대로 해서는 안 될 일을 저지르셨다. 어머니가 신이 나서 아들을 낳았다고 알린 전보에 "내가 일 년간 집에 간 일이 없는데 무슨 말이냐"는 답을 보낸 것이다. 그건 어머니를 칼로 저며 죽이는 것과 같은 잔혹 행위였다. 어머니는 결벽증이 병적으로 강한 분이었기 때문이다. 우리 동네에는 어머니의 결벽증을 알리는 호랑이 신화가 전해지고 있다. 스물한 살 때 어머니는 시삼촌의 학비를 붙이려 읍내에 간 일이 있다. 돈을 부치고 나서 늘 자고 오던 친척 언니 집에 갔는데, 마침 그분이 친정에 가고 없었단다. 혼자 남은 남정네가 반색을 하며 붙잡는데, 눈빛이 심상치 않더라는 것이다. 그래서 어머니는 목숨을 걸고 밤중에 혼자 산골을 향해 떠났다.

우리 집이 있던 문평리는 호랑이가 자주 출몰하는 산골짜기에 있었다. 남정네들도 혼자서는 밤에 길에 나서지 못하는 후미진 산촌이다. 그런데 20대의 어머니는 "정신만 놓지 않으면 호랑이도 사람에게 함부로 범접하지 못한다"던 친정 할아버지의 말 하나만 믿고 호랑이에게 도전하는 모험을 시작했다. 예상했던 대로 마을이 끝나자 저만치에 호랑이 불이 기다리고 있었다. 어머니는 그 밤에 호랑이와 같이 십 리 길을 걸어 집으로 돌아갔다. 정신을 바짝 차리고 있었더니 호랑이도 따라만 오지, 더 이상 접근하지 못하더라는 말을 어머니에게서 들었다.

지분댈 가능성이 있는 남자 곁에 있기보다는 호랑이 쪽을 선택하는 유난스런 결벽증을 가진 어머니를 너무 잘 알고 있는 아버지가 그런 망측한 전보를 친 것이다. 어머니는 그 자리에서 쓰러져 열을 내며 앓기 시작했다. 우리는 어머니가 돌아가시는 줄 알았다. 가물거리는 어머니의 목숨을 붙잡아보려고 열 살부터 세 살까지의 딸 넷이 손이 쩍쩍 달라붙는 언 유리창에 손을 대고 나란히 서서 밤을 새웠다. 차가운 손으로 어머니의 이마를 짚어드리기 위해서였다. 그때 나는 다섯 살이었는데, 밤새 펄펄 끓던 이마에서 전해져오던 어머니의 아픔의 깊이를 아직도 손바닥에 느끼고 있다.

우리 아버지는 보기 드물게 어질고 착한 분이다. 87세에 돌아가실 때까지 사람을 의심하거나 미워한 일이 없는 희귀종 선인善人, 평생 남에게 모진 말을 하는 일이 없는 아버지는 자기를 해친 사람에게도 터무니없이 관대하다. 그런 남편의 인품을 잘 아는 어머니는 열이 내리자마자 외삼촌을 상경시켰다. 아버지 신변에 이변이 생겼음을 직감한 것이다. 어머니의 짐작은 적중했다. 삼촌이 가보니 아버지는 여자와 동거하고 있었는데, 히스테리 환자인 아버지의 새 여자가 옷을 안 줘서, 속옷만 입은 채 여자에게 닦달질을 당하고 있더라는 것이다. 우리 아버지는 여자 없이는 잠시도 못 견디는 플레이보이지만, 가는 곳마다 연인을 만들 뿐 첩 같은 고정 파트너를 만들지 않았다. 그런데 웬일인지 그때 처음으로 여자를 집에 들였다. 지금 생각해보니 그녀는 아버지의 경처京妻였던 셈이다. 그때 아버지는 서울로 유학 온 오빠와 큰언니를 데리고 세 식구가 작은할아버지 집에 하숙을 하고 있었던 것이다. 앞으로도 더 올라올 아이들이 있으니 집이 필요했고, 주부도 필요해서 그러신 것 같았다.

여자는 이쁘지 않았다. 하지만 신여성인 데다가 부자여서 차림새는 세련되고 모던했다. 아이를 못 낳는 여자였는데, 아버지를 너무 사랑해서 아내가 있다는 말을 듣자 거품을 물고 쓰러지더니 사생결단을 하려 들더라는 것이다. 엄마가 아들을 얼마나 기다렸는지 알기 때문에 아버지는 그 참에 그녀를 정리하려고 하셨단다. 그런데 내보내면 정말로 목을 매 죽을 형국이라 너무 불쌍해서 차마 버리지 못하겠더라고 후일에 아버지가 내게 말씀하셨다. 여자는 9년 동안 아버지와 같이 살면서, 남편을 빼앗길까 봐 겁이 나서 어머니와 아버지가 만나는 것을 결사적으로 방해했다. 그래서 집에 못 가게 감시했고, 아버지가 꼭 집에 와야 할 일이 있을 때는 은여우 목도리를 두르고 따라붙었다.

그 여자를 우리는 '해주 여편네'라고 불렀고, 동네 사람들은 '꽁치'라고 불렀다. 여우 목도리에 양단 두루마기를 입은 해주댁은 세련되었지만, 전혀 이쁘지 않았다. 빼빼 마른 석녀인 그녀는, 잘생긴 어머니가 7남매를 거느리고 풍요신처럼 진을 치고 있는 우리 집에 오면 노이로제 증세를 나타냈다. 밤새도록 헛소리를 하면서 잠을 못 자는 것이다. 그래서 낮이 되면 염치를 잊고 아버지에게 찰싹 달라붙어 다니니까, 동네 사람들은 아버지의 '꼬리' 같기도 하고, 비쩍 마른 모양새가 꽁치 같기도 하다고 '꽁치'

라는 별명을 붙여주었다.

 아이를 못 낳는 그 여인은 우리 어머니의 다산성에 대해서 말할 수 없는 열등감을 가지고 있었다. 그렇게 눈을 회등잔같이 눈을 뜨고 감시를 하는데도 어머니는 그 후에 또 터울을 맞춰서 아이를 하나 더 낳았으니 불안하기도 했을 것이다. 그 여자의 가장 간절한 소원은 아이를 낳아보는 것이었기 때문이다. 큰언니를 자기가 다닌 학교에 넣고 입학식에 갔다 오던 날, 그녀는 다리를 뻗고 통곡했다고 한다. 강당에 여자애들이 가득 차 있는데, 그 많은 아이들 중에 "글쎄, 내 애는 하나도 없구려." 하면서 아버지를 붙잡고 너무나 슬프게 울더라는 것이다. 돈은 많으니까 그녀는 언니들에게 좋은 옷을 사 입혀 데리고 다니면서 잠시라도 어머니 노릇을 대행하고 싶어 했다. 하지만 영악한 작은언니가 기회만 있으면 그녀의 신분을 드러내는 발언을 하는 통에 가족 나들이를 하고 올 때마다 통곡을 하며 잠을 못 잤다. 아무리 잘해 주어도, 애비도 자식들도 요지부동으로 어머니의 것인 세월을 9년이나 참고 살면서 그녀는, 미행당하는 세월만 끝나면 아버지가 어머니에게 돌아갈 것을 예감했다. 우리 부모님은 금실이 좋은 부부였기 때문이다. 아버지가 미행당하는 처지이니 아이들의 안정을 위해 어머니가 서울행을 거절해서, 별거하고 있을 뿐이었다. 아버지가 헬멧을 쓰고 나타나던 날은 그 여자의 입지가 비교적 든든한 때였다. 어머니가 막내를 낳은 직후여서 아버지를 따라갈 수 없어서, 그녀가 통화성에 가서 재판 바라지를 하고 왔기 때문이다. 그래서 어머니는 집에 처음으로 온 그녀를 관대하게 대했다. 하지만 나는 아니었다. 처음 보는 꽁치 같은 여자의 파트너를 아버지로 받아들일 수가 없었다. 나는 그 여자 때문에 아버지가 어머니에게 그런 망측한 전보를 친 것을 절대로 용서할 수 없었다. 그런 꽁지를 달고 어머니 집에 나타난 아버지도 오랫동안 용서하지 않았다.

2003년

게아의 딸들

아버지와 처음 만나던 장면은 내 머리에서 사라지지 않아서, 그 후에도 늘 나는 아버지를 이방에서 온 손님처럼 생각했다. 따지고 보면 그건 아버지에게 불공평한 판정이었다. 해방되던 해부터 아버지는 우리와 같이 살았다. 해주댁과는 헤어졌으며, 다시는 여자 문제를 일으키지 않았다. 아버지는 어머니를 늘 존중하고 의지하며 사이좋게 사셨다. 해방되던 해에 디스토마에 감염되자 아버지는 뒤도 안 돌아다 보고 곧장 어머니에게 돌아와 영원히 그 안방에 정착했다. 그때부터 아버지는 우리를 혼자 부양했으며, 대학까지 학비를 대주고, 취직도 시켜주셨다. 형사에게 쫓겨 다니던 유년기를 제외하면, 아버지는 흡족할 정도는 아니었지만 우리에게 가장으로서 책임을 다하신 셈이다. 그런데도 내 의식의 밑바닥에는 아버지가 늘 헬멧을 쓰고 여자를 달고 왔던 낯선 남자로 남아 있었다. 아이들을 좋아하는 아버지는 우리 형제 하나하나를 극진히 사랑했다. 오빠가 있는데도 계집애가 많다고 할아버지는 자주 역정을 내셨지만, 아버지는 한 번도 딸이라고 우리에게 서운하게 대한 일이 없었다. 다섯이나 되는 딸들에게서 제가끔 다른 장점을 찾아내셔서, 비둘기는 비둘기로 사랑하고, 고양이는 고양이로 사랑하는, 아버지식 사랑을 풍성하게 베풀어주셨다. 집에 돌아가면 어깨를 쓰다듬으며 수고했다면서 반기시던 아버지의 손길을 잊을 수 없다. 그런데도 우리 자매는 언제나 편모슬하에서 자란 것 같은 마음을 가지고 있어서 어머니만 사랑했다. 유년기에 받은 상처에는 회복기능 reversibility 이 없는 모양이다.

편모슬하에서 자란 것 같은 기분은 어머니가 가신 후에도 지속되었다. 어머니가 돌아가신 후 나는 처음으로 책을 출판해서 인세를 받았다. 그 돈을 보니 너무나 슬펐다. 몇 푼 안 되는 돈이지만, 첫 인세니까 몽땅 어머니에게 드리고 싶었다. 그래서 한참 울다가 생각하니 내게는 아버지가 남아 계셨다. 나는 그 돈을 갖다 드리고 재혼 문제로 소원해진 아버지와 화해했다. 하지만 아버지에게 돈을 드리는 건 조금도 기쁘지 않았다. 우리에게 어머니는 그렇게 대체 불가능한 절대적 존재였다. '호미도 날이어신 마라난 낫같이 들리가 업스니이다.' 하는 식의 일반론이 아니라, 거의 신격에 가까운 존재로 어머니를 절대화했던 것이다. 우리는 어머니를 위해 공부를 잘하려 했고, 우리는 어머니를 위해 아들을 낳으려 했다. 어머니를 위해 남을 해치는 행위를 하면 안 된다고 생각했고, 어머니를 위해 이혼 같은 것도 할 수 없었다. 어머니는 우리의 도덕적 마지노선이었으며, 영원한 사랑의 대상이었다. 그만큼 많은 것을 어머니가 우리에게 주셨기 때문이다. 아버지가 집에 못 오던 20여 년간을 어머니는 늘 우리 곁에 서 계셨다. 아버지가 첩을 얻었을 때도 흔들리지 않았다. 얼음으로 허벅지의 습진을 다스려가며, 슬프고 외로운 삶을 어머니는 우리를 위해 참고 견딘 것이다. 우리 남매가 남의 앞에 떳떳이 설 수 있는 것은 혼자 살면서도 평생 진 데를 밟지 않은 어머니 덕이다. 어머니는 우리의 첫아이를 씻겨주셨고, 어른이 된 후에도 모든 어려움을 해결해주셨다. 식물인간이 된 후에도 마지막까지 어머니가 한 말은 "걱정 말아. 내 해줄게"였다. 어머니가 가신 후 4년 만에 간암에 걸렸을 때, 오빠는 '엄마가 있었으면 날 죽게 내버려두지 않았을 거'라고 한탄했고, 미국에서 큰조카가 강도를 만나 죽었을 때, 큰언니는 '엄마는 대체 뭘 하고 있었던 거야'라는 말을 되풀이하고 있었다. 우리는 사후에도 어머니를 암이나 강도를 물리쳐줄 수 있는 초월적인 존재로 생각한 것이다. 그 믿음이 삶의 버팀목이 되어주었다. 우리는 어머니를 단성생식을 해서 아이를 낳은 희랍의 지모신 게아처럼 생각했다. 우리에게 어머니는 하나뿐인 어버이였다. 어머니는 어머니인 동시에 아버지기도 해서 우리는 아버지가 안 계셔도 불편하지도, 외롭지도, 가난하지도 않았다. 어머니는 우리가 죽어 누울 마지막 날의 대지였다. 효심은 아마도 연민을 먹고 자라는 거겠지만, 그것은 또 헌신적인 사랑에만 감응하는 특수한 나침판을 가지고 있기도 하다.

어머니가 돌아가셨을 때 우리가 너무 우니까 아버지는 우리가 당신에게 앙심을 품으면 어쩌나 하는 생각을 하셨던 것 같다. 하지만 우리는 그렇게 하는 대신에 아버지를 어머니가 사랑한 남자로서 받아들이는 쪽을 선택했다. 어머니의 헌신적 사랑의 관성이 그대로 유전되어 우리는 아버지에게 참 잘해드렸다. 다 떠나고 내가 혼자 남았을 때도, 미식가인 아버지는 음식 시중이 많았는데, 나는 50대의 바쁜 일정 속에서도 아버지의 요구를 거의 다 들어드렸다. 어머니가 하던 대로 한 것이다.

게아의 딸로 자란 세월의 후유증은 우리 자매의 인생에 부정적으로 작용했다. 우리는 모두 아버지와 다른 형의 남자를 고르려고 기를 썼다. 그러면서 그들에게서 아버지 같은 너그러움과 따뜻함을 찾으려고 하는 모순 때문에 갈등에 휘말렸다. 남자를 사랑하면, 어머니처럼 고통으로 보답을 받을 것 같아서, 사랑도 하지 말아야 할 것 같은 생각이 들어, 우리 자매는 사랑 앞에서 토지의 월선이처럼 지순至純해질 수 없었다.

부모의 불륜에 대한 자식의 앙심은 배우자의 그것보다 더 강도가 높은 것 같다. 어머니는 해주댁을 달고 온 아버지를 용서했고, 아버지와 합친 후 다시는 그 이야기를 입에 담지 않았다. 피난 온 후로 우리는 전보다 훨씬 가난해졌지만, 어머니는 아버지와 같이 사는 것을 진심으로 감사하며 충족한 노후를 누렸다. 점쟁이가 노후가 좋을 것이라고 하더니 "내 팔자가 어찌 이리 좋으냐"는 말을 늘 하며 사신 것이다. 하지만 나는 아니다. 아버지가 해주댁을 데리고 오던 날 밤, 장독대 뒤에 숨어서 울던 어머니의 울음을 나는 평생 잊을 수 없었다. 아버지와 합치자 남동생이 죽은 것도 그 애의 출생을 부정한 아버지의 죄 때문인 것같이 여겨졌다. 그 죽음의 여파로 여동생이 녹내장에 걸린 것도 다 아버지의 잘못에서 온 것같이 생각되었다. 그래서 사사건건 아버지와 맞서느라고 나의 사춘기는 처절한 것이 되어버렸다.

2003년 12월

어느 쾌락주의자의 박애주의

우리 아버지는 인간이 즐길 수 있는 모든 것을 고루 즐긴 에피큐리언이다. 에피큐리어니즘은 쾌락원리에 입각해 있는 감각 충족주의다. 쾌락과 즐거움을 지고至高의 선으로 생각하기 때문에 자신의 욕구에 역점을 두니, 타인에 대한 배려가 적기 쉽다. 그런데 아버지는 그렇지 않다. 자신의 욕망을 충족하는 일에 열심이지만, 타인에 대한 관심과 사랑도 늘 충만하다. 자신의 욕망을 충족시키고 나면 심장이 타인을 향해 열려서, 눈에 보이는 모든 인간을 사랑할 수 있게 되는 것일까? 아버지는 자기를 사랑하듯이 타인을 사랑하고, 자기에게 관대하듯이 타인에게도 관대하며, 자신의 부족함을 긍정하듯이 타인의 단점도 긍정하신다. 그래서 박애주의가 가능했던 것 같다. 그렇게 복합적이어서 아버지는 내게 난해한 인물이었다.

사람은 어릴 때부터 자기를 사랑하는 타인의 눈빛을 알아보는 본능적인 더듬이를 가지고 있다. 그래서 사랑은 상대방에게 감응을 일으킨다. 그러니까 사람을 많이 사랑하는 아버지는 누구의 눈에도 사랑스러운 존재로 부각되어, 다른 이들의 사랑도 흡족하게 받다 가셨다. 돌아가셨을 때 간병하던 여인이 하도 우니까, 입이 험한 동생이 "참 마지막까지 여복을 누리시네." 하며 탄식한 일이 있을 정도였다. 아버지는 마지막까지 그렇게 사랑하고, 사랑을 받으면서 즐거운 삶을 누리셨다. 그중에서도 여자들에게서 특히 많은 사랑을 받았다. 여자만이 아니라 여성적인 것을 무조건 사랑하는 페미니스트여서, 아버지는 많은 여인을 사귀셨지만, 언제나 여자 쪽이 목매어 쫓아다녔다.

부모님과의 관계도 마찬가지였다. 긴 병을 앓던 부친을 일찍 여의고 할 수 없이 소년 가장이 된 할아버지가, 아버지에게 쟁기질을 가르치려고 밭에 데리고 갔는데, 아무리 연습을 시켜도 쟁기가 계속 헛돌아서 다칠까 봐 중단시켰단다. 한데, 어느 날 마을에 자전거가 나타나자 아버지는 생전 처음 보는 그 탈것 위에 성큼 올라타더니 곧장 읍내를 향해 달려가더라는 것이다. 그 모습이 나는 새처럼 삽상해서 할아버지는 아버지를 농사꾼을 만드는 일을 단념하셨다고 한다. 할아버지는 호랑이같이 무서운 어른이셨는데, 그 아드님은 한 번도 꺾어본 일이 없으셨다. 한 번도 정면에서 거역한 일이 없어서였다니 신기하다. 아버지에게는 그렇게 소리 없이 원하는 바를 성취하는 묘기가 있다. 나는 그 원리가 무엇일까 늘 궁금했다.

아버지는 타고난 한량이었다. 키가 육 척이신데 용모도 준수하고, 언변이 좋았으며, 춤을 아주 우아하게 출 줄 아셨다. 임종 직전까지도 아름다움을 잃지 않은 아버지의 잘생긴 손발을 보면서, 한량 끼도 하늘이 내려주는 거라는 생각을 했다. 그 준수한 외모와 크고 날씬한 육체가 여자를 끌어당기는 중요한 매력 포인트였을 것 같았다. 그런데 어머니가 돌아가시고 칠십에 재혼하셨을 때, 그 여자에게서도 극진한 대접을 받는 아버지를 보고 나는 또 혼란에 빠졌다. 재력이나 남자로서의 매력이 이미 사라졌는데도 여자의 극진한 사랑을 받으셨기 때문이다. 그 비결이, 타인을 진심으로 사랑하고 아끼는 아버지의 마음가짐이라는 것을 알기까지 많은 시간이 걸렸다. 아버지의 그런 식의 사랑법은 이성이나 혈연의 벽을 넘어 모든 인간에게 확산된다. 주변에 있는 사람들을 아버지는, 여자나 자식을 사랑하는 것과 같은 방식으로 사랑하기 때문이다. 아버지는 남녀노소를 막론하고 어떤 사람과도 마음을 터놓고 깊이 사귀는 친화력을 가지고 계셨다. 자신을 미행하던 일본 형사와도 친해지는 분이니 더 할 말이 없다. 당신이 악의가 없는 것처럼 상대방의 선함도 믿어 의심하지 않는 것이 아버지의 박애주의의 원천이다. 아버지는 길에서 처음 만난 낯선 사람도 탁 믿어버리고, 그를 위해 최선을 다한다.

아버지의 눈에는 악인이 보이지 않는 모양이다.

　해방 다음 해에 강원도에 출장 갔던 아버지는 길에서 굶어 쓰러져 있던 피난민 젊은이를 데리고 와서 우리를 놀라게 했다. 마땅한 특기가 없는 그 청년은, 아버지 회사에서 잡일을 하기도 하고, 우리 집 허드렛일도 돕기도 하다 입대했는데, 6·25가 터지자 국군 도망병이 되어 밤중에 우리 집에 나타났다. 아버지는 그를 석 달 동안 숨겨주셨다. 자신과 가족의 목숨을 건 위험한 도박을 한 것이다. 백두산 밑에서 제재업을 하던 젊은 날에는 흉년이 들면 산골마다 다니며 기민飢民 구제를 하느라고 자전거 페달이 닳을 지경이었다 하며, 해방 후에는 뒤늦게 월남한 온 친지들을 막 받아들여서 집을 피난민 수용소처럼 만드셨다. 아버지는 사업이 망할 때까지 그들을 부양했고, 직업을 얻어 내보내곤 했는데, 그들이 살 만해지면 다시 나타나지 않아도 노여워하는 법이 없었다. 고생하던 사람이 자리가 잡히면 자신의 곤고하던 시절을 잊고 싶어서, 그 무렵에 친하던 사람까지 잊기 쉽다는 것을 이해했기 때문이다.

　74년에 우리가 평창동에 집을 지을 때 아버지가 공사 감독을 해주셨는데, 공사가 끝나자 일꾼들이 고맙다고 마당에 목련나무를 심어주었다. 공사를 하다 보면 노사 간에 갈등이 생기는 것이 불가피한데, 그 공사 기간 중에 아버지가 그들이 감사해서 선물을 해드리고 싶을 만큼 각별하게 그들 하나하나를 보살폈기 때문이다. 몸이 약한 사람은 틈틈이 쉬게 하고, 돈이 급한 사람은 선불해주며, 외로운 사람은 위로해주고, 글을 모르는 사람은 편지를 대필해주면서, 아버지는 진심으로 그들과 즐거운 시간을 보내셨다. 추석 무렵이 되자, 아버지는 물가가 오르기 전에 제수 마련할 돈을 선불해주라고 내게 성화를 하셨다. 갑자기 돈을 준비하는 것도 어려운 일이지만, 선불해서 먼저 써버리면 돈 안 받고 일하는 기간에 신명이 안 나서 곤란하다고 내가 반대해도 막무가내였다. 그렇게 베푼 사랑이 목련나무가 되어 돌아온 것이다. 그 나무 그늘은 우리를 오래 지켜주었다. 우리가 외딴집인데도 큰 해를 입지 않고 무사하게 산 것은 아버지의 나무 덕이 컸을 것 같다. 아버지의 인부들이 우리를 암암리에 지켜주고 있는 것 같았기 때문이다.

  아버지의 박애주의가 가장 큰 빛을 발한 것은 해방 공간에서였다. 해방이 되자 아버지는 자치대를 만들어 혼란한 상황에 대처하셨다. 밤새도록 애국가를 4절까지 베끼게 하고, 태극기를 만드는 일을 주관하였으며, 일본인이나 친일파를 처단하는 일에도 참여하셨다. 그때 아버지는 흥분한 사람들이 주재소를 습격하는 일을 막았다. 악랄하던 일본인 소장은 이미 도망가고 없는데, 주재소 집기를 부수거나 불을 지르는 것은 자해 행위라고 설득한 것이다. 며칠 전까지만 해도 학도징용에 갔다가 병이 들어 집에 와 있던 오빠를 이시다[石田] 소장이 얼마나 악랄하게 괴롭혔는지 온 동네가 알고 있었기 때문에, 아버지의 발언은 말발이 섰다.

  북쪽에서 내려오는 피난민을 다루는 태도에서도 아버지의 박애주의는 빛을 발했다. 십시일반으로 곡식을 걷어 환자들에게 죽을 쒀주고, 교회에서 밤을 지내도록 조치한 것이다. 피난민 속에서 산모가 나왔을 때는 교회 부인회를 설득해서 돕게 했다. 산모는 일본 여자였다. 남자들은 소련군이 모두 잡아가서 일본 피난민은 대부분이 아녀자들이었다. 아이를 등에 매달고 양손에 짐을 든 젊은 여자들이 날콩을 먹고 배탈이 나서 걸으면서 설사를 해댔다. 그들은 남편이 지은 죗값을 이미 충분히 받고 있었다. 그러니 그녀들은 아기를 업고 환란 속에 서 있는 수난자라는 것이 아버지의 주장이어서, 설득력이 있었다. 다른 고장에서는 일본 피난민에 대한 잔혹 행위가 있었는지 몰라도, 우리 마을에서는 그런 일이 전혀 일어나지 않았다. 그건 자치대장이었던 아버지 덕이었다.

  그런 박애주의자를 아버지로 두는 것은 자녀들에게는 달가운 일이 못 된다. 그래도 다른 형제들은 소리 없이 아버지의 노선을 따라갔는데, 나는 그러지 못했다. 맛있는 음식은 혼자 잡숫는 것을 당연시하면서 박애주의까지 하시니 이해하기가 어려웠기 때문이다. 에피큐리언epicurean으로 시종하시든지, 아니면 박애주의자로 일관했으면 훨씬 쉽겠는데, 그 두 가지 상반되는 것을 모두 가지고 계시니 혼란스러운 것이다. 몇 달 만에 사랑하는 아내(우리 부모는 정말로 사이좋은 부부였다)를 만나러 오면서, 딴 여자를 달고 오는 무신경함, 맛있는 음식을 혼자 드는 것을 당연하게 여기는 유아스러움 같은 것이 모든 인간의 아픔을 깊이 헤아리는 박애주의와 어떤 함수관계가 있는 것일까? 자신의 욕구를 다 충족시키면 저런 풍성한 사랑이 가슴속에서 용솟음치는 것일까? 그렇다면 박애주의는 욕망 충족을 바탕으로 해야 생겨나는 것일까?

박연암의 『상기象記』에 보면 작가가 코끼리를 앞에 놓고 이해가 안 되어 고개를 갸웃거리는 장면이 나온다. "학의 정강이는 높으니까 목이 부득이 길지 않을 수 없고, 또 그래도 입이 땅에 닿지 않을까 하여 부리를 길게 해준 것이" 조물주의 배려라면, 조물주는 세상을 참 합리적으로 만든 것 같다. 그런데 코끼리의 어금니와 코는 그런 논리로는 해명이 되지 않는다. 크기가 두 아름이나 되고 길이는 한발이나 되어 보이는 코 밑에 있는 코끼리의 어금니는 '입을 땅에 대려고 할 때 이가 먼저 땅에 걸리고 마니' 물건을 무는 데 방해가 된다. 코도 마찬가지다. 코끼리의 코는 코의 본래의 업무와 무관하다. 조물造物의 상식적인 원리에는 맞지 않는 것이 코끼리의 생김새여서 인간은 코끼리를 볼 때 혼란을 느끼지 않을 수 없다. 그래서 잘 이해가 되지 않는 일에는 코끼리 '상象'자를 쓴다는 것이 연암의 의견이다. 우리 아버지도 코끼리 같은 분이다. 체구가 너무 커서 병원에 가도 치수가 맞는 환자복이 없는 것처럼, 아버지는 언제나 상식적인 규범의 테두리 밖에 계셨다. 나는 아버지같이 난해한 인물을 다시 만나본 일이 없다. 내 자로는 재지지 않는 그 크기 때문에 언제나 아버지를 생각하면 혼란을 느꼈다.

그런데 요즘에 와서 나는 아버지를 판단하려던 노력을 유보시켰다. 나이를 먹을수록 사람이 싫어지는 내 입장에서 보면, 아버지가 미운 사람이 하나도 없는 세월을 살다 가시는 것은 그것만으로도 경이로운 일이어서 부럽다는 생각이 들기 때문이다. 욥처럼 아들과 손자를 한 해에 잃는 끔찍한 재난을 당했는데, 신을 원망하지 않는 것도 부럽고, 딴 데서 나온 아이가 넷이나 있는 여자와 노년에 결혼하셨는데, 언제나 웃으며 사는 것도 부럽다. 구십이 다 되도록 미운 사람이 하나도 없고, 어떤 재난 속에서도 웃고 살 수 있다는 것은 아무나 다다를 수 있는 경지가 아니다. 로마서 13장 8절에 이런 말이 있다.

　　남을 사랑하는 자는 율법을 다 이루었느니라.

내가 본 아버지의 특성 중에서 가장 확실한 것이 있다면 그것은 사람들을 극진히 사랑하는 그 사랑이다. 그것만은 장담할 수 있다. 그렇다면 아버지는 정말로 율법을 다 이루신 것일까? 1901년에 나서 1987년에 돌아가신 그 삶을, 사위인 이어령 씨는 묘비명 속에 이렇게 집약했다.

> 온 가족과 백 사람의 친구를 한 가슴에 품으시고도
> 넉넉한 자리 남기고 떠나시니 한여름의 뙤약볕에
> 푸른 그늘 드리운 큰 느티나무다워라

바람과 비와 추위와 더위를 다 감수하면서, 당신의 욕망도 다 충족시키고, 푸른 그늘도 드리우면서 웃으며 서 있는 느티나무 같은 그 자질이 아무리 생각해도 납득이 가지 않지만, 그 그늘이 얼마나 시원하다는 것은 알고 있으니, 헷갈리지 않을 수 없는 것이다. 아버지가 가시고 오랜 세월이 지나도 나는 그 헷갈림에서 벗어나기 어려울 것 같다.

2003년

아버지의 떳목

아버지는 7남매나 두셨지만, 나밖에 남지 않은 곳에서 돌아가셨으니 아들 손자들을 둘러앉히고 떠나신 할아버지보다 임종복은 없으시다. 하지만 그 죽음이 할아버지처럼 외롭고 쓸쓸해 보이지는 않았다. 외아들과 큰손자를 앞세웠고, 언니들은 미국에서 못 나와서, 겨우 귀국한 동생 하나와 내가 옆을 지켰고, 오빠가 남겨놓은 조카들이 있을 뿐이었지만, 손자며느리들까지 모두 진심으로 그 죽음을 슬퍼했기 때문이다.

비결은 사랑이다. 아버지는 오빠가 남겨놓은 아이들을 모두 깊이 사랑한 것이다. 그냥 사랑이 아니라 '보통을 넘는 사랑'이었다. 우리 집 산소에 호도나무가 있는데, 아버지는 내가 가을에 호도를 넉넉히 드리면, 잘 간수했다가 증손들을 만나러 갈 때마다 한 주머니씩 넣고 가신다. 거기서 손수 껍질을 까서 아이들에게 호도를 먹이는데, 먹는 입을 바라보는 아버지의 눈에서 얼마나 맑고 순수한 사랑이 넘쳐 흐르는지, 조카며느리들이 매번 감동한다고 했다. 같이 살던 손자며느리는, 임신했을 때 할아버지가 얼마나 정확하게 자기가 먹고 싶은 것을 사 오시는지 저녁마다 감격스러웠다고 회고했고, 천막교회 목사였던 조카사위는, 일요일마다 할아버지가 교회에 오셔서 교인이 적을까 봐 내내 뒤를 돌아보셨다면서 울었다. 아버지는 그런 순수한 사랑으로 열 명 가까운 증손자들과 다섯 명의 손자들 하나하나를 깊이 사랑하셨다. 조카며느리들이 얼마나 슬프게 우는지 조카가 "나 죽어도 저렇게 슬프게 울지 않을 것 같다"고 혀를 찼다.

87세의 노인이 떠났는데, 손자며느리들이 너무 슬프게 운다고 소문이 나서 구경 오는 사람도 있었다. 어머니가 돌아가신 후에 맞은 마나님이 데리고 온 자녀들도 진심으로 그 죽음을 슬퍼했다. 아버지는 사랑의 보유량이 남보다 풍성해서, 피를 나누지 않은 사람들에게도 나누어줄 것이 많았던 것 같다. 간병인이나 간호원들도 우리와 같이 슬퍼해주었기 때문이다. 사람은 결국 자신이 뿌린 사랑은 다 돌려받고 가는 것 같다. 사랑은 자연스럽게 되돌아오는 속성을 지녔기 때문에, 사람을 사랑하는 사람은 외롭지 않은 것이다. 할아버지는 가족을 사랑하지 않고 작은집에서만 사셨기 때문에, 많은 가족이 둘러앉았어도 진심으로 슬퍼하는 사람이 적었다.

아버지는 해방 후에 경제적으로도 어려움을 겪으셨다. 북에 있던 토지까지 다 몰수되어서, 빈손으로 남하한 피난민이었으니 자본이 없어 되는 일이 없었다. 그런 역경 속에서 아버지는 어느 날 느닷없이 작은할아버지처럼 이름을 바꾸셨다. '면하冕夏'라는 항렬자를 따른 이름을 버리고 '재호辛豪'라는 새 이름을 지은 것이다. 할아버지나 아버지나 두 분 다 직설적이고 거창한 이름으로 개명하셔서, 그 새 이름들이 좋아 보이지 않았다. 아버지는 연세가 오십이 가까워졌을 무렵이어서 20대에 개명을 한 작은할아버지처럼 추상적인 이름이 아니라 더 보기 좋지 않았다. 문제는 그런 차이가 있는데도 불구하고 두 분 다 당신들이 선택한 이름처럼 살지 못하셨다는 데 있다. 두 분이 사신 시대는 전쟁과 국권 상실과 경제 공황이 뒤얽힌 환란의 세기였다. 2차 대전이 끝나던 1945년 초에, 폭격 때문에 서울을 비우라는 소개령疏開令이 내려졌다. 동물원의 동물들을 폭격이 무서워서 미리 다 죽였고, 서울이 초토화될까 봐 사람들을 시골로 내몬 비상식적 선택이었다.

하지만 그 소개령 덕에 아버지는 3·1 운동 후 처음으로 미행하는 형사에게서 벗어나 고향에 올 수 있었다. 디스토마 때문에 각혈을 하던 시기여서 아버지는 서울에서 경영하던 사업을 허둥지둥 정리해버리고 일찍 낙향하셨다. 집만은 그대로 두고 갔는데, 아버지가 돌아올 가망이 없어 보이자 작은댁이 팔아가지고 가버려서 서울에는 집도 없었다. 그런데 1년 만에 해방이 되니 다시 서울로 오지 않을 수 없게 되었다. 공산주의 체제가 자리 잡혀가자 반공주의자인 아버지는 고향을 등질 수밖에 없었다. 가족을 데리고 용감하게 남행 열차를 타기는 했지만, 고향에 토지와 집을 모두 버리고 왔기 때문에, 수중에 돈이 없었다. 떠나기 전에 미리 상경하여 집은 사놓았지만, 빈손이어서 무슨 일을 해도 되는 일이 없었다. 그런 절망스런 일월 속에서 어느 날 아버지는 갑자기 상투를 잘라버리듯이 옛 이름을 버리고 오신 것이다. 재상도 되고 싶고 호걸도 되고 싶으셨던 젊은 날의 꿈을 성명화하는 것으로 불우한 당신의 노년을 스스로 위무하고 싶으셨던 것 같다.

대학에 들어갈 나이에 독립운동을 하다가 체포되어 아버지는 옥살이를 3년 가까이 하셨다. 출옥해보니, 스물세 살인데 형사가 따라다니는 신세가 되었다. 그 상태는 해방되던 해까지 계속되어 우리는 아버지가 없는 집에서 자랐다. 형사는 아버지가 고향에 가는 것을 금했다. 대학에 가는 것도 달가워하지 않았다. 집안 형편도 좋지 않았다. 할머니 두 분을 위시해서 부모님과 처자를 부양해야 할 처지였기 때문이다. 하지만 작은할아버지는 더 나쁜 여건에서도 대학에 가셨으니, 정치적인 것 때문에 대학에 못 갔다고 보는 것이 정답인 것 같다. 강씨들은 향학열 하나만은 치열한 사람들이기 때문이다. 할아버지는 아버지 때문에 고향을 떠나서 관동리의 옛 찰방터 외딴집으로 이사를 하셨다. 고향 동지들과 떼어놓으면 봐줄 줄 아신 것이다. 하지만, 형사가 효과가 없었다. 관동리도 같은 이원군 안이었기 때문에 그곳도 귀향금지 구역이었다. 그런 역경 속에서도 아버지는 독학으로 열심히 공부를 해서 아주 박학하셨다. 87세에 돌아가실 때까지 손에서 책을 놓지 않았다. 이도형 씨의 7권짜리 『흑막』을 쌓아놓고 읽다가 등의자에서 주르륵 미끄러져 내리신 것이 죽음의 전주곡이었으니 독서광이라고 해도 무방하다.

  미행하던 형사는 아버지의 귀향과 진학을 막은 대신, 사업을 하는 것은 권장했다. 정치와 무관하기 때문이다. 그래서 아버지는 형사가 바라던 대로 사업가가 되셨다. 아버지의 삶은 그 선택으로 망가지기 시작했다. 아버지는 절대로 상인이 되어서는 안 되는 분이었기 때문이다. 아버지는 남이 안 하는 새롭고 신기한 일을 하는 것을 너무 좋아하셨다. 그런 사업은 리스크가 크니, 돈이 목적이라면 절대로 해서는 안 되는 것이다. 그런데 아버지는 그런 사업만 선호하셨다. 그 밖에도 상인이 되어서는 안 되는 이유는 많았다. 창업하는 과정만 즐기는 타입이었기 때문이다. 위험부담률이 많은 사업을 기획해서, 어렵게 준비를 하는 동안에는 신명이 나시는데, 일단 일이 자리가 잡혀 수익성이 생길 무렵이 되면 그 사업에 흥미를 잃는 것이 아버지의 패턴이다. 그 시점에서 새 사업을 찾아 나서니 사업가로서는 적합하지 않은 것이다. 아버지는 그 점에서 시어른과 비슷했다. 우리 아버님도 새것을 만드는 재미로 사업을 하셨기 때문이다. 작품이 완성되면 캔버스를 걷어내고 다음 작품을 시작하는 화가들처럼 사업을 하신 점에서 두 분은 비슷했다. 그건 예술가가 할 일이지, 사업가가 할 일은 아니다. 그래서 두 분 다 혼자 하는 사업은 언제나 끝이 좋지 않았다.

  장백현에서 사업을 하실 때는 업종이 외삼촌과 어머니가 도울 수 있는 정미소와 양조장이어서, 설비를 끝내자마자 아버지가 조림업을 한다고 떠나셔도 별 지장이 없었다. 어머니가 실무에 능한 남동생을 데리고 경영을 이어받아 잘 운영했기 때문이다. 우리 집이 가장 안정되었던 시기가 장백현 시대인 것은 어머니의 그런 조력 덕이다. 하지만 외삼촌이나 어머니가 도울 수 없는 사업은 잘되기 어려웠다. 처음 시작한 제재업처럼 종가댁 어른 밑에서 한 사업도 문제가 없었다. 실무는 다른 사람이 보았기 때문이다. 하지만 혼자 한 사업은 끝이 안 좋은 경우가 많았다. 너무 자주 업종을 바꾸는 것도 결격 사항이었다. 아버지는 새 사업 기획가로는 적격이었으며, 경영 능력도 탁월하신데, 이상하게도 과실은 딴 사람이 따가는 일이 많았다. 커가면서 연구해보니 믿지 말아야 할 사람을 믿은 데 원인이 있었다. 사람이라기보다는 사항이라고 해야 옳을지도 모른다. 결정적일 때 돈 관리를 직접 하지 않아서 일이 터지기 때문이다.

아버지가 해방 후에 가장 성공을 거둔 사업은 '탄재炭材 회사'
였다. 자본주가 넉넉한 자본을 가지고 있었고, 그분은 아버지의
절친한 친구여서 경영을 마음대로 할 수 있었다. 목재는 아버지
가 잘 아는 분야여서, 직접 경영을 하시니 만사형통이었다. 그런
데 역 근처에 있어서 구내까지 기차가 들어오게 만든 멋진 공장
을 다 완성해놓으니, 좌익운동을 몰래 하던 전무(자본주의 사위)
가 회사를 팔아가지고 월북해버렸다. 목재 구입차 장기 출장을
가면서 전무에게 너무 많은 걸 맡기고 떠난 탓이다. 사업이 망하
자, 방이 많은 큰집에서 북에서 따라 내려온 친지들까지 혼자 부
양하던 아버지는, 당신 지분의 빚 때문에 집을 줄여서 연립주택
으로 이사를 가야 했다. 생활이 위협을 받는 처지가 된 것이다.
그건 다시는 돌이킬 수 없는 아버지의 긴 전락의 시작이었다.

마무리가 잘못되어 망한 사건은 부산에서도 있었다. 오래간만
에 공사를 성공적으로 마무리했는데, 어쩌자고 공사비 찾는 일
을 동업자 혼자 하게 했다. 그가 몽땅 들고 도망을 가니 빚만 남
았다. 남부민동의 판잣집에 살던 피난 시절이어서 그 사건은 더
치명적인 타격을 입혔다. 낙천적인 아버지가 일시적으로 정신착
란 상태에 빠질 정도로 타격이 심각했다. 그때 일과성 섬망증에
걸린 아버지 입에서 한문으로 된 기도문이 흘러나와 나를 놀라
게 했다. "始天主造化天地 永世不忘萬事知"라는 대목이 있었다.
착란 상태에 있던 아버지는 그 대목을 경건한 어조로 계속해서

읊으셨다. 처음 기독교를 만났을 때의 젊은 아버지의 축복받은 신앙 세계를 엿볼 수 있는 자료였다. 얼마나 절박했으면 의식이 없는데도 "永世不忘萬事知(영원히 우리를 잊지 않으시며, 만사를 다 아시는)"하는 절대신을 그렇게 간절하게 찾으셨을까. 어머니가 사람을 가려서 믿으라고 간곡하게 부탁을 하는데, "동업자도 믿지 못하면 어떻게 세상을 사느냐"고 화를 내다가 당한 배신이어서, 정신을 잃을 정도로 배신감의 폭이 컸다.

하지만 그런 일은 그 후에도 일어났으니, 인간에 대한 조건 없는 믿음은 아버지에게는 고질병 같은 것이었다. 그런 아버지를 보고 있으면, 손에 돈만 쥐면 분실하는 특기를 가진 아이디어맨을 다룬 요코미츠 리이치[橫光利一]의 「기계」라는 소설 생각이 난다. 네임 플레이트를 만드는 직종을 가진 그 소설의 주인공은, 손에 돈만 있으면 잃어버리는 특기가 있다. 마지막에는 감시역으로 깐깐한 누나가 따라갔는데도 예외가 없어서 사람들은 경악했다. 돈을 한 번만 만져보고 싶다고 누나에게 간청해서 잠시 맡은 그 짧은 동안에 사고를 당했기 때문이다.

우리 아버지처럼 그분도 돈과 인연이 없었던 모양이다. 하지만 다른 것이 있다. 그 사람은 직접 본인이 그 방면의 기술자인데 아버지는 아니었다는 점이다. 그러니 피해는 더 크다. 전문적인 기술자를 찾는 데 드는 시간과 비용이 따로 필요하기 때문이다. 검증되지 않은 타인의 손에 빚진 자본을 투입해야 하니 위험

부담률도 엄청나게 커진다. 더 큰 문제는 사업이 성공해서 돈이 무사히 들어와도 역시 집에는 돈이 남지 않는다는 점에 있다. 주을온천 근처의 9개 면에서 대규모의 조림사업을 할 때는, 일 년에 열 배의 이윤이 남은 일도 있다는데, 아버지는 식구들이 쓸 돈만 남겨놓고, 나머지는 상해에 보내거나 작은할아버지에게 보내고 이웃돕기에 써서 돈을 신속하게 없애 버리는 재주가 있으시다. 누군가에게 빌려주고 못 받으시는 일도 잦다. 남한에 온 후에도 생활기금을 마련할 기회가 한 번 있었는데, 아버지는 고향에서 오는 피난민들을 가족 단위로 두 팀씩 받아들여 부양하는 일을 계속하느라고 그 마지막 기회도 놓쳤다. 우리 집은 사설 피난민 수용소여서, 여축이 있을 수 없었다. 그러니 자기 자본이 조성되기 어렵다.

어머니는 흉년이 들어도 가족들이 1년을 지장 없이 견딜 만한 기금을 만들어놓고 나서, 남은 돈을 투자하거나 자선사업을 하는데, 아버지는 비축을 하지 않고 자선사업부터 하시니 문제가 생긴다. 언제나 유망한 새 사업을 찾아내는 재주가 있으시니, 자본주를 끌어들일 자신이 있어서 그랬는지도 모른다. 생활기금을 만들어 어머니에게 맡기고, 다음부터 마음 내키는 사업을 하셨으면 가족도 당신도 편히 살았을 텐데 왜 그리하셨는지 이해가 안 된다. 아버지는 이상하게 돈을 지니지 못하는 분이다. "강씨 치고 부자가 없다"는 말을 실증적으로 보여주는 케이스다. 아버지가 사업가가 되면 안 되는 이유가 거기에 있다. 일제 시대에는 아버지가 두 번이나 예비검속에 걸렸어도 고향에 토지가 있어서 가족의 생계는 흔들리지 않았다. 하지만 해방 후에는 북에 있는 부동산이 없어진 데다가 피난 길에서 한국은행권과 귀중품이 든 가방을 소련군에게 날치기당해서, 돈이 거의 없는 상태에서 서울에 왔으니 되는 일이 없었던 것이다.

사업이 잘될 때면 당연하게도 집안의 생활 수준은 높아진다. 일제 시대에는 위의 아이 셋이 중학교부터 서울에서 공부했고, 집에는 빅타 레코드, 세고비아 기타, 싱가 미싱 같은 새로운 기기들이 비치되어 있었다. 오빠는 서울에서 기차로 열두 시간이나 걸리는 시골구석에서 나비를 채집해서 표본을 만드는 약품을 가지고 있었고, 사진기와 현상용 암실까지 가지고 있었다. 나는 일렁이는 물속에서 사람의 영상이 서서히 형성되어가는 사진의 현상 과정을 너무 사랑해서, 방학이 되어 오빠가 오는 것을 목을 빼고 기다렸다.

문제는 해방 후의 그런 악조건 속에서도 아버지의 사업 패턴은 바뀌지 않았다는 데 있다. 아버지는 여전히 쉽게 돈이 생기는 사업보다는 어렵게 성취시키는 사업을 선호했고, 새롭고 신기한 사업을 탐하셨다. 아버지는 같은 일을 계속하지 못하신다. 그러니 자본이 없으니 규모가 작아졌을 뿐, 업종이 매번 바뀌는 패턴은 변하지 않는 것이다. 아버지는 늘 그렇게 모르는 분야의 새로운 사업을 선호했다. 네오필리아였던 것이다.

　서울에 와서 경영에 성공한 사업은 처음에 하신 탄재 회사밖에 없다. 목재는 아버지가 잘 아는 분야여서 순조롭게 진행되었고, 조개탄은 해방 공간에서는 인기 있는 땔감이어서 수요가 많은 데다가, 그 사업에는 집을 팔아서 자본도 좀 댔기 때문에 이윤에 대한 자기 몫도 가지고 계셨다. 그런데 그다음부터는 자본도 없는데 모르는 일에만 열중하시니 일이 될 리가 없다. 탄재 회사가 망한 후 처음 시작한 사업은 칠기 만들기였다. 일본 기술자들이 다 가버리니 칠기 전문 기술자가 없는데, 아버지는 전문가도 아니면서 옻칠에 한동안 열을 올리셨다. 칠 연구에 재미를 붙여서 그 일이 즐거우셨던 것 같다. 그런데 아무리 실험해보아도 칠을 해서 말려보면 표면이 매끄럽지 않았다. 좁쌀 같은 오돌토돌한 것이 표면에 계속 남아 있어서 아버지가 암담한 표정을 짓던 생각이 난다. 일본 기술자들이 한국인에게 요긴한 기술은 전수하지 않았던 모양이다.

　그다음에는 삽의 손잡이 부분처럼 나무를 쪼개서 휘게 하여 만드는 농기구 제작에 열중하셔서 나무를 찌는 실험을 하고 다니셨다. 그러고 나서 손을 댄 것이 고령토를 일본에 수출하는 사업이다. 대일 무역이 어려웠던 시절이어서, 아버지는 오랫동안 그 일에 전력투구하셨다. 그러다가 드디어 성공하여 수출용 고령토를 용산역에 가지런히 쌓아놓았는데, 하필이면 그때 6·25

가 터졌다. 용산역은 폭격의 표적이어서 비행기가 날마다 폭격을 해댔다. 나는 아버지의 귀족적인 하얀 흙들이 날마다 불질을 당해서 결국 다시 황토로 돌아가는 드라마틱한 과정을 목격하면서 적 치하의 석 달을 보냈다. 아버지의 사업은 언제나 그렇게 좋지 않은 쪽으로 드라마틱하게 끝났다. 시국이 늘 비상시였기 때문인지도 모른다.

아버지가 벌인 마지막 큰 사업은 콘크리트 전신주 만들기였다. 아버지는 그 일을 우리나라에서 콘크리트로 된 전신주가 보급되기 시작한 시기보다 자그마치 20년이나 앞서서 착수하셨다. 일본에는 좋은 목재가 많아서 우리나라에도 질 좋은 나무 전신주를 잔뜩 세워놓아서, 1950년대 후반에는 그들이 두고 간 전신주들이 전국에 건재했다. 아직 수명이 20년도 더 남은 전봇대들이다. 2012년에 L.A에 갔다가 나무 전신주가 21세기까지도 쓰이고 있는 것을 발견하고 놀란 일이 있다. 나무가 흔한 고장이라 미국에서는 콘크리트 전신주를 21세기에도 필요로 하지 않았던 것이다.

그런데 아버지는 반세기 전에 그걸 시작하셨다. 우리나라에는 전신주를 만들 만큼 큰 목재가 없으니 콘크리트 전신주가 필요 없었던 것은 물론 아니다. 낙천적인 아버지는 전쟁으로 인해 많은 전신주가 타버렸고, 도시들이 계속 늘어날 것이니 전망이 좋으리라고 판단한 것이다. 하지만 50년대의 한국은 G.N.P가 100

불밖에 되지 않던 가난한 나라여서, 새로 전신주를 세울 형편이 되지 못했다. 그런데 엄청난 크기의 실험용 설비가 필요한 장기적 사업을, 자본도 없는 어른이 시작한 것이다. 그래서 어머니는 날마다 돈 꾸러 다녀야 했고, 집에는 생활비가 없는 세월이 계속되었다.

신기한 것은, 모르는 분야의 새 사업을 시작할 때마다 아버지의 전문가 찾기 작업은 실패하는 법이 없었다는 사실이다. 항상 투자자를 찾아낼 수 있는 비결이 거기에 있는 것 같다. 전신주 때에도 누군가가 자본을 대고, 5세기라는 자그마한 기술자가 날마다 실험 결과를 보고하러 드나들더니, 몇 해 만에 그 실험은 성공을 거두었다. 하지만 특허를 가지고 있어도 물건을 사러 오는 사람이 없었다. 전쟁 직후라 몇 해 동안은 정부 기관에서 그런 예산을 짜낼 여유가 없었다. 그래서 아버지는 다시 빚더미에 올라앉았고, 재기하기 어려운 타격을 받았다. 시작한 시기가 너무 일렀던 것이다.

나는 지금도 콘크리트 전신주를 보면 아버지의 얼굴이 떠오른다. 시기를 고려하지 않고 리스크를 한 것은 아버지식 낙관주의 때문이기도 했겠지만, 아버지의 목적은 누구도 만들어보지 못한 콘크리트 전신주 만드는 데 있었던 것만은 확실해서 당신의 목적은 이룬 셈이다. 일제 시대에는 꼼꼼한 외삼촌이 따라다니며 소리 없이 뒤치다꺼리를 해드려서 그 정도라도 성과를 거두셨는데, 해방 후에는 혼자 하셨으니 일마다 그렇게 끝이 좋지 않았다.

그런데 불행하게도 사업이 잘되던 일제 시대에는 아버지가 우리 곁에 있지 못했다. 해방되던 해부터 겨우 우리와 같이 살게 되신 것이다. 그런데 그 시기에는 자본이 없어서 하는 일마다 실패를 했다. 그런 사정을 알기에는 너무 어렸던 10대 초반의 내게는, 아버지의 불꽃놀이 같은 기발한 사업들이 어쩌면 가족들을 골탕 먹이려는 장난일지도 모른다는 생각까지 들었다. 그때 아버지는 이미 50이 가까워서 창업하기에는 늦은 연세였고, 빈손으로 북에서 내려와서 자본도 없는데, 오빠네와 언니네까지 부양가족 많아 당신은 많이 힘드셨을 텐데 그렇게 생각된 것은, 아버지가 우리와 따로 살던 시기에는 경기가 좋으셨기 때문이다. 어쩌다 집에 오시는 아버지는 언제나 최신식 멋진 옷을 입고 있었고, 겨울에는 기차 좌석이 차다고 호피 깔개를 들고 다니기도 했으며, 일가 친척에게까지 비싼 옷감을 고루 사다 선물했기 때문에 나는 아버지가 부자인 줄 알았다. 언니 말에 의하면 어떤 때는 한 달 동안 작은댁과 호텔에 장기 투숙한 일도 있다고 하니, 내가 잘못 안 것은 아닌 것 같다. 그런데 우리와 같이 살자 줄곧 가난했으니, 그런 해괴한 생각까지 하게 된 것이다.

하지만 그것만이 전부는 아니었다. 새 사업을 구상하여 성공시키기까지의 아버지는 언제나 패기에 넘쳐 있었고, 너무 행복해 보였기 때문에 실패하는 이유를 가늠하기 어려웠다. 아버지가 하기 어려운 사업에만 도전한 것이 실패하는 원인 중의 하나인 것은 사실이었으니, 갑자기 아버지 사업에서 경기가 사라진 이유를 열네댓 살짜리 아이가 제대로 이해하기는 어려웠다.

2021년

아버지의 집

나는 열세 살이 되어서야 같이 살게 된 아버지의 불안정한 집이 너무 싫었다. 몸이 약해서 내게는 안정된 가정이 필요했다. 어머니는 우리에게 그것을 제공해주셨다. 일제 말의 악조건 속에서도 가계가 불안정했던 적은 없었다. 어머니도 무리를 해서 사업을 늘리는 편이지만 현실감각이 있어서 흉년과 풍년에 잘 대응하셨고, 아버지가 돈을 많이 가져오든 적게 가져오든 생활은 늘 같은 수준을 유지해서, 살림은 항상 안정되어 있었다. 학용품은 서울에서 공부하는 언니들이 넉넉하게 사다 주었고,《소년구락부》와 동화책도 달마다 보내주어서, 어머니의 집에서는 돈 때문에 고생한 기억이 거의 없다. 어머니의 집은 검소했지만 결핍은 없는 안정된 공간이었다.

흔들리는 배를 탄 것 같은 아버지 집의 불안정함이, 가뜩이나 입이 짧아서 늘 빈혈인 나를 신경쇠약으로 만들어갔다. 그런 데다가 나는 아버지에게 좋은 감정을 가지고 있지 않았다. 아버지가 작은댁을 집에 데리고 온 것을 그져도 용서할 수 없었기 때문이다. 평소에 아버지를 보는 눈이 곱지 않아서 그런 앙심을 품게 되었는지도 모를 일이다. 아버지는 자본이 없는데도 여전히 백두산 나무를 신의주까지 뗏목으로 흘려보내는 것 같은 큰 사업에 흥미를 느껴서 자녀들을 힘들게 했기 때문에, 우리 집 딸들은 아무도 사업가와 결혼하지 않았다. 아이디어만 참신한 돈키호테 같은 사업가의 가족으로 산 시간들이 너무 재미없었기 때문이다. 그 무렵의 나는 아버지에게 줄창 화가 나 있었다. 새 사업을 할 때마다 어머니를 빚을 지게 만드는 것을 참을 수 없었기 때문이다. 자존심이 강해서 약속 지키는 것을 천칙처럼 생각하는 어머니를 거짓말쟁이로 전락시키는 것을 나는 도저히 용서할 수 없었다.

그런데 6·25 때에 아버지는 처음으로 육체노동을 해서 가족을 부양하셨다. 서울대 병원 식당에 식재료를 대는 일을 맡은 아버지는, 자전거를 타고 수십 리 밖에 있는 시골에 가서 식품을 조달해야 하는 중노동을 하신 것이다. 폭격 때문에 낮에는 못 다니니 어둠 속에 불도 못 켜는 자전거를 타고 다니는 일은 위험부담률이 컸다. 어머니는 아버지가 구멍가게 주인 같은 일을 하는 것을 가슴 아파하셨지만, 나는 그런 위험하고 힘든 일을 하는 아버지를 처음으로 존경하고 사랑했다. 막노동을 해서라도 정확한 수익을 얻는 그 방식이 마음에 들었던 것이다. 땡볕에 쭈그리고 앉아 감자나 과일을 세는 일은 아버지의 체구에도 맞지 않았고, 적성에도 맞지 않는 일임을 알고 있었기에, 아버지가 그런 싫은 일을 우리를 위해 한다는 사실이 감동을 자아냈다. 아들이 집에 없어서 아버지는 그 일을 혼자 감당해야 했다. 그래서 처음으로 아버지가 우리를 위해 고생한다는 사실을 실감했고, 가능하면 아버지를 도우려 애썼다. 그래서 나는 그런 방법으로 세상을 살아가기로 삶의 방향을 정했다. 일한 만큼 월급을 받아, 조촐하지만 안정되게 사는 길을 택한 것이다. 확실한 수입이 있어 생활이 안정되는 소시민적 안정감 위에서, 흔들림이 없이 내가 원하는 일을 하며 사는 것이 내 소원이었다. 하지만 아버지는 나를 감동시켰던, 몸을 움직여 푼돈 버는 일을 다시는 하지 않았다. 전쟁이 끝난 후에 다시 콘크리트 폴을 만드는 일에 몰두하셨기 때문이다.

  우리 아버지는 일 처리를 합리적으로 하면서도 누구와 부딪히는 일이 없었고, 항상 새로운 아이디어로 삶을 개신하는 창의성을 가지고 있었으며, 그 일들을 성사시키는 능력과 현실감각도 갖추고 계셨다. 독학을 했는데도 박학하셨고, 거시적 안목이 있으면서 치밀하셨으며, 사교적이었고 언변이 능하셨다. 그중에서도 아버지가 가장 잘하는 일은 사람을 사귀는 일과 남을 설득하는 일이다. 그 방면에 아버지는 특출한 재능을 가지고 있었으며 매너가 세련되었고, 키가 큰 미남이었다. 외교관을 하면 딱 맞는 자질을 갖추셨던 것이다.

  외교관이 아니면 예술가나 교육자가 적성이 맞는 분이었는데, 그런 분이 사업가가 되니 차질이 생길 수밖에 없다. 요즘같이 자유롭게 교육을 받는 세상이었으면 아버지는 교수가 되거나 외교관이 되어서, 원하는 일을 하면서 보람 있는 삶을 살 수 있었을 것인데, 열아홉에 3·1 운동을 만났고, 마흔여덟에 남북 분단으로 고향을 잃어서, 삶이 엉망이 되어버렸다. 그런 생각을 하면 우리 아버지뿐 아니라 식민지에서 산 아버지 세대의 모든 남자분들이 가슴 아프다.

  하지만 역경의 연속인 그런 악조건도 아버지의 본성을 바꾸지는 못했다. 아버지는 낙천적인 자유인으로 태어나셨다. 환경도 좋았다. 할머니가 계시는 집의 외아들이었으니 그 자유를 구속할 사람이 없었다. 어머니도 잘 만났다. 우리 할머니는 절제 없이 사랑만 하는 분이어서 그 아드님을 완전히 방목하셨다. 할머니는 손자들도 야단치는 법이 없었다. 씻지 않은 채 자도 눈감아주시고, 나쁜 짓을 해도 감싸주셨다. 모든 행위가 용서받는 분위기여서 나는 할머니를 진심으로 좋아했다. 인두겁만 쓰고 있으면 누구나 사랑하는 아버지의 절제 없는 인간애는 할머니의 금기가 없는 안방에서 키워진 것이다. 환경도 좋았지만 천성도 자유로우셨다. 어떤 역경 속에서도 마음의 자유를 유지하며 사셨기 때문이다. 그 단적인 예가 미행하는 형사와의 관계다. 해방될 때까지 20여 년간 형사를 달고 사셨는데, 아버지만큼 자유롭게 산 독립투사도 없었을 것이다. 그 자유는 규제를 범하는 데서 오는 것이 아니라 구애를 받지 않는 심성에서 왔다. 아버지는 변경 불가능한 일은 초장에 포기하고 잊어버리는 성격이다. 타고난 식민지의 환경 같은 것은 개인이 바꿀 수 있는 것이 아니니 받아들일 부분은 얼른 받아들이고 만다. 그러면 나머지 부분이 모두 자유의 몫이 될 수 있다. 미행하는 형사와의 관계도 그렇게 처리된 것 같다. 아버지는 고향에 가지 못하게 하는 형사를 미워하지 않았다. 저항도 하지 않았다. 집행인은 결정권자가 아니기 때문이다. 권한이 없는 수족에 불과하니 아버지의 눈으로 보면 불쌍한 인종이었다. 그런다고 당하고만 있을 타입은 아니다. 아버지가 비교적 자유로울 수 있었던 비결은 설날이나 조상의 제삿날 같은 들킬 가능성이 많은 날에는 귀향할 생각을 하지 않는 데 있었다. 할아버지의 환갑잔치, 외아들인 오빠의 결혼식 같은 것도 모두 주인 없는 상태에서 치러졌다. 그들이 눈에 불을 켜고 감시하기 때문이다. 그래서 우리 집에는 제삿날이나 경축일에 늘 아버지가 늘 안 계셨다. 아버지는 외아들이고 장손이어서 그날 거기에 꼭 있어야 하는 존재였다. 하지만 그런 절대적인 것을 포기함으로써 아버지는 중요한 자유를 얻으신다. 일 년에 대여섯 번은 집에 오는 자유를 확보하신 것이다. 아버지는 그들이 방심하고 있는 시기를 잘 포착하셨다. 아버지는 문제가 생기면 위축되는 대신에 돌파구를 찾는 재미에 몰두하는 분이다. 아버지가 귀향 문제에서 찾아낸 돌파구는 막차를 타고 오다가 한 정거장 먼저 내리고, 다음 날 형사가 탄 열차가 오기 전에 다음 정거장에서 상행 열차를 타는 수법이다. 아버지의 부재를 발견하고, 하루에 두 번밖에 안 다니는 기차를 타고 형사가 올 때까지의 시간이 아버지의 시간이다. 그러니 형사는 아버지가 집에 다녀간 흔적을 찾아내기 어렵다. 우리 집은 외딴집인 데다가 아버지는 동네 사람 누구의 눈에도 띄지 않았기 때문이다. 아이들 눈에도 가능하면 띄지 않게 어른들끼리 조정해서 꼬마들은 아버지를 만날 기회가 아주 적었다. 우리 집에서는 아버지가 오시는 날이 설날이었다. 아버지는 미행 형사와의 관계도 무난히 처리했다. 그의 직업을 인정해주었고, 당신 때문에 그가 벌 받을 짓은 자제해주었으며, 그를 미워하지도 무서워하지도 않았으니까 감시자와 피감시자 관계가 유연해진 것이다. 그래서 형사 때문에 만나야 할 사람을 아주 못 만나거나, 해야 할 일을 전혀 못 하지는 않았다. 당신이 꼭 원하는 때에는 무슨 일이 있어도 집에 오셨기 때문이다. 그래서 마나님에게 터울을 맞추어 아이를 낳게 했고, 국경 너머에 사업체를 옮겨놓기도 했으며, 갑자기 집에 중요한 일이 있을 때도 더러 얼굴을 내밀 수 있었다.

아버지는 사람을 사랑해서 어떤 인간에게서도 심리적으로 부담을 느끼지 않았다. 그건 아버지의 타고난 자질이다. 예술가들이 재능을 타고나는 것처럼 아버지는 인간관계를 유연하게 받아들이는 재주를 타고나셨다. 그건 누군가에게 구속감을 느끼지 않는 성품에서 왔다. 실제로 구속을 받지 않기 때문이다. 우리 어머니는 개성이 강한 분이어서 잘 타협하지 못하는 성격인데, 아버지는 어머니 때문에 원하는 일을 못 하는 일이 거의 없었다. 아버지는 어머니가 말리는 일을 아무렇지도 않게 하면서, 어머니와 그 일로 다투는 법도 별로 없는 이상한 재능을 가지고 계셨다. 아버지는 당신 뜻대로 일을 처리해버리고도 미안해하지 않았다. 원하는 대로 사는 것이 몸에 뱄기 때문에 자기식으로 사는 일이 체질화되어 있었던 것이다. 3·1 운동으로 수감되어 있을 때도 아버지가 가장 많이 벌을 받은 것은, 부르고 싶을 때에 부르고 싶은 노래를 불렀기 때문이라고 한다.

그러니까 어머니를 위시해서 아버지에게 홀린 아버지의 여인들은, 일찌감치 그 남자를 콘트롤할 생각을 버린다. 콘트롤이 안되는 인물임을 터득하기 때문이다. 아버지는 많은 여인과 사랑을 했지만, 여자가 말린다고 하고 싶은 일을 못 하는 일은 거의 없었다. 부모님과의 관계도 마찬가지였다. 할아버지는 무서운 분이셨지만, 아버지를 야단치는 것을 본 일이 없다. 할아버지에게 거역하는 일은 없었는데, 할아버지 때문에도 원하는 일을 못

하는 일도 없었다. 설득을 잘하시기 때문인 것 같다. 그래서 아버지는 항상 웃으며 사셨다.

　원시 씨족사회에는 근심을 모르고 사는 낙천적인 사람들이 많다고 한다. 현실이 너무 열악해서 그것을 직시하면 미치기 때문에, 그들은 좋은 일만 생각하며 살기로 작정을 해버린다는 것이다. 우리 아버지도 어쩌면 그 사람들처럼 생각하면 미치고 환장할 현실 속에서 살았기 때문에, 그걸 잊으려고 낙천주의자가 되신 건지도 모른다. 우리와 같이 살기 시작한 해방되던 해에 이미 오십 고개를 바라보던 아버지는 해방 후에도 계속 역경 속에서 사셨지만, 어떤 역경에서도 인간을 미워하는 일이 없었으며, 주저앉는 일도 없었다. 아버지는 항상 다시 일어나 바쁘게 사셨다. 해방 전후에는 양말이 모두 천연섬유로 되어 있어 잘 해졌다. 아버지는 얼마나 바쁘게 사는지 아침에 새로 신고 나간 양말이 저녁이면 뒤꿈치에 구멍이 나 있다. 그렇게 바빠서 평생 심심한 시간이 없었고, 슬플 시간도 없으셨나 보다. 아버지는 불행까지도 웃으면서 맞이했다. 친구가 사업 대금을 찾아가지고 야반도주를 해도, 그를 버리지 않았고, 사업에 실패해도 언제나 다시 딛고 일어서는 강인한 생명력을 지니고 계셨다. 그 강인함은 인간에 대한 믿음을 잃지 않는 데서 생겨나는 것 같았다.

　스스로 자신의 이름을 거창하게 지으시던 돈키호테 같은 작은 할아버지와 아버지는 두 분 다 비범한 어른이었지만, 불행한 시대를 만나 포부를 펼 자리가 없었으며, 가장 노릇도 제대로 할 수 없었다. 나는 그 과감한 선조들이 스스로 선택한 너무 직설적인 이름들을 생각할 때마다 깊은 연민에 휩싸인다. 동양을 구제하고 싶었던 작은할아버지는, 해방이 너무 늦게 와서 결국 자기 나라에서도 설 자리를 찾아내지 못한 채 좌절하셨고, 우리 아버지는 해방 후에 하는 사업마다 잘되지 않아서 꿈꾸던 재상도 호걸도 되지 못하고 말았기 때문이다. 하지만 작은할아버지는 그 역경 속에서도 평생 많은 사람들의 존경을 받으며 사셨고, 아버지는 어떤 역경에서도 인간에 대한 사랑과 믿음을 잃지 않으셨다. 마지막 날까지 미운 사람이 하나도 없는 삶을 사셨으니, 같은 인간으로서 부러운 생각이 들 때가 많다. 하지만 두 분은 어쨌든 당신들이 선택한 삶의 길을 걸어가셨다는 점에서 축복받은 인간이었다고 할 수 있다. 세상이 엉망이어서 많은 것을 이루지는 못하셨지만, 적어도 환경에 희생을 당하는 피동적인 인간은 아니었던 것이다.

2013년

산과 그림자

어머니가 돌아가시고 반년쯤 지나자 아버지는 새 여자를 얻으셨다. 70세 때의 일이다. 아버지는 어머니의 죽음을 진심으로 슬퍼했었는데, 숨이 넘어가자마자 새 여자를 얻은 셈이다. 그건 "아무에게도 도움이 되지 않는 외로움은 참을 필요가 없다"는 아버지식의 사랑법인가 보았다. 아버지는 철저하게 '지금-여기'의 삶을 중시하는 분이기 때문에 아버지에게는 눈앞에 없는 것은 존재하지 않는 것과 마찬가지였던 것 같다. 뒤돌아보는 법을 못 배운 영원한 전진형의 인물……. 잠시도 여자 없이는 못 사는 영원한 플레이보이…….

우리는 그런 아버지를 용서할 수 없었다. 너무 서둘러 마님을 얻으니까, 어머니가 안 돌아가셨으면 어쩔 작정이었나 싶기도 해서, 옛 원한의 무거리까지 모두 되살아 나는 기분이었다. 하지만 우리가 반대한다고 물러설 분이 아니다. 아버지는 당신의 욕구에 대해 늘 당당하셨다. 그래서 평생 하고 싶은 일을 안 해본 적이 없다. 아버지는 그렇게 자신의 욕망에 늘 충실하셨으니 돌아가신 후에 가슴 아픈 일이 적었다. 그렇다고 엄하거나 강해 보이는 형은 절대로 아니었다. 우리는 아버지에게서 야단맞은 기억이 거의 없다.

 성격이 급한 것은 어머니 쪽이다. 아이들을 야단치는 것도 어머니 몫이다. 그러니까 집 안에서 나오는 큰소리는 언제나 어머니 것이다. 큰 형부가 여자 목소리가 크다고 흉을 보더라는 말이 생각난다. 그런데 아버지는 어머니가 그렇게 사는 것을 바라보기만 하지, 고치려 들지 않았다. 할아버지의 말씀에 의하면 어머니는 태양인이라 성질이 급하단다. 당신도 태양인이어서 어머니와 맞지 않는다고 하셨다. 그런데 재미있는 것은 그 불같은 성격의 태양인들이, 한 번도, 진짜로 한 번도, 부드럽고 유순한 아버지를 꺾어본 일이 없다는 사실이다. 아버지는 큰소리하나 안 내고도 하고 싶은 대로 관철해버리는 묘기를 가지셨다. 할아버지는 불같은 어른인데, 그 호랑이 같은 분이 아버지를 한 번도 꺾어본 일이 없다. 어렸을 때도 야단치거나 매를 들면 소리 없이 다 당하고 나서, 하고 싶은 일은 그냥 당연한 일처럼 해버리기 때문에 결국 어른들이 손을 들고 만다는 것이다. 어머니도 마찬가지다. 아버지는 할아버지와 어머니 두 태양인의 옆에 계시면서, 조정을 잘하셔서 집안을 평화롭게 이끄셨고, 어느 편에서도 간섭을 받는 일이 없었다. 아버지는 외유내강형의 대표적 인물이다.

그런 아버지가 우리가 말린다고 당신의 재혼을 취소할 리가 없다. 자신의 욕망을 언제나 떳떳하게 내세우는 아버지는 재혼 때도 조금도 꿀리지 않으셨다. 자식들은 다 짝이 있는데 당신만 혼자 사는 것이 너무 외로워 말동무를 구했는데 뭐가 문제냐고 딱 잘라 말씀하시는데, 기가 질려서 할 말이 없었다. "엄마는 젊은 날에 이십오 년이나 혼자 살았잖아요!" 하면서 동생이 울부짖었지만, 나는 입을 봉하고 말았다. 아버지 말씀이 타당성을 지니고 있었기 때문이다. 내가 나중에 배우자를 잃어보니 6개월과 일 년 사이가 가장 외로웠다. 아버지는 그 외로움을 참아야 할 이유를 알 수 없어서 말벗을 구하는 쪽을 택하셨다. 자식들은 손님처럼 들락거릴 뿐이니 아버지는 혼자 외로우셨고, 그 해결 방안을 당신이 직접 찾은 것이다. 어머니랑 살던 집은 오빠에게 주고, 당신은 광복회에서 배정해준 새 아파트에 가 사셨으니 재산 처리에도 할 말은 없었다.

우리는 마지막으로 호적에 있는 어머니 이름 옆에 딴 여자의 이름을 올리는 것만은 절대 안 된다고 버텨보았다. 어머니에게 아버지가 남겨둔 것이 호적상의 아내 자리밖에 없던 세월이 길었기 때문에, 그 자리는 상징적인 어머니의 성소였다. 그래서 적극적인 성격을 가진 동생이 일부러 미국에서 돌아와 눈을 부라리고 감시했지만, 소용이 없었다. 아버지는 호적을 따로 만들어 그녀를 이미 입적시킨 후였기 때문이다. 더 기가 찬 것은 그 과정에서 이미 빨간 줄이 쳐진 출가한 딸들은 다 지워버렸다는 사실이다. 그래서 돌아가셨을 때 내가 매장허가를 받으러 가니까 호적에 없다고 내주지 않았다. 우리 아버지는 그렇게 못 말리는 분이다. 그래서 나는 항상 아버지를 받으려고 뿔을 곤두세우고 살 수밖에 없었다. 그 재혼으로 우리는 아버지와 인연을 끊었다. 아버지가 "너희보다는 이 사람이 필요해"라고 선언했기 때문이기도 했지만, 이미 어머니의 남자가 아닌 아버지를 우리가 돌봐야 할 이유가 없다고 생각한 것이다. 아버지는 우리에게 어머니가 사랑한 남자였다.

오랜 시간이 지난 후에 생각해보니 그 재혼은 참 잘한 선택이었다. 일종의 계약 결혼 같은 것이어서 뒤도 깨끗했다. 아버지가 마지막으로 입원했을 때, 그 여인은 오래 맡았던 짐을 돌려주듯이 내게 아버지를 넘기고 선선히 떠나면서 미안해하지도 않았다. 집은 이미 그녀의 이름으로 되어 있었으니 미련을 가질 재산도 없어 이별의 절차가 간결했다.

한번은 어머니 묘에 성묘하러 오신 아버지를 보고 우리 집 막내가 "외할머니 무덤에 가면 지금 할머니가 싫어하지 않느냐?"고 물은 일이 있다. "아이다. 나는 죽으면 네 할미 곁에 가고, 그 사람은 자기 남편에게 가는 거다"라고 아버지는 쿨하게 대답하셨다. 허세를 부리는 성격이 아니니까 자신이 가진 것을 다 털어놓아 재산상의 문제도 없었다. 생활비 분담도 깔끔했다. 독립유공자의 연금만 생활비로 내면 아버지의 책임은 끝났다고 했다. 굳이 입적을 시킨 것은 그래야 그 마님이 무료 진료를 받을 수 있고, 사후에도 연금을 받을 수 있기 때문이었다니 그것도 납득할 만했다. 그분은 아직 생존해 계신다. 그 여인은 어머니가 며칠 받아보지 못한 독립유공자 연금을 30년간 또박또박 받고 있다. 17년이나 노인을 돌보았으니 받을 자격도 충분하다고 할 수 있다.

 아이가 넷 달린 과부인 그 마님은 큰언니와 동갑이라는데, 곱고 세련돼서 언니보다 오히려 젊어 보였다. 이왕이면 다홍치마여서 미인을 골랐다는 아버지의 변도 탓할 점이 없었다. 당신은 아이들이 많은 집이 좋다니 아이가 많은 것도 우리가 참견할 일은 아니었다. 호남 출신이고 요리를 아주 완벽히 잘하는 그 마님은 아버지의 음식 수발을 극진히 했다. 자그마치 17년이나 아버지는 그녀에게서 일급 요리를 대접받는 호사를 누리면서 노후를 즐기셨다. 우리 집에 10시경에 오실 때면, 작설차부터 선식까지 네 가지의 공양을 받고 오신다니 희한한 일이 아닐 수 없다. 음식 수발을 즐기는 그 여인이 아니었다면 아버지는 87세까지 살지 못했을 것이다. 약하게 타고난 아버지는 음식이 조금만 섭섭하면 이내 휘청거리시기 때문이다. 나중에 생각해보니 20여 년 동안 돌보며 길러놓은 자식들도 제멋대로 배우자를 선택하는데, 생활비를 부담하는 것도 아닌 자식들이 부모의 재혼에 참견하는 것은 월권행위다. 그런데 그때는 왜 그렇게 기를 쓰고 반대했는지, 자식은 참 애물이라는 생각이 든다. 저이들은 제멋대로 짝을 찾아 떠나면서, 부모에게는 무슨 권리로 그렇게 가혹한 판결을 내리는 걸까? 이런 반성을 한 것은 나도 노인 축에 들 무렵부터다.

그 재혼은 내게 참 많은 것을 생각하게 했다. 아버지가 새 아내를 얻은 이유는 차차 이해가 갔다. 하지만 그 여자는 도대체 무엇 때문에 아버지 같은 노인과 동거하게 되었을까? 돈도 많이 주지 못하는데, 무슨 이유로 그렇게까지 극진하게 대접했던 것일까 하는 물음에는 쉽게 답이 나오지 않았다. 평생 아버지를 단순한 플레이보이 정도로 치부하던 내가 아버지의 여복女福을 다른 각도에서 생각하게 된 것은 그 재혼 이후의 일이다. 그때 아버지는 이미 칠십이어서 남성적 매력을 운운할 처지가 아니었다. 의치를 빼버리면 합죽 할배에 불과한 아버지는 영화 「묵시록의 네 기사」에 나오는 영감님처럼 이미 무너져가고 있었고, 폐농양의 후유증 때문에 주기적으로 입원해야 하는 중환자였다. 아버지의 매력 포인트였던 육체적 매력은 이미 소멸된 후인 그 황량한 노년에, 가진 것이라고는 나라에서 주는 약간의 연금과 보잘것없는 광복아파트 한 채, 그리고 제일 말 안 듣는 딸인 나밖에 도와드릴 자식도 없는 노인을, 그 여자는 도대체 무엇 때문에 그렇게 극진히 모셨던 것일까? 내 친구의 아버지는 우리 아버지보다 10년이나 젊고 농장도 가지고 계셨다. 그런데도 얻어드리는 마님마다 못 살겠다고 나가버려서 노상 혼자 사는 것을 보면서, 대체 우리 아버지는 무슨 재주가 있기에 늙어서까지 여자에게서 저런 대접을 받는 걸까 하고 나는 고민하기 시작했다.

"산이 커야 그림자도 크다"라는 것이 우리 어머니의 아버지 평이었다. 아버지는 보통 이상으로 큰 체구를 가지셨다. 아버지의 몸은 균형이 잡혀 있고 구석구석이 아름답다. 하지만 그 산은 이미 매력 포인트를 상실했으니, 그 공덕은 그림자에 돌아갈 수밖에 없을 것 같다. 그래서 나는 아버지의 그림자를 연구하기 시작했다. 오래 연구해본 결과 그 여복의 원동력은 사랑이었다. 사랑은 한 자의 '사량思量'에서 온 말이라고 양주동 선생이 그러셨다. 그렇다면 사랑이란 타인을 헤아려주고 아껴주는 마음씨일 것이다. 그 점에서는 아버지를 능가할 사람이 세상에 없다. 아버지는 사랑의 보유량이 아주 풍부한 분이어서 보는 사람마다 다 사랑했지만, 특히 같이 사는 여자를 깊이 사랑하신다.

아버지의 사랑법은 좀 남다른 데가 있다. 같이 사는 여자를 아주 편안하게 해주는 것이 아버지의 장기다. 잔소리도 하지 않고,

상대방의 본질을 고치려 들지도 않는다. 상대방의 개성을 있는 그대로 받아주고, 그것을 존중해주는 것이다. 아버지의 소실이 었던 해주댁은 히스테리 환자였는데, 아버지 옆에서는 늘 조신했다. 신경질을 부릴 건더기가 없었기 때문이다. 갈매기는 갈매기로서 사랑하고, 사슴은 사슴으로서 사랑하는 아버지식 사랑법이 주효한 것이다. 그러니까 상대방을 자기식으로 뜯어고치려다 이혼당할 염려는 절대로 없었다.

다음은 상대방의 장점만 보는 긍정적인 시각이다. 그 점은 자식에게도 마찬가지여서 아버지는 자식들을 늘 칭찬만 하면서 기르셨다. 칭찬만 하면서 하고 싶은 대로 살게 하니까 여자들이 착해지지 않을 수 없다. 식탁 예의도 완벽하시다. 아버지는 식성이 아주 까다로운 미식가지만, 누가 차려온 밥상에서 잘못을 지적하는 법이 없으시다. 미식가여서 차려 놓은 상에서 '맛없는 음식'을 가려내는 일은 잘하실 것 같은데, 잘못에 대해서는 내색하지 않는다. 잘된 부분만 언급하는 것이다. 그러니까 여자들이 신이 나서 요리에 정진하게 된다. 어머니는 아무리 바빠도 아버지를 위해 복어살이나 게살, 어란 같은 걸 말려서 쟁여두셨고, 해주댁은 아버지가 좋아하신다고 연감을 일년내 보관하는 비법을 연구해냈다 하며, 마지막 마나님은 애저구이 같은 귀한 음식을 성의를 다해 구해드렸다. 그러니 어느 여자 집에서도 최상의 대접을 받으신다.

게다가 아버지는 늘 상대방을 깊이 헤아려주는 미덕을 가지고 계셨다. 조카며느리가 입덧이 심해서 먹지 못하고 괴로워할 때, 아버지는 저녁마다 손주며느리가 꼭 먹고 싶어 할 음식을 사서 와서 그 애를 감격하게 했다. 그건 그 애가 밥을 못 먹는 걸 종일 기억하고 있지 않으면 할 수 없는 일이고, 무엇을 먹고 싶어 할지 연구해야 하는 일이기도 하다. 그래서 아버지는 손주며느리들에게서도 극진한 사랑을 받았다. 장례식 때 그 애들이 너무 슬프게 우니까 문상객들이 "구십이가 된 노인을 손주며느리들이 저렇게 애석해하는 건 처음 본다"라고 병원 사람들이 감탄했다.

　여자들만 사는 집의 독자로 태어난 아버지는, 여자들의 사랑을 넘치도록 받고 자라서 여자라는 성 자체를 무조건 사랑하신다. 이성으로서의 여자뿐 아니라 모든 여성적인 것 자체를 좋아하신 페미니스트여서, 아버지는 많은 여자에게 사랑을 받았다. 이성의 경우에는 그 정성이 배가하니까 여자들은 모두 아버지를 깊이 사랑하게 되는 모양이다. 아버지의 여자 사랑의 네 번째 덕목은 여자들의 본질을 잘 이해하고 있다는 점이다. 여자들의 보살핌과 사랑을 통하여 터득한 그 지식은, 여자들에게 원하는 것을 챙겨줄 수 있는 능력을 길러주셨다. 아버지가 사 오는 음식은 임신부의 입맛에 딱 맞는 것뿐이었음을 조카며느리의 경우를 통하여 확인할 수 있었다.

　그다음은 여자의 가족에 대해 너그러움과 보살핌이다. 어느 여자하고 살든지 아버지는 그 가족을 하나도 빠짐없이 골고루 돌보시며 진심으로 사랑한다. 우리 어머니는 평생 외삼촌네 식구들을 데리고 살았고, 어머니가 돌아가신 뒤까지 혼자 남은 외숙모가 우리 집에 있었다. 외갓집 식구들은 우리 집에서 모두 기를 펴고 살았고, 어머니보다 아버지를 더 좋아했다. 아버지는 외삼촌의 좋은 형이었고, 조카들의 믿음직한 파트론이었다. 마지막 마나님도 마찬가지다. 그분이 데리고 온 따님들과 며느리를 아버지는 자기 자식처럼 돌보셨다. 학벌이 부실한 그 집 식구들에게 아버지는 좋은 의사를 소개하는 일, 은행 관계 사무를 돕는 일, 부동산 처리 방법을 조언하는 일들을 해주셨다. 아버지가 돌아가셨을 때 그 집 여인들도 모두 눈물을 바리바리 쏟으며 울었다. 그만큼 깊은 사랑을 아버지가 그들에게 베푼 것이다.

그 대신 여자가 잔소리해도 소용이 없다. 듣지 않기 때문이다. 누군가를 모함하는 것도 마찬가지다. 아무리 양귀비 같은 여자가 속삭여도 아버지는 절대로 흔들리지 않는다. 사건의 진상을 훤히 꿰뚫어 보고 계시기 때문이다. 하소연하는 사람에게는 일단 위로의 말을 아끼지 않는 대신 역성은 절대로 들지 않는다. 서울에서 같이 살 때 해주댁이 새언니를 미워해서 문제가 생긴 적이 있는데, 아버지는 그런 방식으로 그 여자를 길들였다. 그녀가 아무리 새언니를 씹어도 영향을 받지 않으셨고, 당신이 언니에게 해주고 싶은 것은 내놓고 다 해주시니 재미가 없어서 여자도 점수만 깎이는 모함질을 계속하지 않게 된다. 이런 아버지의 성격을 여자들은 잘 알아차려서, 분쟁보다는 칭찬받고 사는 쪽을 택하게 되니 아버지의 가정은 늘 평화롭다.

페미니스트인 아버지는 아들보다 딸을 더 사랑했고, 손자보다 손녀를 더 사랑했다. 우리 집에서도 딸아이를 유난히 사랑해서 그 애가 학교에서 오는 것을 못 보시면 자리에서 일어나지 못하신다. 모든 사랑은 상대방에게 감응된다. 그러니 딸아이도 할아버지의 팬일 수밖에 없다. 그 아이가 미국에서 큰 법무법인에 나갈 때인데, 외할아버지가 돌아가셨다는 전화를 받고 너무 우니까, 동료들이 "너의 나라에서는 외할아버지와 그렇게 가까우냐"면서 이상하게 여기더란다. 딸이 자그마치 다섯이나 되니 아들이 적다고 할아버지가 난리를 치는데, 아버지는 한 번도 딸이 많다고 불평한 일이 없으셨다. 아버지는 그 딸 하나하나를 보옥처럼 사랑했다. 막내를 시집보내던 날, 어머니를 보고 "딸 하나 더 낳을 걸 그랬지?" 하셨다는 말을 들었다. 사사건건 역으로만 나가려 하는 나 같은 딸도 아버지는 결국 그 사랑으로 길들이셨다. 야단을 치는 대신 그럴 수밖에 없게 된 심정을 헤아려주셨고, 좋은 점을 찾아내서 칭찬해주는 동안 나의 적의가 사라진 것이다. 아버지가 나를 보고 효녀라고 하면 나는 너무 무안하다. 사실이 아니기 때문이다. 그런데 한번은 아버지가 내가 효녀인 이유를 설명해주셨다. 나는 내 문제로 부모를 속 썩인 일이 한 번도 없으므로 효녀라는 것이다. "말도 안 듣는 딸이 자립심도 없으면 어쩌라구요." 하고 웃어버렸지만, 그건 사실이다……. 나는 어떤 힘든 일이라도 혼자서 해결하는 스타일이다. 아마도 딸 많은 집 셋째 딸이기 때문일 것이다. 하지만 한 번도 그걸 장점이라고 생각한 일이 없는데, 아버지의 지적을 받고 보니 그것도 효도는 효도겠구나 싶어 기분이 좋아졌다. 마지막 시기에 아버지를 혼자 돌보는 일은 몸이 약한 내게는 너무 버거운 과업이었다. 학교에 나가면서 하루에 세 번씩 병원에 가니 손이 흔들려서 자주 충돌 사고를 냈다. 몸이 더 감당할 수 없어 파탄이 나기 직전이었다. 그 고통을 견디게 해 준 원동력이 아버지의 사랑이었다. 아버지는 나를 언제나 최고의 딸로 대접해주고, 전신으로 환영했다. 그 사랑이, 나를 서 있게 한 힘을 준 것이다. 그런데 재미있는 건 아버지가 나와는 반대로 부모에게 의존적인 큰언니도 효녀라고 부른다는 사실이다. 그 언니에게서는 어질고 착한 점을 높이 샀다. 아버지의 사랑법은 그렇게 다양성과 유연성을 지니고 있다. 갈매기는 날아오르는 기상이 대견하고, 사슴은 어진 눈매가 사랑스러우며, 코끼리는 진중함이 믿음직스럽다는 식이니까 미운 사람이 없다. 이성의 경우도 마찬가지다. 상대방의 장점을 정확히 찾아내서 그 점만 보고 사니, 모든 여자가 사랑스러워지는 것이다.

아버지의 에피큐리어니즘의 중심에는 여자가 있었다. 아버지는 여자의 아름다움을 가능한 한 많이 즐기셨을 뿐 아니라 그들의 다양한 개성을 사랑하면서, 여자와 더불어 즐거운 삶을 살다 가셨다. 아버지는 여자를 잘 알고 계셨고 깊이 사랑하였기 때문에, 여자들은 모두 아버지를 소중히 받든 것이다. 그 사랑이 박애주의로 확대되어 가는 것이리라.

2003년

말년의 아버지

심청이와 심봉사

말년에 아버지는 나 하나를 의지하며 사셨다. 오빠는 돌아가셨고, 언니들은 이민 가서 나는 뜻하지 않게 14년 동안 외딸 노릇을 하게 되었다. 어렸을 때는 부모의 사랑을 독점하고 싶어 외딸을 부러워한 일이 있다. 그런데 그 소원이 뒤늦게 이루어져서, 나는 드디어 외딸이 되었다. 사랑은 칠 분지 일밖에 받지 못하고, 의무만 혼자 짊어지는 이상한 외딸이 된 것이다.

그런 어느 날 내가 많이 아픈데 아버지가 오셨다. 열이 너무 나서 아버지와 함께 강내과에 갔다. 그런데 치료를 받고 나와 보니 자동차 속에서 기다리시던 아버지가 갑자기 한 10년은 더 늙은 것 같이 폭삭 오그라든 느낌을 주었다. 내가 죽을까 봐 너무 걱정한 때문이었다. 자식이 하나밖에 안 남은 부모의 그런 절박함이 아버지와 나를 절대적인 관계로 묶어놓았다. 나도 마찬가지였기 때문이다. 아버지가 편찮으시다는 전갈을 받으면, 나는 빈혈 때문에 비틀거리다가도 정신이 번쩍 난다. 피붙이가 하나도 없는 곳에서 아버지가 혼자 임종하실까 봐 부들부들 떨리기 시작하는 것이다. 그때 아버지는 부천에 사셨는데, 건국대에서 부천까지 백릿길을 득달같이 달려가서 입원을 시켰다. 지친 몸으로 운전해서 한강을 넘어오고 있으면, 갑자기 '내가 죽으면 우리 아버지는 심봉사처럼 되겠구나.' 하는 생각이 나서 눈물이 쏟아진다.

아버지의 마지막 여인은 음식 수발은 기막히게 하는데, 병원에 입원시키거나 하는 일은 할 줄을 몰랐다. 그리고 그런 일을 할 마음도 없었다. 17년간 같이 사는 동안 그 여인은 선심이라도 쓰듯이 언제나 병원에 입원시키는 일은 내 몫으로 남겨두었다. 그러니까 입원이 잦았던 마지막 10년의 세월은 병약한 내가 병든 아버지를 짊어지고 혼자 허덕인 힘들고 슬픈 세월이었다. 그래서 나는 늘 '내가 쓰러지면 아버지는 심봉사가 된다'라는 강박관념에 시달리며 살았다. 그러던 어느 날, 문병 오신 당숙모에게 내가 그 말을 하자 낙천가인 아버지의 눈에서 주르륵 눈물이 흘러내렸다. 몸이 약해서 늘 비틀거리며 사는 나를 보면서 당신도 같은 생각을 하고 계셨다.

아버지와 단둘이 남은 마지막 10년 동안, 나는 여러 번 "고양이처럼 혼자 있는 걸 좋아하면 외롭게 죽는다"라던 어머니의 예언을 생각했다. 아버지와 나는 집안이 조용한 걸 좋아했기 때문에 그 벌로 둘만 외롭게 남아 있는 듯한 생각이 들기 때문이다. 사람을 좋아해서 늘 집을 여관처럼 만드는 어머니는, 피난 와서 처음 아버지와 같이 살기 시작했을 때, 아버지가 남동생이 부삽을 떤다고 짜증을 부리는 걸 아주 노엽게 받아들였다. 그래서 아버지에게 그런 예언을 한 것이다. 그 예언은 적중했다. 어머니는 6남매에 둘러싸여 임종을 맞았는데, 아버지는 나만 옆에 남아 쓸쓸한 말년을 보내다가 외롭게 가셨다.

새 마나님과 그녀의 두 딸, 그리고 며느리 등이 노상 아버지 옆에 있었지만, 아버지를 경제적으로나 정신적으로 부양할 피붙이는 나뿐이었다. 우리 자매들은 출가외인이니 나 몰라라 하는 형이 아니어서, 미국에 있어도 때마다 목돈을 아버지에게 보내드린다. 편찮으실 때도 알리기만 하면 곧 입원비를 도와주니 경제적인 면에서는 부담이 크지 않았지만, 폐농양과 천식이 겹친 아버지는 발병하면 곧 혼수상태에 빠지시니 내가 곤두박질치며 달려가 입원시키지 않으면 금방 돌아가셨을 가능성이 컸다. 한번은 마나님이 자리에 없어 내가 변기를 치우다가 장 출혈을 발견한 일이 있다. 그때부터 아버지는 "똑똑한 딸을 둔 덕에 내가 아직 숨이 붙어 있다." 하시며 두고두고 고마워하셨다. 마나님의 음식 공양의 공도 컸지만, 내가 없었으면 아버지가 87세까지 사시지 못했을 것은 확실하다. 그런 절박한 상황이 아버지와 나를 심청이와 심봉사로 만들고 있었다. 아버지를 살리기 위해서라면 인당수에라도 빠질 각오를 해야 하는 것이 외딸의 자리다. 그 대신 아버지는 나를 위해 참 많은 일을 해주셨다. 관청과 관련된 일뿐 아니라 집수리, 집짓기, 관혼상제 챙기기, 빈집 지켜주기 등은 아버지가 도맡아 해주신 대표적인 일들이다. 아버지는 심지어 시댁 산소관리까지 다 감독해주셔서 나는 산소 가는 길에 배수로를 만드는 공사 같은 것을 쉽사리 해결할 수 있었다. 심심한 것을 못 견디는 아버지는 일거리를 드리면 아주 좋아하신다. 시댁 산소에 일이 있을 때도, 뒷산에 있는 조용한 절에 묵으시며, 아버지는 스님들과 담소하는 시간을 즐기셨다. 아침이면 산책을 하시고 나서, 공기가 맑고 경치가 좋다고 감사의 전화를 하시고, 저녁엔 온천을 즐기시니, 나는 도움을 받는다는 사실을 잊고 늘 무언가를 해드리고 있는 것 같은 착각을 했다. 아버지는 일거리가 생기면 너무 좋아하셔서, 도움을 받으면서도 마치 효도라도 하는 것처럼 착각해서 고마워하지도 않았던 것이다. 그런데 돌아가시고 나니 내가 살아가는 데 아버지가 얼마나 큰 도움을 주셨는가를 날마다 되새기지 않을 수 없었다. 남편이 바빠서 남자가 할 일까지 혼자 처리해야 하는 나는 아버지가 돌아가시자 갑자기 업무량이 과중해져서 숨을 헐떡거리면서, 아버지의 부재를 뼈저리게 느꼈다.

재판을 받고 오시면서도 헬멧을 사 쓰고 멋을 부리던 아버지는 87세에 돌아가실 때까지 옷차림에 신경을 쓰셨다. 생신이나 설에 미국에서 목돈이 오면, 그것을 몽땅 당신의 기호식품이나 옷치장에 쓰셨다. 하지만 쉰이 가까운 나이에 서울에서 새잡이로 사업을 시작한 아버지의 후반기는 좌절의 연속이라고 해도 과언이 아니어서, 시간이 지날수록 아버지의 댄디즘dandyism에서는 점점 품위가 사라져갔다. 몸도 늙어 균형이 흐트러졌지만, 옷도 좋은 것을 입을 수 없어서, 해주댁과 살던 시기에 비하면 퇴락의 조짐이 역력했다. 전시에도 명주옷이나 모시옷을 입고 신선처럼 계시던 때의 품위와 멋은 다시는 찾아보기 어렵게 된 것이다. 그런 변화는 내게 아버지의 옷이 웬일인지 헐렁해 보인다는 인상을 주었다. 아버지를 돋보이게 하던 큰 체구가 거추장스러운 군더더기처럼 비치기 시작한 것도 변화의 한 징후였다. 세비로의 깃이 너무 길다는 느낌을 준 것도 그 무렵이다. 일껏 멋을 부리고 나간 여행지에서 새 마나님과 카메라를 어깨에 메고 찍은 사진도 그림이 좋지 않기는 매한가지였다. 체구가 너무 커서 카메라가 어색하게 매달려 있어 균형을 깨뜨렸고, 은백의 머리도 카메라와는 궁합이 맞지 않았으며, 20년 연하의 마나님과의 나이 차까지 확연하게 노출되었기 때문이다. 하지만 아름다운 것을 향한 갈망만은 조금도 바뀌지 않았다. 아버지는 마지막까지 정장을 즐기셨고, 에나멜 구두를 사랑했으며, 집에서는 꼭 한복을 입고 계셨다.

쓰러지셨다는 연락을 받고 달려가니 아버지의 여인이 "수시로 소변을 흘리면서 꼭 한복을 고집해서 애를 먹인다"고 불평을 했다. 그 말이 내 목을 매게 했다. 아버지의 댄디즘의 종말이 오고 있었던 것이다. 중추신경이 마비되어 조용히 누워 계신 아버지를 나는 마치 엄마라도 되는 것 같은 측은한 기분으로 들여다보았다. "꼭 한복 입고 싶으시면 기저귀 사다 드릴게요." 하자 아버지는 너무나 참담한 표정을 지으셨다. 스타일리스트인 아버지에게 그건 너무 아픈 말이었기 때문이다.

댄디 보이의 종말

아버지는 돌아가시던 마지막 해에도 여전히 사는 일을 즐기셨다. 아침이면 손자들에게 고루 전화를 하고는 10시쯤 좌석버스로 시청 앞까지 나오신다. 가화 다방에서 친구를 만나 유명한 물만두집이나 우동집에 가서 점심을 간단히 잡순 후에 우리 집이나 은행에 들렀다가 돌아가시는 것이 아버지가 즐기는 일과였다. 아버지는 버스 속에서 사람들과 대화를 하는 것을 좋아하셨다. 그러면서 차창 밖의 풍경도 즐겼기 때문에, 오고 가는 시간 자체가 여행이라도 하는 것처럼 흥겨우셨다. 그래서 할 일이 없으면 여기 돈을 빼다 저기 넣는 식의 은행 거래라도 해서 일거리를 만드셨다. 친구 만나기, 딸 얼굴 보기, 병원 가기, 어느 것 하나도 즐겁지 않은 일이 없었다. 마지막 해에 책방을 시작하시겠다고 해서 나를 놀라게 할 만큼 삶에 대한 의욕에 넘쳐 있었다. 그렇게 노인답지 않은 노인도 많지 않을 것이다. 그런데 몸이 거부권을 행사하기 시작했다. 감각이 둔해져서 배변 시기를 감지하지 못하게 됐다. 요실금과 변실금이 찾아왔다. 한번은 마포에서 버스를 타고 좌석에 앉으려다가 배변한 사실을 비로소 아셨다고 했다. 얼마나 참담했을지 짐작이 갔다. 그런 일이 또 일어날까 봐 "외출을 덜 하시면 어떻겠는가"고 조심스럽게 운을 뗐다. "들어앉아 몇 해를 더 사는 그것보다는 친구를 만나러 다니다가 길에서 죽는 편이 났다"고 하셔서 입을 다물었다.

마지막 해 3·1절에 차를 빌려달라는 전화가 왔다. 가슴이 철렁했다. 평소에는 한 사람만 탄 차가 평창동에서 부천까지 가는 것은 국가적 손실이라면서 우리 차를 절대로 타지 않았기 때문이다. 아버지는 독립유공자로서 참석하는 행사장에 닿자마자 차를 돌려보냈다. 기사가 노는 날인데 나오게 한 일이 미안했다. 그런데 한 시간 후에 다시 전화가 왔다. 아버지가 도저히 혼자 서지 못하니 차를 보내라는 마나님의 전갈이다. 기사가 이미 간 후여서 아버지는 택시로 귀가하셨다. 그리고 열흘 후에 착수 마비가 와서 입원하셨고, 40일 만에 돌아가셨다. 새 마나님에게 손자가 태어나서 그분이 간호를 할 수 없게 되어, 아버지의 마지막이 쓸쓸했다. 종일 붙어 있을 사람이 없어진 것이다. 입원하니 한복 입기는 자동으로 불가능해졌다. 아버지의 인간다운 옷차림의 시기는 그렇게 막을 내렸다. 키가 크셔서 맞는 환자복이 없는 때가 많았다. 규격품 환자복이 맞지 않아서 작은 환자복을 입고 있는 모습이, 지상으로 잡혀 온 알바트로스Albatross처럼 참담해 보였다. 한복을 입은 채 집에서 돌아가시게 할 걸 하는 후회가 생겨났다.

소리 없는 통곡

어느 날 병원에 가니까 아버지가 소리 없이 몸을 뒤틀며 고통스럽게 울고 계셨다. 내가 너무 안 와서 눈물이 나왔다고 하신다. 그때만 해도 50대여서 집에서 30킬로나 되는 보훈병원에 나는 하루 세 번씩 운전해갔다. 다행히도 학교와 병원이 가까워서 아침에 죽을 끓여다 드리고 학교에 가고, 점심시간이나 비는 시간에 또 가고, 퇴근하면서 다시 가고 하는 식이다. 그 사이가 그렇게 멀게 느껴진 것은 아버지가 그만큼 간절하게 나를 기다렸다는 뜻이다. 감정적 시간은 시계 시간과 무관하지 않은가? 자식이 그렇게 간절하게 보고 싶었던 아버지의 갈망이 내 눈에서도 눈물 흐르게 했다. 하지만 그 이상은 올 수 없는 것을 아버지도 나도 알고 있다. 나는 대학의 전임교수였던 것이다. 자녀가 하루에 세 번씩 다녀가도 그렇게 외로우니, 노인 환자의 외로움은 숙명이라고 할 수밖에 없다. 병도 주기가 있는지 아버지는 주말마다 가쁜 숨을 몰아쉬셨다. 그래서 막 대학에 들어간 막내가 주말마다 미팅을 취소하고 대기했다. 하루 중에 가장 힘들어하는 시간은 낮과 밤이 바뀌는 자정 무렵이다. 병원에서 돌아와 잠들려고 하면 위독하다는 전화가 쫓아온다. 위독하시면 장례식 준비를 해야 하니 목돈은 가지고 가야 한다. 자정이 넘은 시간에 말이다. 발밑의 매트를 들치고 돈을 숨긴 후, 밤의 올림픽 대로를 혼자 달린다. 그건 옛날에 어머니가 호랑이와 같이 걸었다던 밤만큼이나 무섭고 끔찍했는데, 나는 일주일에 서너 번씩 그런 운전을 했다.

피로가 쌓이자 마지막 주에는 추돌사고를 세 번이나 냈다. 내가 먼저 죽을 것 같으니까 간병인이 위독한데도 전화를 걸지 않아 나를 더 놀라게 했다. 나는 그렇게 딸 다섯 분의 사랑을 다 담아 최선을 다하는데도 아버지는 노상 혼자 계셨다. 조카들과 새언니가 병실을 지켰지만, 친자식은 나밖에 없으니 내가 병실에 있어야 한다는 강박관념이 생겨났다. 시댁 아버님은 나를 많이 사랑하셨지만, 마지막 시기에 입원실에 나만 있으면 "왜 아무도 없냐?"라고 물으시곤 했다. "제가 있잖아요?" 하면 "맞다. 니가 일당백이지." 하시고는 또 "왜 아무도 없냐"를 되풀이하셨다. 나중에는 그 말의 뜻을 짐작하게 되었다. 아이들이 아프면 엄마만 찾듯이 노인들도 아프면 핏줄만 필요한 것이다. 아버님은 복이 많으셔서 11남매나 있으니 "아무도 없는" 시간은 많지 않았다. 우리 아버지에게는 나밖에 없고, 나는 학교에 가야 하니까 아버지는 늘 "아무도 없는데" 계시는 셈이다. 얼마나 외로우셨으면 그렇게 소리 없는 통곡을 하셨을까?

뭉크의 「절규」처럼 처절한 느낌을 주는 그런 소리 없는 통곡을 나는 말년의 최정희 선생님에게서도 본 일이 있다. 채원이와 이야기를 하다가 선생님이 조용해서 들여다보면 선생님은 우리 아버지처럼 전신을 쥐어짜는 것 같은 울음을 소리 없이 울고 계셨다. 미국에 있는 큰따님에 대한 그리움에, 북에 두고 온 형제들에 대한 그리움이 포개진 것이어서 보는 사람도 사지가 오그라드는 기분이었다. 마지막 자리에서 보고 싶은 육친을 못 보는 아픔이 응고된 그 울음은 우리 아버지의 것과 흡사해서 잊히지 않는다.

병실에서 찾은 평화

아버지는 독립유공자여서 보훈병원이 무료다. 폐농양으로 인한 천식에 괴롭힘을 당하시던 아버지는 그 덕에 부담 없이 일 년에 두 번, 한 달씩 입원해서 충분히 치료를 받을 수 있었다. 87세까지 자식들의 도움을 받지 않고 병을 고칠 수 있었던 것은 국가가 독립유공자로 보살펴준 덕이었다. 고마웠다. 간병인과 수혈하는 비용만 내면 되니 경제적 부담은 크지 않았다. 2인용 병실이 무료로 제공되는데, 1인용으로 바꾸자고 하면, 아버지는 심심해서 2인실이 좋다고 거절하셨다. 병원을 둔촌동에 새로 지어서 병실도 깨끗했고, 의사들도 유공자들은 특별히 존중해주니 병원 생활이 순탄했다.

거기에서도 아버지는 당신 방식대로 시간을 보내셨다. 옆 침대에 월남전 부상병이 있었는데, 가족이 없었다. 아버지는 그분을 많이 도왔고, 간병인에게도 좋은 말벗이 되어, 두 사람이 아버지의 팬이 되었다. 간호사나 의사들과도 좋은 관계를 맺어서, 아버지는 마나님도 떠나버린 삭막한 마지막 기간을 병실에서 대체로 평화롭게 보내셨다. 고통을 감지하는 신경이 마비되어서 아픔을 느끼지 못했기 때문이다. 척추 액을 추출해도 아픔을 못 느낀 건 비극이 아니라 축복이었다. 병명은 중풍이라는데 중추신경 마비 외에는 병증이 없었다.

그러나 병원은 인간의 존엄성을 배려할 여유가 없는 곳이다. 키가 크니까 무거워서 남자 간병인 둘이 새 침대에 옮기다가 등에 손톱이 파고들어 꽤 깊은 상처를 내기도 했으며, 걸핏하면 홀랑 벗겨서 홑이불로 대강 덮고 검사실로 데려가기도 했다. 아버지는 대낮에 중인 환시 속에서 알몸이 드러나는 걸 싫어하셔서, 힘없는 손을 내밀어 노출된 알몸을 가리려고 애를 쓰셨다. 그건 필사적인 몸부림이었다. 사람으로서의 권위를 지키기 위해 알몸을 한사코 가리던 그 손에서 나는 아버지의 인간으로서의 자존심을 보았다. 지금도 그 손을 생각하면 가슴이 아프다. 환자는 물건이 아니다. 하지만 곧 그런 지겨운 검사도 끝나고 조용히 마지막을 기다리는 세월이 왔다.

병실에 평화로운 시간이 왔다. 홑이불을 단정하게 덮고 아버지는 위문객들과 즐겁게 담소하면서 그 평화를 누리셨다. 남들이 울면서 보낼 '아무도 없는 시간'을 웃으며 보내시니 감사했다. 그러다가 돌아가시기 십여 일 전에 이상한 제안을 했다. 교회를 새로 지었는데 축성일에 손님들에게 자그마한 선물을 하나씩 주면 좋겠다는 것이다. 새 교회 같은 건 있지 않았지만 우리는 황금빛 열쇠고리를 선물용으로 맞추고 교인들을 모셔다가 아버지를 위한 예배를 드렸다. 교인들에게 고맙다는 인사를 하면서 아버지는 열쇠고리를 나누어주셨다. 그러고 나서 조용히 주무시더니 다시는 깨지 않으셨다. 잠자는 공주처럼 편안한 모습으로 이승에서의 피로를 다 푸시고 영면하셨으니 그 예배는 아버지의 영결 예배였던 셈이다.

의식이 있는 때는 힘든 줄 몰랐는데 혼수상태의 환자와 둘만 있는 시간은 견디기 힘들었다. 쌓인 피로가 몰려오는 데다가 소통이 안 되니 가슴이 답답했다. 하지만 동료들이 나를 보고 "빨리 가셔야 당신이 살지"라고 말하는 건 찬성하고 싶지 않았다. 한번 떠나면 다시는 그 모습을 영원히 볼 수 없다는 것을 어머니의 죽음을 통해 터득했기 때문이다. 다시는 볼 수 없는 모습을 십여 일간 더 보여주셨으니, 그 열흘 동안도 축복이었던 셈이다. 그렇게 혼자 고전하고 있을 때 미국에서 동생이 간호하러 왔다. 병원 옆에 방을 얻어 놓고 본격적으로 아버지 옆을 지켜주니 구세주를 만난 것 같았다.

멋쟁이인 아버지는 수의를 입은 모습도 거룩했다. 모든 고통에서 해방되어 편안히 누워 계신 아버지는 멋이 있고 품위가 있었다. 친척 아저씨가 마지막까지 멋을 부린다고 농담을 할 정도였다. 나는 아버지가 그렇게 우아한 모습으로 입관해주셔서 정말 고마웠다. 인간다운 모습을 잃지 않고 세상을 떠나는 사람을 보는 것은 얼마나 큰 축복인가.

할아버지는 일흔아홉에 돌아가셨는데, 마지막 해에 망령이 나셨다. 옷이 무겁다고 한복 바지를 훌렁 잘라 입고 거리에 나서신 것이다. 그건 우리에게는 악몽이었다. 그런 모습으로 나다니다가 전차에라도 치이면 행려병자가 되기 쉽다. 그래서 몰래 쫓아다니다 들키면 소동이 벌어진다. 결국 할아버지는 전차에 부딪혀서 돌아가셨다. 아버지가 그렇게 돌아가시지 않은 것을 신에게 감사한다.

아들을 앞세우고 간 아버지의 장례식이 초라해질까 봐 나는 최선을 다했다. 박두진 선생의 병풍과 새 돗자리를 집에서 가져오고, 국가에서 내린 태극기로 관을 덮어 마무리하니 깔끔했다. 빈소를 신경을 써서 가다듬은 것은 아들딸을 구별하는 우리 풍토에 대한 저항이기도 했지만, 아름다운 것을 사랑하면서 역경에서 웃으며 살다 가신 한 맵시가꿈이에 대한 나의 마지막 오마주이기도 했다.

2003년

4

삭풍과 싸우는 여인

어머니를 위한 비망기

1969년 9월 24일: 마치 영원한 삶을 약속받기라도 한 것처럼 사람들은 '오늘'에 집착하면서 살아가고 있습니다. 자기만은 죽음의 대열에서 제외된 인간이라는 착각 속에서 눈앞의 현실에만 정력을 쏟아붓고 있는 겁니다. 때로는 사소한 감정의 움직임에 몰입하여 순간을 예찬하기도 하며, 때로는 별 볼 일 없는 이해관계에 얽매여 큰소리로 싸우기도 합니다. 그런 비본질적인 일에 휘말리면서 우리는 삶의 러시아워 속에서 허우적거리고 있는 겁니다.

그러다가 어느 날 예고도 없이 찾아드는 죽음의 회오리에 휘말립니다. 느닷없이 나타난 강도가 식칼을 옆구리에 들이대듯이, 죽음은 그렇게 예기치 않은 시간에 인간을 습격합니다. 죽음에는 정년이 없습니다. 죽음의 신은 남녀도 노소도 가리지 않습니다. 문득 죽음이 우리에게 다가서면 그만입니다. 인간에게 예약되어 있는 가장 확실한 자리는 무덤입니다. 오죽하면 남의 돌잔치에 가서 아이에게 해줄 수 있는 가장 확실한 예언이 '그 애는 틀림없이 죽을 것'이라는 말밖에 없다고 김성탄金聖嘆(중국 문인)이 그랬겠습니까? 사과가 씨앗을 지니고 태어나듯이 우리는 언제나 죽음을 안에 담고 있는 존재라는 릴케의 말도 맞습니다. 인간man은 반드시 죽는 존재mortal니까요. 중세의 수도사들처럼 우리도 만나면 "죽음을 기억하라memento mori"는 인사말을 하는 것이 온당할지도 모릅니다.

시계의 시간clock time은 불가역적인 시간입니다. 그것은 되돌아갈 줄을 모릅니다. 흐르는 물처럼 전진할 줄밖에 모르는 겁니다. 그 위에 올라탄 우리도 앞을 향해 나아갈 수밖에 없습니다. 빅토르 위고의 말대로 '오늘의 문제는 싸우는 것'입니다. 하지만 '모든 날의 문제는 죽는 것'이지요. 그런데도 우리는 눈앞의 싸움에 정신을 빼앗겨 죽음을 생각하지 않습니다. 그리고 옆에서 쓰러진 사람들을 쉽게 잊어갑니다. 죽은 사람은 더 말할 필요도 없겠죠. 죽은 정은 하루에 천 리씩 멀어져간다고 하지 않습니까? 어떤 전제군주도 그 망각의 벽 앞에서는 무력합니다. 어떤 사랑도 그 벽을 초극하지는 못합니다. 그래서 누구나 한번 쓰러지면 문득 망각의 벽 앞에 서게 되는 것입니다.

우리 어머니는 그러나 아직 돌아가시지 않았습니다. 이따금 혼자서 하나님을 찾습니다. 때로는 일하는 아이를 꾸짖기도 하고, 때로는 "걱정 마. 내 해줄게." 하며 우리를 격려하기도 합니다. "배고파.", "목말라" 그러시기도 하고요, "아파! 아파!" 하며 낯을 찡그리기도 합니다. 미음도 드십니다. 다문 채로 마비된 이빨 사이로 조금씩 흘려 넣어드리면 됩니다. 우유나 과일즙 같은 것도 그렇게 넘기십니다. 대변도 보시고 소변도 보십니다. 그런데 사람을 못 알아봅니다. 몇 달을 내리 주무셔서 어린애의 것처럼 맑아진 눈으로 우리를 오래 응시하시는데, 이미 시각은 기능을 상실한 겁니다. 시각뿐 아닙니다. 말을 못 하십니다. 어머니 입에서 나오는 말들은, 발음은 분명하지만 의미를 지니지 못합니다. 의식의 밑바닥에 깔려 있던 상념의 파편들이 무작위로 소리가 되어 나타나는 것뿐이어서 줄거리가 없기 때문입니다.

잃은 것은 그것뿐입니다. 그런데 그게 전부인 것 같습니다. 쌍까풀 진 크고 아름다운 눈, 아직 절반도 세지 않은 검은 머리가 그대로인데도 어머니가 아주 없어진 것 같이 느껴집니다. 우리는 이제 무엇으로도 어머니를 기쁘게 해드릴 수 없기 때문입니다. 아무 반응도 없는 어머니의 육체를 우리는 어머니라고 생각할 수 없습니다. 피가 통하지 않는 하반신에 욕창이 무성합니다. 까맣고 모진 딱지가 앉고, 그 밑에서 살이 썩어들어가는 겁니다. 오늘도 조카며느리와 둘이 딱지 제거 작업을 시도해보았습니다. 하지만 핀셋으로 긁어내다 못해 간호사를 불렀습니다. 역청 같은 검은 막이 너무 질겨서 우리 힘으로는 어찌해볼 수가 없었습니다. 조카며느리의 말로는 엉덩이의 그 깊은 살이 모두 상해서 뼈가 들여다보이는 곳도 있다고 합니다. 그래도 어머니는 모르십니다. 혈관 벽이 물러서 주삿바늘이 들어가면 툭툭 터집니다. 그래서 자꾸 찔러대도 어머니는 아픔을 모릅니다. 뇌혈관 일부분이 막힌 것뿐이라는데……. 열정과 의욕에 가득 차 있던 박력 있는 한 인간이 산 채로 송장이 되어가는 겁니다. 인간의 육체는 얼마나 무르고 약한 것입니까?

처음에 우리 형제는 만사를 제쳐놓고 어머니 곁에서 시간을 보냈습니다. 그러다가 하루에 한 번, 다음에는 이틀에 한 번……. 낮과 밤이 지날수록 자꾸 어머니에게서 멀어져갑니다. 혹은 구들을 고치기 위해, 혹은 아이들 운동회에 가기 위해, 혹은 시댁 행사에 참여하기 위해 어머니에게서 멀어져가는 겁니다. 아직 생존해 계시는데 망각의 여정은 이미 시작된 겁니다. 오늘은 추석 전날입니다. 어머니가 쓰러진 지 45일째 되는 날이군요. 비누와 설탕, 과일 같은 선물이 들어와 마루에 쌓입니다. 늘 나누어 쓰던 물건들 속에 앉아 어머니를 생각합니다. 가족들 눈치 보느라고 마음 놓고 울지도 못했는데, 자정이 지난 시간에 기어이 울음보가 터졌습니다. 휴지가 한 통 다 젖도록 울었습니다. 그러다가 문득 울기를 그쳤습니다. 가슴을 내리 쓸면서 눈물을 억지로 수습한 것은 내일 일과에 생각이 미쳤기 때문입니다.

아침 일찍 병원에 가야 합니다. 막내가 볼거리를 앓고 있습니다. 용태가 심상치 않습니다. 소변이 붉고 간도 나빠졌다는 겁니다. 되도록 일찍 가서 많은 사람 앞에 서야 합니다. 그들에게 퉁퉁 부은 얼굴을 들키고 싶지 않다는 생각이 났습니다. 그런 얄팍한 타산이 눈물을 멈추게 했습니다. 그러다가 더럭 겁이 났습니다. 내가 어느새 당신을 잊어가고 있는 것이 아닌가 하는 두려움 때문입니다. 그래서 이런 글을 쓰려고 합니다. 당신을 위한 비망備忘의 기록들을요. 살고 죽는 일에 잊음과 기억함이 무슨 큰 의미가 있겠습니까. 당신이 아주 없어져버리는 마당인데……. 그런 것이 무슨 위안이 되겠습니까만 그래도 당신을 그렇게 쉽게 잊어서는 안 될 것 같습니다. 어머니! 당신은 내 존재의 뿌리요, 토양입니다. 서른이 넘는 이날까지 내가 숨을 쉬며 살아온 그 모든 자취마다 당신의 손길이 서려 있습니다. 한때는 탯줄로 이어져 한 몸이었던 나의 어머니! 당신은 내 살이요, 몸이 아닙니까? 당신을 잊고 싶지 않습니다.

1970년 2월 4일: 어머니가 가신 지 어느덧 한 달이 넘었다. 소한의 얼어붙은 땅속에 그 몸을 묻고 돌아온 지도 한 달이 되어온다. 장례식을 치르고 문상객을 맞고……. 그러고 나서 한 열흘 몹시 앓고 나니 한 달이 지나갔다. 어머니가 의식을 잃고 계시던 기간이 자그마치 다섯 달 가까이 된다. 그리고 어머니가 병풍 너머에 누워 계시던 다섯 밤과 낮. 그 오랜 이별의 준비 기간이 있었는데, 인제 와서 새삼스럽게 이렇게 가슴이 아픈 것은 그저 어머니가 보고 싶기 때문입니다. 이석훈 형님의 표현을 빌자면 '육체적으로 보고 싶은' 그 절박한 갈망. 차를 타고 가기만 하면 만날 수 있던 가능성이 완전히 없어져버렸음을 내 둔한 신경이 인제 와서야 실감하는 모양이다.

남편을 배웅하다가 마당의 눈이 녹아내리는 것을 보고 들어와서 울기 시작한 것이 종일 계속되었다. 아무 데도 어머니가 없다는 것. 이 새해의 아침에, 날은 풀려 해동이 되어오는데 아무 데도 어머니가 없다는 것, 피와 살로 이루어진 그 물렁물렁한 육체가 땅속에, 그 깊고 어두운 흙더미 속에 영영 파묻혀, 다시는 볼 수 없다는 것이 견딜 수 없어 짐승처럼 통곡했다. 그러고 나서 나을 가망이 없어 보이는 육체적 고통이 뒤따랐다. 위가 붓더니 온몸이 따라 붓고, 열이 나고 설사가 나고……. 별수 없이 혼자 기어 병원에 갔다. 오늘은 좀 나은 것 같아 일어나 앉았다. 그러고는 제 몸이 끔찍이도 아까워서 어머니를 연상시키는 모든 물건을 치우기 시작했다. 생명이란 그렇게 이기적이다. 원인은 마음에서 온 병인데, 육체가, 그 흙으로 돌아갈 살덩어리가 너무 아프고 괴로우니, 마음은 모두 도망가버리고 본능만 남아 살겠다고 흉하게 발버둥 친다.

따끈한 차를 마신다. 이상의 말대로 그 물이 흘러내려 가는 모양을 그래프로 그릴 수도 있을 것같이 온기가 몸 구석구석에 퍼지는 것이 실감 나게 느껴진다. 긴장해서 굳었던 위벽이 스르르 풀리는 것 같다. 위가 아플 때 따끈한 차를 마시면 눈물이 나오도록 살아 있다는 사실이 절실하게 느껴진다. 사실 나는 미식가가 아니다. 위가 약하니까 많이 먹을 능력도 없고, 식욕도 별로 없다. 내게 음식은 칼로리나 맛보다는 온기가 중요하다. 따뜻한 것이면 되고, 물기는 많을수록 좋다. 그래서 요즈음은 종일 쉬지 않고 액체를 마시면서 연명하고 있다. 내 앞에는 언제나 뜨거운 물이 들어 있는 보온병이 놓여 있다. 때로는 그 물이 인스턴트커피가 되고, 때로는 그 물이 위스키를 한 방울 곁들인 홍차가 되기도 한다. 하지만 그보다 더 자주 그 물은 재스민차가 된다. 정희경 씨가 필리핀에서 사다 준 차다. 꽃 말린 것이 군데군데 들어 있는 재스민차. 한 숟갈 떠서 넣고 뚜껑을 닫아놓았다가 따르면 향기로우면서도 뒷맛이 산뜻하다.

커튼을 열어 놓고 앉아 차를 마시면 요즈음은 번번이 어머니가 떠오른다. 따끈한 물이 내장을 굽이도는 과정을 따라가면서, 줄곧 갈증에 허덕이던 어머니를 보게 된다. 졸도한 후 사흘 만에 혼수상태에서 깨어난 어머니는 계속 물만 찾았다. 링거 주사를 계속 놓는데도 영 해갈이 되지 않았다. 물이 기관氣管으로 흘러들 위험이 있다고 의사는 물을 드리지 못하게 하는데, 어머니는 물만 달라고 보채셨다. 혀가 잘 돌아가지 않는 어눌한 발음으로

"무울, 무울." 하던 모습이 눈에 선하다. 아직 말은 못 했지만, 의식은 돌아와 있던 그 기간에 어머니는 너무 목이 타서 나사로에게 물을 구걸하던 부자 이야기를 줄곧 생각하셨단다. "네 손끝에라도 물을 발라내 입술을 좀 적셔다오……." 얼마나 절박하게 목이 말랐으면 그렇게 애절하게 간청했을까? 어머니는 목이 너무 말라서 종일 그 생각만 하셨단다. 그 후 다섯 달 동안 의식이 없던 어머니가 마지막까지 발음한 것이 '물'이라는 단어였다. 우리가 아무리 물을 드려도 끝내 해갈이 되지 못한 채, 그 기막힌 갈증을 안고 어머니는 가셨다. 물 먹은 눈이 풍성하게 내리는 날에 땅속으로 들어가신 것이다.

그리고 한 달.

나는 물을 마실 때마다 어머니의 갈증을 생각한다. 그러면서 '혈육血肉'이라는 말의 의미를 되씹는다. 내 피와 살의 일부인 어머니. 그래서 나도 늘 이렇게 목이 마르고, 마셔도 마셔도 해갈이 되지 않아 물을 마실 때마다 운다. "나사로, 나사로야." 하면서 운다. "어머니, 내 어머니." 그러면서 운다. 결국 산다는 것은 물을 마실 수 있는 것을 의미하는 것일까? 지금 어머니는 6척이나 되는 땅속에 묻혀 있고 나는 남아서 차를 마신다.

1969년 9월

삭풍朔風과 싸우는 여인

어머니의 새집

어머니가 새집을 지은 것은 1942년의 일이다. 그해에 함북지방에는 큰 홍수가 났다. 외딴집인 우리 집은 홍수의 피해를 몽땅 입었다. 옛 성터를 해자처럼 ㄴ자로 싸고돌던 개천이 범람하게 되자, 청년들이 뚝을 건드려서 물길이 우리 집 쪽으로 오게 만들어 마을을 구한 것이다. 물은 삽시간에 성안의 빈 들판을 호수로 만들어버렸다. 밤새도록 거센 물결이 밀고 왔다 밀고 갔다. 비워 놓은 장롱들이 기우뚱거리면서 떠다니는 방안에 흘러들어온 고목 나뭇등걸에서 도깨비불이 일어 어둠 속에서 물과 함께 일렁거렸다. 40대 초반의 어머니는 식구들을 산 위에 있는 과수원집으로 피난시키고, 도깨비불이 밀려 나갔다 밀려들어 오면서 조화를 부리는 그 무서운 빈집에 수문장처럼 혼자 있었다.

물이 빠지자 식구들이 돌아왔다. 하지만 물이 훑고 간 구들이 얼마나 성한지 알 수가 없었다. 집이 붕괴할 위험도 있어서 우리는 그 집을 허물지 않을 수 없었다. 우리의 외딴집 살기는 그렇게 끝이 났다. 어머니는 마을에 있는 빈 서당 집을 얻어 집기들을 옮겨놓고, 새 집짓기에 착수했다. 그런데 예산도 없이 짓는 집을 너무 크게 설계하셨다. 다시 지을 수는 없으니 무리를 해서 노후를 보낼 큰 집을 짓기로 했다. 함경도식 양통집이다. 어머니 스타일의 크고 넉넉한 정지가 마련되어 있고, 밭 전(田) 자 형으로 방이 네 개나 있는 구도였다. 부엌 맞은편에 있는 광도 넉넉하게 컸고, 그 옆 외양간도 칸살이 넓었다. 기차 역전에 바짝 붙어 있는 새 되지는 앞자락이 사선으로 되어 있어 볼품도 없고 크지도 않았는데, 그런 땅에 어머니는 허물고 온 성안집의 두 배가 되는 기와집을 설계한 것이다.

그 집에 어머니는 비상시에 쓸 비밀 다락을 만들어놓았다. 끝의 한 방의 천장을 한자가 넘게 얕게 만들어서 곡식을 숨길 수 있게 했다. 해방 후 로스케가 여자 사냥을 하고 다닐 때, 어머니의 다락은 마을 처녀들을 모두 숨기는 비밀창고 역할을 했다. 부엌에는 펌프를 들여놓았다. 열 자만 파도 된다는데 어머니는 우물을 스물넉 자나 팠다. 대대손손 그 집에서 살 백년지계를 세운 것이다. 물맛이 좋아 동네 사람들이 물을 길러 왔다. 물이 인기가 있어 우리 집 부엌문은 사철 닫히는 일이 없었다. 2년 후에

서울에 소개령이 내려져서 아버지와 오빠네 가족들, 그리고 언니들이 모두 내려와서 그 집을 가득 채웠다. 열두 식구가 모두 모였는데, 공간이 넉넉해서 기죽을 펴고 살 수 있었다. 그 집은 어머니가 삭풍과 싸우면서 이룩한 지상의 성채였다. 하지만 시국은 어머니를 그 집에서 3년밖에 못 살게 했다. 해방되자 공산당이 생겨서 우파인 아버지가 숙청 대상이 됐다. 해방되고 석 달 만에 우리는 그 집을 버리지 않을 수 없게 되었다. 기차 꼭대기에 올라 서울로 오게 된 것이다. 그때부터 우리는 피난민이었다. 사람들은 빈손 들고 자유를 찾아온 사람들을 3·8따라지라고 불렀다. 우리는 서울에서 반세기를 살았지만, 다시는 그런 큰집에 살아보지 못한 채 어머니는 저승으로 자리를 옮기셨다.

바람과 싸우는 여인

　어머니의 새집에서는 겨우내 불이 냈다. 우리 고향은 함경남도의 마지막 고을이라 워낙 추운 곳이지만, 어머니가 새로 집을 지은 1942년의 겨울은 유난히 추웠다. 영하 15도를 오르내리는 혹독한 추위가 계속되었고, 하늬바람이 극성스럽게 불어 체감온도를 더 낮게 했다. 북에서 내려오는 하늬바람이 불면 어머니의 새집에서는 언제나 아궁이에서 불이 역류했다. 굴뚝을 완성하지 못한 채 이사를 했기 때문이다. 바람이 세게 부는 날이면 어머니는 아이들에게 이불을 뒤집어씌워 놓고 혼자 부엌으로 내려가신다. 양쪽 문을 활짝 열어 집 안에 고일 연기를 뺄 준비를 한다. 그러고는 아궁이 깊숙한 곳에 땔감을 겹겹이 쌓아놓는다. 그리고 불씨를 던져 넣는다. 불씨를 던지기 바쁘게 어머니는 아궁이에서 떨어진 곳으로 후퇴해서 키를 잡는다. 역류하는 불길을 조금이라도 아궁이 안으로 몰아넣기 위해 어머니가 생각해낸 대응책이 키질이었다.

땔감은 장작이 아니고 떡갈나무나 소나무의 가지를 말린 것이어서 보통 때는 기세 좋게 타는 모양이 황홀하게 아름답다. 배화교도拜火敎徒처럼 불을 좋아한 나는 날마다 불을 때겠다고 할머니에게 떼를 썼다. 하지만 손도 못 대게 하니까 할머니가 불을 때는 옆에 쪼그리고 앉아 삭정이들이 타들어 가는 것을 보며 불놀이를 즐겼다. 불을 때고 나면 정지 전체에 마른 잎과 나뭇가지가 타는 싱그러운 향내가 오래 감돈다. 밥이 익는 구수한 냄새와 나무 타는 냄새는 고향의 냄새이고, 불꽃이 만개한 아궁이 속은 고향이 가장 아름다운 영상이다.

하지만 불이 내는 날은 그 모든 것이 재앙으로 변한다. 마른 잎이 타들어 가는 신나는 기세가 그대로 공세로 변하여, 불길이 몽땅 아궁이 밖으로 쏟아져 나오기 때문이다. 화룡에게 쫓기는 소녀처럼 체구가 작은어머니가 불길에 휩싸이면, 우리는 어머니가 화마의 입안으로 사라져버릴 것 같아 비명을 지른다. 그런데 어머니는 뜻밖에도 씩씩하게 바람과 맞서고 있다. 불길을 조금이라도 아궁이 속에 몰아넣으려 불굴의 의지로 키질을 하는 것이다. 연기가 어머니의 눈을 멀게 하고, 불길이 어머니의 몸을 핥는다. 그래도 어머니는 포기하지 않는다. 불길을 교묘하게 피하면서 바람과 싸움을 계속하는 어머니는 우리에게는 조왕신처럼 미더운 존재였다.

　그러나 어머니는 그 싸움에서 이길 수 없다. 바람 신과 싸움이기 때문이다. 이길 수 없을 것을 알지만 어머니는 그 싸움을 중단할 수 없다. 중단하면 어머니의 눈알같이 소중한 아이들이 얼어 죽기 때문이다. 바람이 숨을 쉬는 틈을 노렸다가 긴 가래로 불길을 조금씩 아궁이 속으로 몰아넣는 긴 싸움이 끝나면, 어머니는 타고 남은 잉걸불들을 눈가래로 방고래 안쪽에 깊숙이 밀어 넣고, 열이 새지 못하게 아궁이를 쇠판으로 막아놓는다. 그렇게 하면 정지에 온기가 좀 돌고 아랫목은 미지근해진다. 그래야 어머니의 새끼들이 얼어 죽는 일을 모면하기 때문에 어머니는 그 겨우내 바람과 싸웠다. 어머니는 언제나 이렇게 우리를 지키는 전사였다.

　문제는 어머니가 바람과 싸움을 두려워하지 않는 도전적인 여인이라는 데 있다. 그래서 어머니는 자주 바람과 싸울 일을 계획했다. 집을 지을 때만 해도 그렇다. 홍수 때문에 준비 없이 짓는 집인데, 규모가 너무 컸다. 식구가 많아서 꼭 그만한 규모가 필요하지만, 반만 지었고 나머지는 다음 해에 지어도 되는 것이다.

그랬다면 어머니는 바람과 싸우지 않아도 되었을 것이다. 그런데 어머니는 그렇게 하지 않고 무리를 하셨다. 그래서 굴뚝이 완성되지 않은 집에 이사를 하게 됐다. 하지만 무모한 것은 아니다. 한 달만 견디면 풍향이 바뀐다는 것을 어머니는 알고 있었기 때문이다. 한 달만 그 고비를 참고 견디면 온전한 집이 생긴다는 것이 어머니의 확신이었다. 그것이 최선의 해결책이라는 확신을 어머니는 가지고 있었다. 옳은 판단이다. 하지만 그 한 달이 항상 문제였다.

어머니의 선택은 이번에도 옳았다. 다음 해에는 봄부터 할머니가 위독해지시더니 결국 여름에 돌아가셔서 우리는 그 집에서 장례식을 여유 있게 치렀다. 다음 해는 더 법석이었다. 학도징용에 간 오빠가 전신 신경통이 악화하여 들것에 실려 왔고, 아버지도 토질(디스토마)에 걸려 피를 토하며 돌아오셨다. 곧 소개령이 내려서 서울에 남아 있던 언니들과 새언니도 내려왔다. 그 집이 완성되어 있지 않았다면 열두 명이나 되는 식구들을 어디에 다 수용했겠는가. 우리 가족이 누구도 잠자리의 불편을 겪지 않고 해방될 때까지 편하게 지낼 수 있었던 것은 어머니가 그해에 바람과 싸우며 견딘 덕이다.

하지만 그런 확신 때문에 어머니의 일생은 바람과 싸움의 연속이어서 보는 사람도 버거웠다. 돌아가시던 마지막 해에도 어머니는 역시 바람과 싸우고 계셨다. 대소변을 못 가리는 교우들에게 속옷 만들어주는 사업을 단독으로 진행하고 있었기 때문이다. 70세의 고혈압 환자가 30도의 무더위 속에서 매일 속바지 만들기 작업을 하는 강행군을 계속했으니 무사할 리가 없다. 어머니는 혈관이 터져 쓰러지셔서 백날을 식물인간으로 있다가 돌아가셨다. 그런데 돌아가신 다음에 보니 어머니는 교회에 묘지를 기증하려고 큼직한 계에 들어 있었다. 수입이 없는 할머니가 그런 엄청난 프로젝트를 기획했으니 오랫동안 얼마나 힘이 들었을지 짐작이 간다. 형제들이 모두 여유 있을 때여서 넉넉하게 드린 용돈을 어머니는 몽땅 계에 넣고, 당신은 홍차값도 아끼면서 사셨다고 일하는 애가 일러주었을 때 우리는 놀라서 얼이 빠졌다. 하지만 어머니의 그 꿈은 큰 성과를 나타냈다. 교회 묘지는 바람과 싸워서 이긴 어머니의 마지막 모뉴먼트였다. 돌아가신 지 반세기가 지났는데, 아직도 어머니의 교회 묘지에는 해마다 새 무덤이 만들어지고 있다. 사후에도 수십 년 동안 계속 남을 돕는 일을 계속하시니 찬 바람과의 마지막 싸움은 어머니의 승리로 끝났다고 할 수 있다.

2003년 6월

어머니와 기독교

 개화기의 들뜬 분위기 속에서 그져도 호랑이가 출몰하는 작은 고을이었던 이원군의 오지 문평리에는 1907년에 학교가 생긴다. 같은 해에 그 마을에는 교회도 생긴다. 기독교와 서구 문명은 그렇게 급속도로 전파되어, 대부분의 마을 사람들이 학생이 되고, 교인이 되었다. 그런 분위기에서 자라서 우리는 유교적인 예의범절을 배우는 대신에, 기독교적 인성교육에 길들었다. 어머니가 독실한 기독교인이었기 때문이다. 어머니의 기독교는 다행히도 배타적이 아닌 관용의 종교였다. 교인이 아닌 할머니가 계시니까 어머니는 집에서 가족 예배를 보거나 식기도를 드리지 않았다. 아이들이 교회에 가기 싫어해도 야단치지 않았고, 따라오는 아이만 데리고 가서 예배를 보셨다. 하지만 당신은 기독교의 계명을 엄격하게 지켰고, 십일조를 꼬박꼬박 내는 신실한 교인이었다. 어머니는 종일 찬송가를 부르며 일을 하셨고, 음식을 소중히 여기는 법부터 시작해서 검소하게 사는 법, 어려운 이웃을 돕는 법 같은 교회의 가르침을 철저하게 실천했다. 물론 기독교만이 영향을 준 것은 아니다. 어머니의 교육이념 속에는 사람 하나하나를 소중히 여기는 유교적인 인본주의와 작은할아버지를 통해서 들어온 헬레니스틱한 개인 존중 사상도 함께 배여 있었다. 그래서 인간을 제대로 대접하는 인간 존중 사상에 투철했으며, 사람을 층하를 두지 않는 인간 평등사상도 철저했다.

어머니는 이웃 사람들이 남의 인권을 짓밟는 것도 좌시하지 않는 적극적인 인도주의자였다. 일제 시대에는 중국인에게 팔려 갔다가 실성한 소녀가 마을에 나타난 일이 있는데, 어머니는 그 애를 중국인에게서 지켜주었다. 교회의 여선교회 사람들을 동원해서 집단시위를 해서 중국인을 쫓아버렸다. 이웃에 전염병에 걸린 집이 있으면, 어머니는 끼니때마다 주먹밥을 베 보자기에 싸서 울타리 너머로 던져 그들을 연명시키기도 했다. 여자밖에 없는 집이니 남의 힘을 빌려서 농사를 지을 수밖에 없었는데, 어머니는 그 일꾼을 '농군農軍'이라 불렀으며, 반드시 더운 밥을 제공했다. 그의 중노동에 대한 배려다. 남에게 힘든 노동을 시킬 때는 당신도 그 일을 같이하는 것도 어머니의 사람대접법 중의 하나였다.

해방 후에 친척인 강형룡 박사가 시립병원 원장이 되시자 어머니는 가난한 교인들을 자주 데리고 가서 그분을 성가시게 했다. 환자를 맡기고 나가다가 다시 돌아와서, 무료환자라고 싼 약을 쓰지 말아 달라고 간곡하게 부탁하는 어머니를 보고 강 원장이 "너 엄마는 보사부 장관을 시키면 좋겠다"라고 농담을 한 일도 있다. 우리 어머니가 얼마나 바쁜 사람인 줄 아시는 강 원장은, 온 하루를 가난한 한 이웃을 위해 다 바치는 그 정성에 감동한 것이다.

1960년대에 어머니는 전북대에 계시던 오빠 집에 갔다가 밤기차를 타고 오시는 일이 많았는데, 그럴 때면 서울에 잘 곳이 마땅치 않은 낯선 여자들을 데리고 와서 재워서 우리를 자주 놀라게 했다. 어머니의 이웃 사랑은 그렇게 혈연을 초월한 것이어서 유교적 혈족 중심주의를 넘어선 면이 있었다.

마지막 해에는 그 증세가 더 심해졌다. 어머니는 마지막 여름에 대소변을 못 가리는 교인들에게 바지 만들어주는 사업을 벌이셨고, 교회에 묘지를 기증하는 큰 계를 드셨다. 선풍기도 없는 60년대 말의 더운 방에서, 한 집에 열 개씩 보내는 바지 만들기 작업을 하시다가 어머니는 쓰러지셨고, 돌아가신 지 반세기가 되어오는 2024년에도 어머니 묘지에는 새 무덤이 생겨나고 있다.

코로나 때문에 올해에는 어머니 추도예배를 못 보아서, 아이들에게 어머니 이야기를 해주는 것으로 대신하다가, 나는 불현듯 우리 부모님처럼 인간을 사랑하는 인물을 주변에서 보지 못했다는 사실을 깨닫고 깜짝 놀랐다. 아버지도 혜산진에서 사업을 하실 때, 흉년이 들면 자전거에 쌀을 싣고 다니면서 기민 구제를 하셨고, 형사가 따라다니는데도 독립군에 자금 보내기를 계속하셨기 때문이다. 1940년대 말에 강원도에 출장을 가셨던 아버지는 길에 까무러쳐 있는 어떤 젊은이를 발견하셨다. 그를 먹여 추켜세워서 집에 데리고 오신 아버지는, 당신 회사에 급사로 취직을 시켜주셨다. 그러다가 군에 입대했는데, 전쟁이 터지자 그 사람이 국군 패잔병이 되어 밤중에 우리 집에 나타났다. 국군 패잔병을 감춰주면 멸문지화를 당하던 시절이다. 그런데 아버지는 밤새 고민하시더니 그를 거두어주기로 결단을 내리셨다. 가족의 안위를 건 큰 도박이었다. 무모한 결정이기도 했다. 전쟁을 다섯 번이나 치른 격동의 한 세기를 그렇게 살다 가셨으니 경이롭다. 식민시대와 난민 생활을 종신토록 겪다 가셨으니, 당할 것은 다 당하며 산 힘든 삶이었지만, 추도식 날에 손자들에게 자랑할 수 있는 부모님을 가졌으니 두 분은 성공한 삶을 사셨다는 생각이 든다.

2021년 12월

어머니의 찬송가

나 어느 곳에 있든지 늘 맘이 편하다.
주 예수 주신 편안함 늘 함께 있도다.
나의 맘속이 늘 편안해 나의 맘속이 늘 편안해.
악한 죄 파도가 많으나 맘이 늘 편안해.

480장 찬송이다. 의식이 잠시 돌아왔던 마지막 3일 동안 어머니가 계속 부르시던 노래다. 그러다가 다시 뇌경색이 와서 어머니는 의식을 회복하지 못한 채 석 달 만에 돌아가셨다. 그래서 어머니를 위해 초하루 삭망으로 추도예배를 올릴 때, 우리는 늘 이 찬송을 부른다. 그 달관한 것 같은 가사를 입에 올리면 주문처럼 눈물이 흘러나온다. 왜 편안하게 해드리지 못하였던가 하고 후회하고 또 후회하면서 오빠의 눈에서 눈물이 삐져나온다.

주름살 틈을 누비며 눈물이 옷자락에 떨어지고, 오빠는 소리 없이 안경을 벗는다. 나도 안경을 벗는다. 그러고는 눈들을 감아 붙이고 "목마름 다시 없으며……." 하고 어머니가 사랑하시던 찬송가를 주문처럼 부른다.

그 밖에 어머니가 잘 부르시던 노래는 "영문 밖의 검은 길이 십자가의 길이로다"라는 찬송가다. 「죽음의 찬가」의 곡에 맞추어 만든 노래인데 가사가 처절하다.

한 발자국 한 발자국 주님 가신 자리마다
더운 눈물 붉은 피가 가득가득 고였구나
걸음마다 자국마다 모진 포악 쌓였구나

인간의 취약한 육신을 타고 난 인자人子가 무거운 십자가를 지고 골고다로 향해 가는 과정을 읊은 것인데, 누군가의 사제私製인 듯한 이 노래를 어머니는 좋아하셔서 모든 찬송가책 첫머리에 연필로 가사를 적어놓으셨다.

어머니가 시신이 되어 누워 계시던 닷새 동안 우리는 밤을 새우면서 이 노래만 불렀다. 향불의 연기가 가슴을 후비고 드는 영안실에서 우리는 어머니의 십자가를 생각했다. 일제 치하의 그 험난한 세월 속을 7남매의 아이들을 혼자 짊어지고 걸어온 한 여자의 골고다의 언덕길을. 어머니는 미인이셨고, 젊었는데, 우리를 지키기 위해 자국마다 붉은 피가 '가득가득 고이는' 고난의 길을 스스로 택한 것이다. 너무 슬퍼서 다시는 부를 수 없는 노래다.

이 세상의 소망 구름 같고, 부귀와 영화는 한 꿈일세.

이것은 어머니의 몸을 무덤에 묻고 오면서 부른 노래다. 이 찬송을 부르고 있으면 삶에 대한 모든 욕망이 풍화되어간다. 죽음의 허무가 나를 견딜 수 없게 할 때면 요즈음도 이따금 이 찬송을 부른다. 초하루 삭망으로 어머니를 위해 그 찬송을 같이 부르던 가족들이 하나하나 사라져갔다. 오빠가 가셨고, 조카가 떠났고, 아버지와 훈우와 민아가 떠났다. 그리고 금년에는 남편과 큰 언니를 잃었다. 바람이 문고리를 흔들어대는 밤에 "이 세상의 소망 구름 같고, 부귀와 영화는 한 꿈일세." 하고 내가 찬송가를 부르면, "헛되고 헛되니 또한 헛되도다." 하고 바울 사도가 후렴을 붙인다.

2021년

차임벨과 묘지

함경도에는 과거를 못 보게 해서 양반이 없었다. 그런데 귀양 온 사람의 후예가 많아 향학열은 병적으로 높다. 그래서 개화 바람이 일찍 불었다. 전통의 저항을 받지 않아서 개화풍은 곧 열풍이 되었다. 기독교가 그 열풍에 묻어 들어왔다. 우리 고향에는 1907년에 교회가 생겼다. 집안 어른(강흥수 목사)이 다리를 못 쓰는 병에 걸려 있었는데, 김익두 목사의 부흥회에 갔다가 다리가 난 기적이 일어나서 대부분의 마을 사람들이 교인이 되었다. 강흥수 강원룡 두 목사님이 그 고장(이원군) 출신인 것은 우연이 아니다.

그래서 전통적인 제사를 지내는 집이 드물었다. 할머니는 교인이 아니어서 노 할머니 상청을 만들어놓았었다. 그 시기에 할머니 집에 가 있던 동생과 나는 장마철에 집에 남았다가 무서워져서 상청의 휘장 안에 들어가 잠이 든 일이 있다. 온 동네가 물에 빠져 죽은 줄 알고 소란을 피웠다. 그게 재래식 상청에 대한 유일한 기억이다. 어머니는 재래식 제사를 지내지 않았다. 어머니가 교회 아닌 곳에서 예배를 올린 것은 오빠가 대학시험을 칠 때 산에 가서 산신제를 지낸 것 한 번뿐이다.

그래서 우리는 제사 지내는 걸 본 일이 없다. 제사뿐 아니다. 굿하는 것도 본 일이 없다. 우리 동네에는 무당이 없어서 멀리에서 무당을 모셔와야 하는 굿판은 이따금 바닷가에서 벌어졌다. 밤이면 학사대 근처에서 술 마신 사람들이 물에 빠져 죽는 일이 가끔 있었기 때문이다. 술꾼들이 귀신에게 홀려서 거기까지 간다고 사람들은 믿었다. 사람이 없어지면 굿을 했다. 사람이 바닷가에서 사라지면, 장대 위에서 닭을 바다를 향에 던지면서 꽹과리를 두드린다. 닭이 떨어지는 방향으로 풍향을 따라가면서 시신을 찾는 의식이 벌어진다. 하지만 우리는 그런 굿 구경을 해 본 일이 한 번도 없다. 굿하는 근처에는 얼씬거리지도 못하게 어머니가 엄히 단속해서, 고향에서는 한국 무당을 한 번도 보지 못했다. 전통 샤머니즘과는 인연이 거의 없이 자란 것이다. 1942년의 큰 홍수 때문에 집이 물에 잠겨서 비로소 우리는 커뮤니티 안으로 들어간다. 하지만 그 기간은 3년밖에 되지 않았고, 그때는 전쟁의 막바지여서 이미 굿판 같은 것은 벌일 수 없었다.

그런 데다가 중간에 국경 근처에 있는 혜산진이나 장백현에서

6, 7년간 살다가 성안에 있는 외딴집으로 와서, 우리 형제들은 그 고장의 풍속도 잘 알지 못했다. 고향 출입이 금지된 아버지가 밤에 몰래 다녀가기 편하시라고 선택한 집이어서, 우리 집은 마을과 많이 떨어져 있었다. 커뮤니티 밖이어서 이웃이 없으니까 우리는 한국의 전통적 풍속을 알지 못한 것이다. 우리는 어머니식 기독교 교육의 자장 밖의 일은 잘 모르면서 자랐다. 교인이 아닌 할머니가 계시니 어머니는 집에서 가족 예배를 보거나 식 기도를 드리지 않았다. 하지만 어머니는 기독교의 계명을 엄하게 지키셨고, 십일조를 꼬박꼬박 내는 신실한 교인이어서, 찬송가는 우리 집의 노동요였다.

어머니의 종교 행위 중에서 나를 늘 기함하게 만든 것은 교회에 비치는 헌금의 크기였다. 고향에서는 교회에 따라다니지 않아서 성미 뜨는 것밖에 보지 못했는데, 해방 후에는 가까운 데서 어머니의 헌금함을 들여다보게 되자, 간이 작은 나는 기함을 했다. 1946년에 동생을 잃은 어머니는 매일 새벽마다 교회에 가서 울고 오셨다. 그 무렵의 어머니가 애송한 찬송가는 "천부여 의지 없어서 손들고 옵니다"라는 일종의 항복송이다. "주 나를 박대하시면 나 어디 가리까." 하는 어머니의 찬송에는 고향과 아들을 함께 잃은 한 중년 여인의 처절한 아픔이 배 있어, 듣고 있으면 눈물이 났다. 그런 처절한 찬송을 부르면서 피난민이었던 어머니는 집 판 돈을 뭉텅 떼어 교회에 의자 헌금을 냈다. 북에서 빈손으로 나와서 집은 우리의 전 재산이었다. 집을 줄이고 남은 돈으로 사업을 해야 해서 우리는 그때 교회에 헌금할 큰돈이 없는 상태였는데, 그런 간 큰 헌금을 한 것이다. 그런 풍속은 어머니의 평생 지속되었고, 딸들에게도 유전되어 갔다. 우리 언니들은 부자도 아닌데, 교회에 밴을 사주기도 하고, 개척교회에 에어컨을 달아주기도 해서 자녀들을 놀라게 한다.

그런 손 큰 헌금행위는 마지막까지 이어졌다. 마지막 해에 어머니는 인조를 필로 사다가 말라서 대변을 못 가리는 교인들의 속바지를 만들어주는 사업을 벌였다. 그건 정말로 사업 수준이었다. 혈압이 많이 높은 70세의 어머니는, 에어컨도 없는 1969년의 여름 더위를, 젖은 수건을 어깨에 얹고 견디면서, 미친 듯이 속바지 만들기에 전력투구했다. 탈이 나지 않을 수 없다. 결국 그 여름이 다 가기 전에 혈관이 터져, 석 달 만에 돌아가셨다. 그런데 돌아가신 후에 보니 어머니의 자선사업은 속바지 만들기로 끝나지 않았다. 어머니는 그 전해부터 차임벨 헌금 프로젝트를 따로 준비하고 계셨기 때문이다. 어디에선가 새벽에 찬송가를 부르는 동네에 있어 본 어머니는, 깨자마자 들려오는 찬송가 소리가 너무 감동해서, 그런 지복至福의 순간을 교인들과 나누고 싶어진 것이다. 그래서 가족들 몰래 큰 적금을 드셨다. 그리고 당신에게는 마지막인 그해를 긴축체제로 만들었다. 수입도 없는 할머니가 자녀들이 용돈을 드리면 모두 거기에 넣고, 당신은 선풍기도 사지 못하면서 모든 고통을 견디셨다.

그런데 목사님과 의논을 했더니, 목사님이 차임벨보다는 묘지가 교회에 더 시급하다고 간청을 하셨단다. 가난한 교인들이 묘지 때문에 고생을 한다는 것이다. 모처럼 지녔던 어머니의 심미적인 꿈은, 교인들의 사후의 안식처를 제공하는 쪽으로 진로가 수정될 수밖에 없었다. 사자들이 누울 자리가 있어야 종소리를 들을 마음의 여유가 생긴다는데, 동의를 하지 않을 수 없어서 할 수 없이 진로를 수정했다. 수입이 없는 할머니가 그런 엄청난 일을 기획했으니, 오랫동안 얼마나 힘이 드셨을지 짐작이 간다. 형제들이 모두 여유 있을 때여서 넉넉하게 드린 용돈을, 어머니는 몽땅 적금에 넣었다. 그걸로도 모자라서 딸들이 택시를 태우고 기사에게 차비를 주면, 가면서 사정을 말하고 기본요금만 타고 돌려받아서, 묘지 헌금에 보탰다. 사정을 말했으면 우리가 더 도울 수도 있었을 텐데, 어머니는 은밀히 돈을 감추는 구두쇠처럼 그 비밀 사업을 아무에게도 들키지 않았다. 누구도 찬성할 수 없을 만큼 계획이 너무 컸던 것이다. 돌아가신 후 그 사실을 안 아버지가 소리 없이 남은 적금을 채워주셔서, 의정부에 만오천 평짜리 묘지 터가 어머니 혼자 돈으로 만들어졌다.

어머니의 그 꿈은 큰 성과를 나타냈다. 의정부에 있는 홍성교회 묘지는 어머니가 하늬바람과 싸워서 이긴 승리의 모뉴먼트였다. 돌아가신 지 50년이 지났는데, 아직도 어머니의 교회 묘지에는 해마다 새 무덤이 만들어지고 있다. 사후에도 계속 남을 돕는 일을 계속하시니, 바람과의 마지막 싸움은 어머니의 승리로 끝났다고 할 수 있다. 하지만 그 무덤에는 기증자의 이름이 새겨지지 않았다. 어머니는 아무도 모르게 그 일을 할 것을 목사님에게 다짐을 받았다. 반세기가 지난 후에 교회에서 연락이 왔다. 최근에 그 사실을 알게 된 목사님이, 어머니를 기리는 기념비를 세워주시겠다는 것이다. 그런 깨끗한 정성으로 묘지가 생겼고, 거기 온 교인들이 반세기 동안 묻혔으니, 알리는 것은 교인들을 위해서도 좋을 것 같아서, 감사하게 그 뜻을 받기로 했다. "동무야, 여기 와서 안식을 얻어라." 그런 노래 구절을 거기 새기면 좋을 것 같다는 생각을 하면서, 그건 차임벨보다 더 아름다운 소리를 내는 찬송가가 될 것 같다는 생각을 한다.

2021년

어머니가 남긴 말들

1. "한 대 맞더라도 박력 있는 남자를"

딸이 다섯이나 되는데, 우리 어머니는 딸을 잘사는 집에 시집보내려 애쓰지 않은 희귀종 여인이다. 우리가 피난민이어서 부자가 아니니, 자존심이 다칠 염려가 있다는 것이 이유였다. 그래서 아무리 좋은 혼처가 나와도 흔들리지 않았다. 돈은 자기가 벌어 쓰는 게 원칙이라는 생각도 한몫을 했다. 최고 학부를 나온 여자가, 지가 벌어 살지 무엇 때문에 남편 부모의 돈에 눈독을 들이느냐는 것이다. 세상에 공짜는 없으니 시댁 돈으로 이유 없는 호강을 하면 무언가를 내주어야 하는데, 그게 자존심일 가능성이 크다는 것이 어머니의 견해였다.

돈 대신 어머니는 박력을 높이 평가했다. 삶을 향한 열정 말이다. "한 대 맞더라도 박력 있는 남자를 골라라." 하는 것이 어머니가 딸들에게 권한 충고였다. 어머니는 나의 남편의 박력을 아주 높이 사서서, 그가 아주 가난했는데도 개의치 않고 결혼을 허락하셨다. 내 남편은 박력은 넘쳐도, 한 대 때리는 버릇은 없었으니 금상첨화였다고 할 수 있다.

2. "내 지은 집을 내가 모르랴"

딸들이 시댁 이야기를 하면, 우리 어머니는 딸의 역성을 들지 않고 시댁 편에 서는 이상한 친정어머니다. 손뼉도 마주쳐야 소리가 나는 거라면서 어머니는 우리가 혹시 화를 부를 짓을 먼저 하지 않았는지 추궁을 하시니, 기가 막혀서 입을 다문다. 그다음에 나오는 말은 "한쪽 원정은 불가취심不可取心"이라는 선언이다. 자기 사랑은 자기가 만든다는 것이 어머니의 소신이기도 해서, 갈등의 책임은 언제나 공동의 것으로 간주되었다. 그럴 때 어머니가 하는 대사가 있다.

"내 지은 집을 내가 모르랴."

어머니는 못 살겠다고 울면서 찾아온 친척 언니에게 이런 이야기를 들려준 일도 있다. 어떤 집에서 시집간 딸이 배가 고파서 못 살겠다고 보따리를 싸가지고 돌아왔다고 한다. 그 집 아버지가 조용히 물었단다.

"아가야, 너 변 며칠에 한 번 보니?"

"그건 매일 보는 거잖아요?"

그러자 아버지의 호통이 떨어진다. "어른들 눈치채기 전에 냉큼 돌아가 다시는 이런 일로 집에 오지 마."배고픈 사람은 매일 대변을 볼 수 없다는 것을 알고 있었던 그 아버지는 자기가 지은 집을 잘 알고 있었다는 뜻이었던 것 같다. 쓰다듬어주는 손길이 필요해서 애써 엄마를 찾아온 우리 집 딸들은, 어머니가 자기가 몸을 기댈 따뜻한 언덕이 아니라는 사실만 다시 한번 확인하게 된다. 하지만 어쩌자고 야박하게 그런 이야기를 속상해서 친정에 호소하러 온 딸 앞에서 하는가 말이다. 딸은 화가 나서 다시는 무슨 일이 있어도 어머니에게 하소연하지 않기로 앙심을 먹는다. 딸을 더 화가 나게 만드는 건 어머니 말씀이 틀리지 않았다는 데 있다. 손바닥이 마주쳐서 소리가 났는데, 왜 한 손에게만 책임이 있겠는가. 딸도 알고 있다. 그 정도는. 그런데도 자기만 당한 것 같아 화는 여전히 나 있지만, 어머니하고는 말하지 않는 편이 덜 속이 상할 것 같아서 입을 다문다.

그래도 섭섭한 마음은 어쩔 수 없다. 모르는 체하고 역성을 좀 들어주고 등도 쓰다듬어주고 나서 훈계를 했으면 얼마나 좋겠는가? 그럴 때의 어머니는 공정한 판결을 내리는 데만 골몰하는 낯선 법관 같아서 어느 모로 보아도 이쁘지 않다. 그런 분위기니 우리 집에는 못 살겠다고 보따리 싸 들고 친정에 오는 딸은 없었다. 비빌 언덕이 없다는 절망감이, 자기 문제는 자기가 처리하는 자율성을 기른 모양이고, 어머니가 노린 것도 그 점이었을 것 같다.

3. "딸 잘못 키우면 남의 집 망쳐"

우리 어머니는 아들을 하늘처럼 받드는 남아 제일주의자였다. 오빠는 종손이어서 아들 중에서도 제일 주가가 높았다. 앞으로 한 집안을 끌고 나갈 중요한 인물이기 때문이라는 것이 이유였던 것 같다. 나이 차가 15년이나 되어서 나는 오빠의 사춘기를 본 일이 없다. 그런데 내가 처음 보았을 때부터 오빠는 이미 보성학교의 수영 선수였다. 작은할아버지와 한강 변에 같이 간 일이 있는데, "잠깐만 기다려주세요." 하고는 한강에 뛰어들어가더니 건너편 기슭까지 갔다 돌아오더라는 것이다. 방학이 되면 오빠는 수영부 친구들을 몰고 와서, 한참 떨어져 있는 알섬까지 헤엄쳐 가서 닭죽이나 섭죽을 만들어 먹으며, 신선같이 여름을 보냈다. 화가 지망생이던 오빠는 거기에서 그림도 그렸으니 바닷가에서 보낸 오빠의 여름은 자유롭고 환상적이었다.

어머니는 음식도 맛있는 것은 오빠부터 주었다. 아버지 다음 순서가 오빠였다. 닭이 알을 낳으면 어머니는 그 알이 식기 전에 오빠를 불러서 따끈따끈한 날달걀을 마시게 하는 습관이 있었다. 해방 전해에는 오빠가 중환자여서 더 대우가 극진했다. 동생이 여섯이나 보는 앞에서 오빠는 축음기 바늘로 달걀 양쪽에 구멍을 내고, 그 작은 구멍으로 날달걀을 빨아 먹는다. 우리는 오빠가 유난히 큰 목젖을 움직여가며 달걀을 천천히 넘기는 과정을 신기한 듯이 구경한다.

중학생 아들에게 명주 바지저고리를 해 바치던 우리 어머니는 오빠가 달라는 것은 다 사주었다. 세고비아 기타도 사주고, 사진 현상 하는 암실도 만들어주었다. 해방 후에 월남한 뒤에도 어머니는 아버지가 겨우 장만한 밤색 두루마기를 오빠에게 훌렁 줘 버려서, 옷 탐이 많은 아버지를 화나게 만든 일이 있다. 그런 행패는 우리에게도 부렸다. 월남해서 살던 우리 집에는 일본 사람들이 두고 간 라디오가 있었다. 키가 60센티 정도 되는 네모난 라디오는 나와 동생들의 보물상자였다. 거기서는 날마다 어린이 극을 연속으로 방송해주었기 때문이다. 우리 넷이 모여 앉아 한참 신나게 「똘똘이의 모험」 같은 연속극을 보고 있는 도중이었는데, 어머니는 우리에게 한마디 말도 없이 그 라디오를 오빠에게 주어버렸다. 피난 온 우리에게는 그 라디오가 유일한 낙이어서 네 꼬마는 모두 한동안 입이 부어 있었다.

그렇게 어머니는 오빠를 하나님처럼 받들어 모셨다. 눈꼴이 실 정도로 특별대우를 한 것이다. 그래서 우리 자매의 의식 속에서 오빠는 신성불가침의 존재로 각인되었다. 하지만 오빠 자신은 소탈한 성격이어서 동생들과 잘 놀아주었다. 오빠와 툇마루에 나란히 앉아 우리는 저녁마다 기타 반주로 노래를 배우며 모기를 쫓으려 피우는 마른 쑥이 타는 냄새를 맡았다. 영화 이야기나 소설 이야기를 듣는 날은 더 신이 났다. 어머니의 차별대우만 없었으면 문제가 하나도 없는 사이좋은 남매간이었다.

그 무렵의 어느 날, 나는 그런 어머니가 오빠에게 수영하게 한 것이 영 납득이 가지 않아서 고민하기 시작했다. 우리 동네 바다는 동해여서 수심이 깊고 해변의 경사가 가파르다. 아이들이 수영하기에는 너무 위험한 곳이다. 그 바다에서 오빠가 수영을 선수가 될 만큼 하는 것을 어머니가 어떻게 허락하셨을까?
"말도 말아라." 오빠에게 물으니 오빠는 고개를 설레설레 흔들었다. 날마다 십 리 밖에 있는 바다에까지 노끈을 들고 쫓아오면서, 바다에 들어가기만 하면 해변에 있는 소나무에 목을 매 죽겠다고 위협을 했다는 것이다. 우리 집 남자들은 워낙 대가 세서 그런 협박이 통하지 않는다. 오빠는 어머니의 자살 협박에 구애받지 않았다. "전 헤엄 잘 치니 걱정하지 마세요." 하고 삽시간에 바다로 뛰어들어가서 나오지 않으니 어머니도 어쩌지 못했다. 어머니의 자살 협박을 무시하고, 선수가 될 만큼 수영을 한 오빠를 나는 경이의 눈으로 바라보았다. 결국 오빠에게 어머니가 진 것이 아닌가? 날마다 날마다 오빠에게 어머니가 참패를 당한 것이 아닌가. 나는 어머니가 자식에게 지는 것을 상상할 수 없었다. 우리는 그런 꿈도 꾸어본 적이 없게 어머니는 딸들에게 엄한 존재였기 때문이다.
거기까지는 좋았다. 하지만 고등학교에 다니는 아들에게 기타와 사진 현상기와 뱃놀이를 허락한 것은 어머니의 실수였다. 예나 지금이나 입시 지옥은 똑같은데, 어머니 식으로 아들을 기르면 그 아이는 제국대학에는 들어가지 못한다. 외딸이어서 처음으로 남자아이를 길러본 어머니는, 오빠를 마냥 풀어줘서 자유롭게 기른 벌을 톡톡히 받았다. 한국의 어머니들은 그런 식으로 아들을 망친다. 그래도 어머니의 아들 우러르기는 사그라지지 않았다.

하지만 아들의 사춘기 치르기는 요란했다. 외할머니가 산욕열로 돌아가셔서 어머니에게는 사춘기의 투정을 받아줄 엄마가 없었다. 나면서 엄마를 잃었으니 엄마에게는 모친이 있어 본 일이 없는 것이다. 그래서 사춘기 티를 못내 보고 자란 어머니는, 아들이 감히 엄마에게 대든다는 것을 상상하지 못하고 있다가 벼락을 맞았다. 오빠가 반항을 시작하자 어머니의 세계는 속절없이 무너지기 시작했다. 아들의 반항을 당신만 당하는 부당한 재앙으로 받아들였기 때문이다. 그 뒤를 결혼이 이어졌다. 결혼하더니 아들은 당연하게도 사촌만큼 육촌만큼 나날이 멀어져가서 어머니를 곤죽으로 만들어버렸다. 그런데도 어머니의 아들 받들기는 전과 달라지지 않았다. 다행히도 오빠는 일 년에 두 달밖에 집에 오지 못하니, 우리는 오빠가 오는 것이 너무 좋아서 차별 대우에는 별로 신경을 쓰지 않았다.

문제는 맏아들은 그렇게 자유롭게 길렀으면서 딸들에게는 아주 엄하게 군 데 있다. 응석을 받아주는 법이 없었고, 분에 넘치는 물건을 사주는 법도 없었으며, 말대꾸를 또박또박하는 것도 봐주지 않았다. "변명이 대답"이라는 것이다. '대답'이라는 말은 그 무렵에는 항명抗命 같은, 좋지 않은 뉘앙스를 지니고 있었다. 어머니는 딸들에게는 호랑이 같은 무서운 존재였다. 딸 중에서 가장 개성이 강한 나는, 그런 어머니를 받아들이지 못해서 사는 일이 즐겁지 않았다. 오빠만 그렇게 자유롭게 기르고, 딸들에게는 지나치게 엄하게 구는 교육법을 나는 옳지 않은 것으로 치부하고 있었기 때문에 늘 엄마에게 화가 나 있었다. 나중에 생각해보니 오빠는 성인이 된 후에 어머니를 제대로 부양한 일이 한 번도 없었다. 고등학교 때 일찍 혼인을 시켜서, 아버지가 48세에 파산하셨을 때 오빠는 이미 심장이 나쁜 아내와 어린아이 둘을 둔 고교 교사였다. 그러니 병원비 부담이 많아서 아버지를 도울 여력이 없었다. 새언니가 돌아가시고 재혼하자 아이가 더 늘어났다. 그래서 6남매가 있는 대학교수로 평생을 살아갔으니, 오빠는 부모를 돌볼 여유는 정말로 없었다. 1·4 후퇴 때 우리가 전부 오빠가 있는 군산으로 피난하러 갔을 때도, 우리 식구와 외삼촌네 식구까지 책임진 것은 오빠가 아니라 아직 미혼인 작은 언니였다. 오빠는 교장이 쓰던 관사가 배정되어 집이 넓었는데도, 우리는 피난하러 가서 언니의 작은 관사에서 살았다. 그러니 집안을 짊어지라고 맏아들을 우대한다는 것도 말이 안 되는 소리다. 그런데도 어머니의 오빠 우대는 줄어들지 않았다. 가진 것이 하나도 없는 노후에도 어머니는 오빠에게 늘 집안에서 가장 좋은 물건을 선선하게 내주셨다. 그리고 아무것도 돌려받지 못한 채 돌아가셨다. 받는 데만 길이 든 아이는 그걸 되돌려줄 줄 모르는 법이다. 그러니 어머니의 오빠 우대는 맹목적인 남아숭배에 지나지 않았다.

어머니는 여자 가장이었으니까 아버지 역할도 수행하고 계셨다. 그걸 너무 잘해서 우리는 생활에 위협을 받지 않았으니, 아버지가 안 계셔도 아쉬운 것이 없었다. 그러니 우리에게는 아버지가 필요한 게 아니라 실은 어머니가 필요했다. 어머니는 너무 바빴기 때문이다. 다행히도 우리 집에는 아주 모성적인 할머니와 외숙모가 계셨다. 물고 빨고 사랑하는 것밖에는 할 줄 모르는 물렁물렁한 할머니와 조카들까지도 쫓아다니며 씻겨주고 보듬어주는 다정한 외숙모는 우리의 대리모였다. 신행하러 다녀온 딸에게 "신랑이 널 곱아하디(고와하다의 사투리)?" 같은 말을 묻는 것도 외숙모였다. 어머니는 가장답게 집에 있을 시간이 적으니까 우리는 만만한 외숙모와 할머니 품에서 편안한 시간을 보낼 수 있어서, 사실은 부족한 것이 없었다. 문제는 어머니의 아들 우대에 대한 앙심뿐이었다.

나는 자존심이 강해서 어려서부터 야단맞는 걸 아주 싫어했다. 그러니까 어머니와 부딪히지 않으려고 기를 쓰면서, 어머니의 부당한 차별을 겨우겨우 참아내고 있었다. 하지만 머리가 커가자 쌓여 있던 분노가 폭발하고 말았다. "오빠는 어려서부터 독방을 주었는데, 왜 빈방이 있는데도 나는 혼자 있지 못 있게 하느냐?"면서 나는 소학교 때부터 어머니에게 항의했고, "왜 오빠는 하고 싶은 대로 하게 놔두면서 우리만 못살게 구느냐?"며 날마다 어머니를 들볶았다. 내가 길길이 뛰면서 화를 내면, 어머니는 조용한 어조로 늘 같은 대답을 하신다.

"아들은 잘못 키우면 내 집이 망하니 상관없지만, 딸 잘못 키우면 남의 집을 망치거든. 그래서 너희에게 엄히 구는 거야."

"내 뭔 자식을 남이 고인다(사랑한다의 고어)"는 어머니의 주장은 그렇게 딸들에게만 적용되고 있었다. 그 신념이 너무 확고해서 언니들은 그 문제를 되도록 건드리지 않았다. 하지만 고맙게도 어머니가 아들딸을 차별하지 않는 분야가 있었다. 교육이다. 1945년에 고향을 떠나 난민이 된 우리는, 1950년에 다시 피난하러 가게 되어 6·25 때 아주 어려웠다. 가지고 나가서 쌀과 바꿀 물건이나 값나가는 옷들이 전부 고향 집에 있었기 때문이다. 그런 절박한 상황이었는데도 어머니는 언니와 나를 한 학기도 어긋나지 않게 제대로 정규 교육했다. 또박또박 제때에 학교에 다니게 한 것이다. 학비가 나올 곳이 없는 때였는데, 그런 일이 이루어졌다. 그건 어머니가 이루어낸 기적이다.

오빠에 대한 과잉 충성만 빼면, 우리 어머니는 사실 자립정신이 굉장히 강한 페미니스트였다. 아버지가 집에 못 오시는 집안을 혼자 거뜬히 끌고 가시면서 비명 한번 안 지르셨고, 그 문제로 생색을 내는 일도 없었다. 당연히 자기가 해야 할 일처럼 어머니는 한 가정을 혼자 끌고 나가고, 우리는 불편한 일이 없이 그 전시를 견딜 수 있었다. 어머니는 유능하고 자립심이 강한 자유로운 여성이었다. 그런데도 맏아들 콤플렉스에서는 벗어나지는 못하셨다. 유교가 지배하던 5백 년의 역사는 참 대단한 것을 여자들에게 물려준 셈이다.

4. 맞은 놈은 펴고 잔다

"때린 놈은 오그리고 자고, 맞은 놈은 을 펴고 잔다"라는 말은 어머니가 월남한 후에 남동생에게 자주 해주던 말이다. "남의 눈에 눈물 고이게 하면 내 눈에서는 피가 흐른다"라는 말도 이따금 하셨다. 여덟 살밖에 안 된 약한 남자아이를 혼자 낯선 고장에 풀어놓으면서, 혹시라도 그 애가 싸움을 할까 봐 어머니가 염불처럼 외우던 그 경고는, 진취적인 어머니의 입에서 나온 일종의 비명이었다. 사내아이를 보고 때리는 놈보다는 맞는 놈이 되라고 하는 거니까 그건 어머니답지 않은 심약한 교훈이었기 때문이다.

그러지 않아도 몸이 약하게 태어난 남동생은, 여덟 살에 고향을 떠나 서울까지 기차 꼭대기를 오르내리면서 몸이 형편없이 약해졌다. 너무 일찍 뿌리가 뽑혀서 새 고장에 정착할 에너지가 딸렸다. 그뿐만 아니다. 그에게는 보호해줄 형도 친구도 없었다.

동네 아이들은 철이 없으니까 그 연약한 아이를 상대로 텃세를 심하게 부렸다. 대여섯 명의 키 큰 아이들이 그 동네에 살고 있었다. 우두머리는 우두머리답게 사나워 보였다. 그들은 패거리가 되어 몰려다니면서 낯선 아이들을 못살게 굴었다. 그들은 우리 동생이 사투리를 쓴다고 따라 다니며 놀려서 그 애를 말 안 하는 아이로 만들어서, 말랐다고 "개뼈다귀"라는 끔찍한 별명을 붙여주어 자존심을 짓밟았다. 그렇게 비리비리하면서도 공부는 잘하니 같잖고 꼴 보기가 싫었던 모양이다.

여동생과 나는 둘이고 그 애보다 크니 피해를 덜 입었는데, 그 애는 혼자이고 어려서 따돌림을 당했고, 그 사실을 어머니에게 알리지도 못해서 혼자 고전했다. 그 애는 나면서부터 몸이 약했다. 마음은 더 약하고 어질렀다. 그 애는 평화주의자여서 집에서 누나들과도 말다툼 같은 걸 한 일이 없었다. 그런 데다가 계집애만 다섯이나 있는 외딴집에서 노상 여자들하고만 놀아서, 남자 아이들과 어울릴 줄을 몰랐다. 오빠는 키도 크고 대가 세니까 그런 걱정을 하지 않은 어머니는, 작은아들 때문에 많이 가슴이 아팠다. 어른이 개입할 수 있는 문제도 못 되니 늘 아슬아슬했지만 속수무책이었다.

어머니는 동생이 그 애들과 싸울까 봐 겁에 질려 있었다. 혹시라도 먼저 손을 들어서 폭력을 유발할 빌미를 줄까 봐 불안에 떠신 것이다. 잘못하면 뭇매를 맞아 뼈도 못 추리게 될 가능성이 있기 때문이다. 그래서 오빠에게는 하지 않던 그런 이상한 충고를 자주 했다. 남을 해치지 말라는 말은 그 애에게는 필요도 없는 것임을 알면서도, 절대 그들과 싸우지 말라는 뜻으로, 되지도 않는 말을 되풀이하고 있었다. 아들을 보고 맞는 자가 되라고 충고하면서 어머니는 얼마나 착잡하셨을까?

그 와중에 아이가 갑자기 죽었다.
너무 일찍 뿌리가 뽑힌 그 애는, 새로 벌어지는 대도시의 삶에 도전도 해보지 못하고 다섯 달 만에 새처럼 가볍게 숨줄을 거뒀다. 감기로 열이 나는 아이를, 멀리 있는 친척의 병원까지 업고 다니니, 바람이 차서 감기가 폐렴으로 번졌다. 난방이 안 되는 다다미 바닥이 문제였다. 우리 방은 크고 좋았지만, 지하실 위에 있어서 사방에서 엄청난 냉기가 솟아올라 왔다. 약골인 아이는 냉기를 견딜 기력이 없어서 촛불처럼 쉽게 꺼진 것이다.
그 아이를 잃고, 월남한 것을 가슴을 치며 후회하던 어머니 생각이 난다. "천부여 의지 없어서 손들고 옵니다." 어머니는 그런 찬송을 부르며 새벽마다 교회에 가서 우셨다. 밤중에 잠이 깨면 가족들 때문에 울 수 없으니, 당신 살을 꼬집는 자해 행위를 해서 온몸이 멍들어갔다. 얼마나 얼마나 불안했으면, 맞기만 하고 때리지는 말라는 비명이 그 강건한 여인의 입에서 흘러나왔겠는가?
개나리가 망울질 무렵에 떠난 아이는 다시는 나이를 먹지 않아 아직도 여덟 살 그대로다. 50년이 지난 후 나는 어느 해변에서 죽어 있던 난민 소년의 주검이 신문마다 실려 있는 것을 보면서 거기에서 내 동생을 보았다. 월남이 패망할 때에도 불타는 도시에서 알몸으로 뛰어나오던 소녀를 보면서 그 애 생각을 했다. 벽이 불에 타는 전란의 거리에 보호막도 없이 내던져진 병아리 같은 여리고 작은 생명. 그들은 모두 1946년 4월 23일에 죽은 내 동생의 동류들이다. 새로 찾아간 도시에서, 외톨이여서 때리면 맞는 수밖에 없었던 불쌍한 어린 욥들.

5. 행실行實이 양반이다

어머니는 사람을 판단할 때 조상의 문벌이나 재산보다는 그 사람의 행실을 기준으로 삼았다. 언행이 반듯하고 생각이 진중하면, 조상이 종이었더라도 점잖게 대접을 한 것이다. 신언서판 身言書判 중에서 '언言'이나 '서書'가 모자라는 경우라도 그 평가에는 변함이 없었다. 함경도에는 벼슬아치가 없으니까 양반 같은 게 없다. 그래도 여전히 사람의 등급은 존재한다. 존경할 수 있는 사람이 있는가 하면 도저히 그리할 수 없는 사람이 있기 때문이다. 어머니는 언행이 반듯하고 깊은 지혜가 있는 사람을 양반이라 생각했고, 따져보아서 귀양 온 선비의 후손이면, 뼈대가 있는 양반이라 간주했다. 막가파로 나가는 인간은 조상이 무슨 벼슬을 했어도 상것으로 분류해서 가까이 오지 못하게 했다. 영어의 젠틀맨이 신언서판이 분명하면서 무예도 뛰어난 토탈맨을 의미하는 것이듯이 한국이 양반이라는 말도 성숙한 선비정신을 가진 존경할 만한 사람을 의미하니까, 양반 정신을 의미하는 것이지, 직급만 가지고 평가하지는 않은 것이다. 어머니는 허우대가 멀쩡하게 생긴 사람이 천박한 짓을 하면, 사람은 소처럼 고기로 무게를 달아 등급을 매기지 않는다면서, "옛말이 그른 데가 없구나!"하고 탄식하셨다. 어머니는 항상 인간의 내면적 크기와 깊이를 양반의 기준으로 삼았다.

6. "먹자는 귀신은 먹여야 한다"

우리 어머니는 심한 결벽증을 가진 아주 고지식한 여인이다. 그러니 거짓말도 잘 못 하지만, 법을 어길 줄도 모른다. 그런데 전쟁이 그녀를 범법자로 만들었다. 무허가로 집을 짓는 여인으로 만들었기 때문이다. 6·25가 지나가고, 다음 해 설 무렵에 1·4 후퇴가 있었다. 우리 집은 1·4 후퇴 후에 폭격으로 타버렸다고 한다. 근처에 있는 학교가 그 땅을 탐냈다. 교정이 좁았기 때문이다. 그들은 일찍 올라와서 미리 큰길까지 학교 담을 내다 쳐놓고, 피난지에서 올라오는 땅 주인들을 각개격파해서 몇 푼의 돈을 주고, 집도 없는 대지를 하나씩 수용해갔다. 우리가 올라왔을 때는 큰길가에 있던 두 블록의 집터가 대부분이 학교의 소유가 되어 있었다. 집터가 학교 교정이 되었으니 우리는 판잣집도 지을 수 없는 처지가 되었다. 보다 못한 아버지의 친구가, 자신이 인수한 아버지의 옛 공장 구내에 있는 땅을 좀 떼줄 테니 거기에 집을 지으라고 제안했다. 허가가 날 리가 없는 땅이니 무허가 건물을 지으라는 뜻이다. 무허가로 집을 지으면 순경들이 부수러 온다고 한다. 그래도 실랑이하다 보면 집이 올라가기 마련이니 한번 시도해보라는 것이다.

대안이 없으니 그 뜻을 받아들였다. 공장 안이라 주변이 지저분했지만, 그 말에 따를 수밖에 달리 출구가 없었다. 찬밥 더운밥 가릴 형편이 아니어서, 어머니는 학교에서 받은 적은 보상금으로 거기에 집을 짓기로 마음을 굳혔다. 돈이 모자란다고 걱정을 하니 흙벽돌로 지으면 된다고 이웃 할머니가 알려주셨다. 어머니는 자료와 만드는 법을 가르쳐주는 곳을 수소문해 가서 흙벽돌 만드는 법을 배워왔다. 1·4 후퇴 때 남하해서 아직 생업을 못 찾은 친척 아저씨를 불러다 벽돌 만들기 실험을 시작했다. 벽돌 판을 사다 놓고 흙과 약간의 시멘트(백회였던 것 같기도 하다)와 물을 정해준 비율대로 섞어서 벽돌 판에 눌러 담아 꾹꾹 다져놓고는, 물기가 다 빠지면 햇볕에 말리면 되는 것이다.

오래 걸려서, 집 지을 만한 분량의 흙벽돌을 만들어놓고 집짓기가 시작되었다. 단골손님처럼 순경들이 매일 찾아와서 그날 지은 부분을 두드려 보셨다. 날마다 그 짓이 계속되니 공사는 진척이 되지 않았고, 벽돌도 새로 보충해야 했다. 앞이 보이지 않았다. 속수무책이었기 때문이다. 어머니가 주저앉을 기세를 보이자 흙벽돌집을 추천하던 이웃 할머니가 이번에는 뇌물 주기를 권했다. 뇌물이 받고 싶어 그러는 것 같다는 것이다. 그런 일을 해본 일이 없는 어머니가 여전히 넋이 빠져 있으니까 할머니는 뇌물 주는 비법도 가르쳐주었다. 돈은 되도록 작게 뭉칠 것, 얼마 되지 않는다는 점을 강조해서 받을 구실을 제공할 것, 사정사정하다가 돈을 순경 옆에 놓고 그 자리를 홀딱 떠나버릴 것, 그리고 다음 날 하는 짓을 보면 뇌물이 효과를 나타내는지 아닌지 알 수 있다면서, 할머니는 어머니의 등을 쓰다듬으며 격려했다.

다시 짓고 부시기가 되풀이되었다. 견디다 못해 드디어 어머니 입에서 "먹자는 귀신은 먹이는 수밖에 없다"라던 옆집 할머니에게서 배운 말이 흘러나왔다. 세계대전은 온 세계를 폐허로 만들었으니, 무허가 건물은 전후에 세계 어디서나 지어지지 않을 수 없는 필요악이었다. 무허가로라도 집을 짓게 하지 않으면 피난민을 감당할 수 없는 것이 전후의 현실이었다. 비행기들이 너무 많은 집을 폭파해버린 탓이다. 경찰도 그 사정을 잘 아니까 어지간하면 봐주었다. 이탈리아에서는 그 하한선이 '지붕'이었다고 한다. 지붕만 올라가 있으면 경찰은 더 단속하지 않고 기득권을 인정해준 것이다.

비토리오 데시카 감독이 그걸 가지고 「지붕」이라는 영화를 만들었다. 온 동네가 합심해서 당일로 지붕까지 올라가는 공사를 하는 영화다. 조사단이 왔을 때 젊은 여자가 아기를 안고 젖을 물리고 있으면 효과가 더 좋다면서, 아기를 빌리러 젊은 소피아 로렌이 허둥대며 쫓아다니던 생각이 난다. 이탈리아 영화답게 그 모든 장면이 축제를 벌이는 것 같은 경쾌한 리듬으로 진행되어서 웃으면서 그 참담한 광경을 본 생각이 난다.

한국도 사정은 비슷했던 것 같다. 어머니는 착한 생도처럼 이웃집 할머니의 지시를 잘 지켰다. 그래서 경찰에 그녀가 지시한 만큼의 돈을 질러주는 데 성공했고, 집은 무사히 마무리되었다. 순경들도 월급을 제대로 못 받는 여건이었으니 '먹자는 귀신'이 될 수밖에 없었고, 양민들도 무허가 주택을 짓는 범법자가 될 수밖에 없는 것이 전후의 세태였다. 데시카의 영화처럼 경쾌하지는 않았지만, 무허가 건물을 온 동네가 모여서 지었고, 끝나면 신이 나는 것은 마찬가지였다. 50대의 어머니는 불법을 저지르는 과정에서 덤으로 한 가지를 더 배웠다. '먹자는 귀신'에게 원하는 것을 먹여 놓으면, "먹은 소는 누기 마련"이라는 사실이다. 경찰은 어머니에게 와서, 자기네가 그 전날은 일찍 다녀가고 다음 날은 되도록 늦게 나타날 테니, 그동안에 될 수 있는 한 많이 지어서 자기네가 봐줄 수 있는 여건을 만들라는 자세한 지시까지 해주었다. 지붕을 미리 만들어놓았다가 일부만이라도 얹어 놓으면 봐주기가 훨씬 쉽다는 것도 알려주었다. 뇌물을 먹은 소가 먹은 것을 충실하게 누고 있었던 셈이다.

하지만 고지식한 어머니는 자기를 단속하다가 봐주는 쪽으로 자세를 바꾼 그 경찰들을 다시 보는 일을 꺼려서 늘 뒤에 숨어 있었다. 정의를 내세워 자기가 정성 들여 만든 흙벽돌을 마구 부수던 정부의 집행관이, 몇 푼의 돈을 받고 자신의 직분을 어기는 꼴을 차마 볼 수 없었다. 도움을 받으면서 도와주는 사람을 미워하니 어머니의 내면은 갈등으로 뒤틀렸다. 뇌물을 준 자신도 너무 미웠기 때문이다.

그렇게 해서 휴전 다음 해에 어머니는 뇌물의 효능을 알게 되었고, 불법으로 방 3개짜리 집을 지을 수 있었다. 어머니는 그 과정에서 두 가지를 터득했다. 먹자는 귀신은 먹이는 수밖에 없으며, 먹으면 눈다는, 먹는 것과 누는 것의 상관관계를 힘겹게 몸으로 익힌 것이다. 어머니의 내면에서 그 두 가지 말은 드디어 말세가 왔다는 탄식으로 마무리되었다. 법을 어긴 여자인 자기가 그 지저분한 소용돌이 안에 포함되어 있었기 때문이다. 악몽이다.

2023년

5

나의 오빠 오봉五峯 선생

호랑나비를 잡던 소년

우리는 세상에 태어나서 고작 7, 80년의 세월을 살다가 가는 동안에 수없이 많은 사람과 만나고, 또 그들과 헤어진다. 사람의 일생은 그 이합집산이 축적된 역사라고 할 수 있다. 하지만 평생을 두고 만남을 하나의 축복으로 받아들일 수 있는 복된 인연은 그다지 많지 않다. 내게 있어서 오빠와의 만남은 축복으로 받아들일 수 있는 복된 인연 중의 하나였다. 그건 신이 내게 준 특혜이기도 했다. 15년이나 연상인 오빠는 내가 한 인간으로 성장하는 데 필요한 정신적인 지주였다. 나는 그를 통하여 학교에서 가르치지 않는 한글을 깨우쳤고, 나는 그를 통하여 우리에게는 금지되었던 한국의 역사를 배울 행운을 얻었다. 그를 통하여 세계 문학에 눈을 떴고, 그를 통하여 자연과 인간을 사랑하는 법을 배웠다. 어렵고 가난한 사람들을 향한 연민, 모든 아름다운 것들에 대한 심미적 개안開眼, 그리고 타협을 모르는 정의감…… 그 모든 것이 오빠가 나에게 남겨놓은 정신적 유산이다.

오빠는 내 스승이었고, 선배였으며, 정신적인 아버지였고, 스스로를 사랑할 힘을 북돋아주는 멘토였다. 그가 세상을 떠난 후 새 책이 나왔을 때, 나는 그 책을 제일 먼저 드려야 할 분이 오빠라는 생각 때문에 방 안에 주저앉아 한동안 아무 일도 할 수 없었다. 그에게는 책을 부칠 주소가 없다는 사실이 새삼스럽게 그의 부재를 너무나 절실하게 실감시켰던 것이다. 산다는 것은 날마다 조금씩 죽어가는 것, 날마다 조금씩 소중한 것을 잃어가는 것을 의미한다던 영화 「나자리노」의 주제가처럼, 사랑하는 사람과의 이별을 통해 우리는 정신적으로 날마다 조금씩 죽어가고 있는 건지도 모른다.

오빠의 존재를 처음 의식한 것이 언제였을까? 나는 그 정확한 시기를 생각해낼 수 없다. 하지만 내 기억의 첫 장에 남아 있는 오빠의 가장 오래된 모습은, 호랑나비를 채집하던 키가 큰 소년이다. 우리는 그때 옛 성터에 있는 외딴집에 살고 있었다. 동산에 꽃이 피어 흐드러진 여름날이었는데, 오빠는 희귀종 나비에 홀려 온몸을 이슬에 적시며 시간을 잊고 있었다. 열다섯 살이나 연상인 오빠는 우리 집에 다니러 온 경이로운 외계인 손님 같았다. 산새가 울고, 매미가 울고, 솔바람 소리와 시냇물 소리가 어우러진 그 태고의 동산에, 한여름의 햇빛이 축복처럼 쏟아져 내리고 있었다. 꽃뱀같이 현란한 무늬의 나비 날개가 햇빛을 받아 인광燐光을 발하던 그 아침의 몽환적인 구도 속에서, 나비 뒤를 따르던 오빠는 너무나 멋이 있는 미소년이었다. 상처 하나 내지 않고 곱게 잡은 귀족적인 나비들이 박제가 되어 늘어서 있던 오빠의 방은 어린 나에게는 늘 신화의 나라였다.

거기서 오빠는 그림도 그렸다. 이마동李馬銅 선생의 애제자였던 오빠는 수채화에 탁월한 재능을 보이는 화가 지망생이었다. 비너스와 아그리파의 데생이 붙어 있는 방 안에서 그는 즐겨 물감을 풀었다. 집 뒤에 있던 오봉산을 사랑하던 오빠는 그림에 언제나 '오봉생五峯生'이라고 서명했다. 그가 그리는 그림은 대체로 풍경화였지만, 이따금 풍속화도 있었던 것 같다. 하지만 그는 화가가 되는 일을 금지당했다. 맏아들인 데다가 종손이었기 때문이다. 그것은 오빠가 겪은 최초의 좌절이었다. 아버지가 약대에 원서를 내셨는데, 오빠는 그 시험을 거부해서, 재수하기로 하고 임시로 혜화전문학교 불교학과에 적을 두게 되었다. 학적이 없으면 당장 징집대상이 되기 때문이다. 당시의 그 학교 이름은 흥아유신기념탑興亞專門學校였던 것 같은데, 학도징용에 걸려서 재학 중에 원산 근처의 갈마반도에 끌려갔다.

학교에서 불교를 배우다가 오빠는 사학에 대한 관심을 갖게 되었다. 아무도 가르쳐주지 않는 한국 역사였다. 국사를 독학하면서 해방 후에 대학에 들어가려 했는데, 아버지 사업이 망해버렸다. 오빠는 가족을 부양해야 해서 군산중학교에 가게 되었다. 호남과의 인연은 그렇게 시작되었다. 교편을 잡으면서 전북대 사학과에 적을 두셨다. 전공을 바꾼 후에도 오빠는 늘 그림 그리기를 좋아했다. 30대 중반까지도 해마다 달력을 그려 친지들에게 나누어주던 일이 생각나는데, 불행하게도 내게는 오빠의 그림이 한 장도 남아 있지 않다. 6·25와 1·4 후퇴 때문이다.

보성학교 시절의 오빠는 기타의 명수이기도 했다. 태곳적 같은 성안집의 정적을 뒤흔들며 오빠의 경쾌한 기타 소리가 울려 퍼지는 것은, 그것 자체가 하나의 축복이었다. 서울에서 공부하던 오빠는 방학 때밖에 집에 올 수 없었다. 그래서 내 기억 속의 오빠는 언제나 호랑나비를 몰고 왔고, 아니면 몇 자씩 쌓이는 백설과 함께 있었다. 여자들만 사는 한적한 외딴집에 오빠는 늘 기적을 몰고 왔다. 오빠가 오면, 뒷방에 호랑나비가 늘어서고, 죽었던 자연은 화선지 위에서 빛이 되어 소생하며, 집 안은 기타와 축음기에 휩싸여 생동한다. 먼 곳, 가까운 곳에서 친척들이 몰려오고, 부엌에서는 밤낮으로 잔칫상을 마련하는 도마 소리가 들려온다. 그러면 여섯 명의 동생들은 오빠를 둘러싸고 춤을 추며 노래를 부른다. 뜻도 모르고 부르는 일본 노래다.

쇼 쇼 쇼죠지 쇼죠지노 니와와
쯘쯘 쯔끼요다 민나 테테 코이 코이 코이

상앗빛 단추가 잔뜩 달린 오빠의 세고비아 기타는 요술 상자였고, 우리가 부르는 노래는 모두 하나의 주문이었다. 그 주문 속에서 우리가 세월을 잊는 도취에 잠기던 시기는 우리 집안의 신화의 계절이었다. 신화의 계절은 1842년의 대홍수와 함께 끝이 났다. 그날도 오빠네 가족이 내려와 우리 집에는 축제가 벌어져 있었다. 햇덩이를 안아 내린 것 같은 오빠의 아들 건이는, 공처럼 이 손, 저 손을 옮겨 다니면서 캑캑 환성을 지르고, 남동생이 선사 받은 꽃술 달린 세발자전거에 온 동네 아이들이 따라붙어 일본 군가를 부르며 행군놀이를 벌였다. 반딧불이 난무하는 찬란한 밤하늘……. 신화의 종장답게 화려한 축제의 밤이었는데, 갑자기 불어닥친 폭풍우가 다음 날 외딴집을 물바다로 만들었다.

우리는 집을 잃었고, 더는 외딴집에 살 용기도 잃었다. 시간이 흘러서 아버지에 대한 감시도 흐슨해져서, 우리는 역전의 큰 거리에 새집을 지었다. 다시는 매미 소리와 반딧불의 난무를 볼 수 없게 되었고, 마루에 앉아 청남색 바다를 감상할 수도 없게 되었다. 자정이 지난 후의 신데렐라처럼, 마부는 생쥐로 변하고, 호화로운 황금마차는 호박으로 바뀌었다. 호랑나비와 솔바람 속에서 신선같이 살던 오빠의 삶에도 홍수가 밀어닥쳤다.

1978년 《전북사학》 3집

지카다비와 북행열차

2차 대전이 막바지에 가까워지자 일인들의 횡포가 나날이 심해졌다. 옷감을 절약한다는 구실로 여자들의 저고리 고름을 길에서 잘라버리는 이상한 일이 벌어지더니. 다음에는 치마를 입지 말라는 금지령이 내려졌다. 치마 대신 몸뻬를 입으라는 것이다. 남자들은 머리를 박박 깎였고, 국민복과 각반을 강요받았다. 군량미를 위한 곡물의 수탈이 '공출'이라는 이름으로 강요되었고, 무기를 만들기 위해 놋수저까지 공출하는 각박한 분위기 속에서 "대두박"이라고 불리는, 콩기름 짠 찌꺼기가 식량이라고 배급되기 시작했다.

역전에 지은 새집 마루에서는 바다 대신 철길이 보였다. 기차는 쉬지 않고 북쪽으로 군인을 실어 날랐다. "무운장구武運長久"라고 쓴 띠를 두른 군인들이 짐차에 실려가던 북행열차의 행렬,

강제로 징집당한 사람들이 인도차이나나 북해도로 끌려가던 그 참담한 시절에 우리 집 안방이라고 무사할 리가 없었다. 근로 동원 때문에 방학이 없어져 집에 오지 못하던 오빠가 학도병의 징집 대상이 된 것이다.

그것은 날벼락 같은 위력으로 삽시간에 우리 집을 황폐화시켰다. 오빠는 학병을 피해 만주를 향해 떠났고, 어머니는 날마다 주재소에 불려가 시달림을 받았다. 하지만 어머니의 수난 같은 것은 문제도 되지 않았다. 혹한 속에 집을 떠난 오빠의 생사를 모르는 불안이야말로 우리가 가장 견디기 어려웠던 고통이었다. 그렇게 한 달이 지나갔다. 아무도 노래를 부르지 않고, 아무도 웃는 사람이 없는 그 한 달의 시간은 우리에게는 영겁같이 느껴졌다. 하지만 그 일도 끝나는 날이 왔다. 국경 지대에서 전전하던 오빠가 견디다 못해 서울로 잠입했다가 형사에게 덜미를 잡혔다. 그들은 어머니가 죽어도 자원서에 도장을 안 찍으니까 할아버지를 공략하기 시작했다. 결국 할아버지에게서 도장을 받아내서 오빠가 징용에 가게 된 것이다.

학도병 선풍이 가라앉던 무렵이어서 오빠는 학도징용에 배당되었다. 1943년 11월의 일이다. 학도징용은 학도병에 안 간 학생들에게 응징용으로 중노동을 시키는 것을 의미했다. 오빠가 끌려간 곳은 원산 근처에 있는 갈마반도의 철공장이었다. 어머니는 원산에 방을 얻어 새언니를 옆에 있게 하고, 당신은 주말마다 옷과 식량을 원산까지 날랐다. 초등학교 5학년 되던 해의 어느 주말이었는데, 남동생이 몹시 앓아 어머니가 오빠에게 갈 수 없게 되었다. 키가 넉 자도 못 되는 꼬마였던 나는 그때 무슨 용기로 그랬는지 어머니에게 내가 대신 가마고 자원했다. 얼떨결에 기차는 탔는데, 소심한 나는 겁에 잔뜩 질려가지고 차가 설 때마다 불안에 떨었다. 내릴 역을 지나칠까 봐 너무나 긴장해서 잠조차 오지 않았다.

제철 공장의 면회실에서 1년 만에 만난 오빠는 못 알아볼 정도로 망가져 있었다. 전신 신경통에 걸려 다리를 심히 절었고, 발에는 구멍 난 지까다비(편리한 막신)를 신고 있었다. 수염이 더 부룩한 누런 얼굴, 반으로 오그라든 몸집⋯⋯. 도저히 우리 오빠라고 생각할 수 없는 몰골이었다. 성게젓과 복어살만 먹여 우리 어머니가 신선처럼 길러 놓은 아들을 저들이 개처럼 혹사해서 망가뜨린 것이다. 1944년 겨울에 오빠는 결국 집으로 실려 왔다. 더 이상 노동을 견뎌낼 능력이 없는 중환자였기 때문이다. 아무리 병들었다 해도 군수품 공장의 노동자가 집에 온다는 것은 특혜 중의 특혜였다. 아버지가 온 재산을 다 털어 넣으며 얼마나 애를 쓰셨는지 짐작이 갔다.

오빠는 움직일 수 없는 중환자였는데, 우리 집에는 먹을 것이 남아 있지 않았다. 집을 짓느라고 전해에 농사를 쉰 데다가 공출이 더 가혹해졌기 때문이다. 다락에 이중 천장을 만들어 감추어

둔 곡식도 바닥이 난 지 오래다. 어머니는 밤에 도둑질하듯이 자기 밭에 가서 영근 이삭을 잘라다가 바심을 해서 가으내 식구들의 양식을 마련했지만, 그건 죽거리도 제대로 되지 못할 분량이었다. 논밭에서 나오는 곡식은 모조리 공출당하고, 배급으로 대두박이 나왔다.

하지만 우리 식구들은 감자만 먹으면서도 불평하지 않았다. 비록 앉은뱅이 같은 몸이 되었지만 오빠가 살아 돌아왔기 때문이다. 그가 돌아오자 우리 집은 서서히 빛을 되찾기 시작했다. 이어 서울 식구들이 소개해서 내려왔다. 폭격 때문에 서울을 비우라는 명령이 내려진 것이다. 간디스토마에 걸린 아버지도 집에 와 계셨다. 우리는 생전 처음으로 온 가족이 한자리에 모였다.

B29가 그 후미진 산촌의 상공에까지 모습을 나타내기 시작했고, 사납게 생긴 사람들이 몰려와 개들을 때려잡던…… 1945년 초여름은 문자 그대로 아비규환의 생지옥이었다. 그 지옥에 갇혀 병이 거의 다 나아가는데도 오빠는 방안을 떠날 수 없었다. 다혈질이면서도 겁이 많은 어머니는, 유난히 질이 나쁜 일본 이시다[石田] 소장의 사벨 소리만 들어도 까무러칠 듯이 놀라곤 했기 때문에, 오빠는 방안에서도 섣불리 서 있거나 움직일 수가 없었다. 우리는 그때 하필이면 큰길 가에 세워진 집 속에서 "들키면 큰일 나는 숨들을" 몰래 조금씩 쉬어 가면서 아슬아슬하게 연명을 했다. 어머니의 표현을 빌자면 "귓불만 만지며 사는" 불

안한 시간이었다.

약점이 있는 우리 어머니는 그해에 참 많은 것을 주재소(파출소)에 갖다 바쳤다. 유기그릇을 공출하라면 젓가락 하나 남기지 않고 쓸어다 바쳤고, 쇠붙이를 공출하라면 대대로 물려받은 청동화로까지 다 갖다 주었다. 퇴비도 솔뿌리도 책임량을 넘게 해다 바쳤고, 젊은 소장 부인이 김치를 달라면 식구들이 먹을 것까지 다 퍼 주었다. 아마 그들이 자기의 눈알을 빼달라고 해도 어머니는 그렇게 했을 것이다. 아들 하나만 무사하다면, 그를 다시 빼앗기지만 않는다면, 머리칼을 뽑아 신으로 삼으라고 해도 들었을 여인……. 우리 어머니는 그런 어머니다. 그 하늘에 닿을 정성이 약도 없는 전쟁 말기의 궁핍 속에서 오빠를 소생시켰고, 그 정성이 젊은이들의 씨를 말리던 일제의 마지막 발악 속에서 오빠를 지켰다. 어머니는 논에서 피(잡초의 일종)를 뽑다가 열매만 훑어서 큰 솥에 넣고 종일 볶았다. 베주머니에 그 뜨거운 피를 담아서 온몸을 문지르게 하는 것이 어머니의 신경통 처방이었다. 어머니는 오빠를 위해 정지를 펄펄 끓게 만들어서 우리는 여름내 땀 속에서 살았지만, 그 온열요법이 신경통에 잘 들었다. 그 여름이 가기 전에 오빠는 병이 많이 호전되었다.

1978년 《전북사학》3집

어둠 속에 찍힌 판화*−막내가 본 1945년의 북한

1945년 11월에 나(막내)는 엄마 아빠와 헤어졌다. 해방 후 석 달 만에 월남하면서 부모님이 여섯 살 된 나를 오빠 집에 맡겨 놓고 간 것이다. 그건 어쩔 수 없는 일이었다고 생각한다. 그 무렵에는 객차가 다니지 않아서 사람들은 짐차 꼭대기에 타고 여행을 할 수밖에 없었다. 그래서 승객들은 칸살이 넓은 짐차의 직선 디딤대를 타고 꼭대기로 올라가야 한다. 지붕 위에서도 한복판에 두 줄로 놓여 있는 판자에 등을 마주 대고 앉아 이동해야 한단다. 고리짝까지 들고 가는 월남행을 그런 식으로 한 것이다.

---

* 제목은 황순원의 「어둠 속에 찍힌 판화」에서 차용한 것. 이 글은 막냇동생의 시점으로 쓰인 둘째 조카의 사생담이다. 내 경험이 아니어서 나는 이 글을 소설이라 부르고 싶다.

기어 올라가는 것도 나 같은 어린아이들에게는 무리였지만, 손잡이도 없는 발판에 앉아 균형을 잡는 것은 더 겁나는 일이었다. 졸기만 하면 떨어져 죽기 때문이다. 북쪽의 11월은 벌써 춥다. 그래서 자다가 얼어 죽은 사람도 있다는 말을 들었다. 그뿐 아니다. 기차는 낡아서 가다가 아무 데서나 선다고 한다. 그러면 내려서 걸어야 한다. 서울까지 가려면 절반은 걸을 각오를 해야 한다는 것이다. 터널을 지날 때마다 매연을 뒤집어써서 기차 꼭대기의 피난민들은 몰골이 끔찍했다. 그런 귀신같은 사람들이 빼꼭히 차 있는 기차 꼭대기는 죽음의 자리요, 공포의 도가니였다. 집이 역전에 있어 날마다 그것을 보는 넷째 언니는, 피난민을 볼 때마다 겁에 질려서 발발 떨었다. 자기도 그렇게 타고 남쪽으로 가야 한다는 사실이 악몽처럼 여겨졌다. 그러니 나 같은 꼬마를 데리고 나설 형편이 아닌 것은 확실하다. 어느 집에서나 아이들이 문제였다. 숙청은 눈앞에 다가와 있는데, 아이를 두고 떠나야 하니 엄두를 내지 못에서 마을 전체가 뒤숭숭했다. 우리 집도 예외가 아니었다.

"아무래도 막내는 안 되겠지?"

밤중에 아버지가 일어나 앉아 걱정스럽게 엄마에게 묻는 것을 여러 번 들었다. 나는 그때 한국 나이로 일곱 살이었다. 장원長遠에서는 벌써 숙청이 시작됐다고 하니 우리도 당장 떠나야 하는데 나 때문에 미적대고 있다. 바로 위의 오빠까지는 무리하면 데려갈 수 있는데, 만 여섯 살짜리는 곤란하다는 것이 밝혀졌다. 업고 가기에는 너무 크고, 걸리기에는 너무 어려서, 피난민 대열을 따라가기가 어렵다는 것이다.

 같이 갈 수 없는 것은 나만이 아니었다. 새언니가 만삭이어서 오빠에게도 갈 수 없었고, 할아버지도 떠날 마음이 없으셨다. 나까지 다섯이 남는 처지는데, 새언니가 환자니 나를 맡기기가 미안한 것이다. 나는 젖을 못 먹고 자라서 어려서부터 몸이 약했다. 그러니 따라가는 일이 불가능하다는 것을 진작부터 알고 있었다. 하지만 별로 섭섭하지 않았다. 아버지는 그 해에 처음으로 집에 온 손님 같은 분이어서, 아직도 아버지라는 말이 잘 안 나오는 사이였다. 그렇다고 엄마와 각별한 정이 있는 것도 아니다. 딸 넷을 낳은 후에 얻은 작은 오빠가 몸이 약하다고 엄마는 나를 낳자마자 유모에게 맡기고 내 젖을 오빠에게 먹여버렸다. 내가 나고 곧 엄마는 장백현에 있던 양조장을 팔고 고향으로 돌아왔다. 오면서 강보에 싸인 나를 유모 집에 두고 왔다. 자리가 잡히는 대로 데려갈 예정이었다는데, 홍수 소동에 새집을 짓느라고 3년이 지나서야 데리러 왔다.

 유모를 엄만 줄 알고 자란 나는 그 집에서 충분히 행복했다. 유순한 유모가 갖은 정성을 다해 기르니 아쉬운 것이 없었다. 어느 날 갑자기 낯선 여자가 납치범처럼 나타나 나를 끌고 가려고 할 때, 나는 정말로 세상이 끝장이 나는 줄 알았다. 내가 하도 울고불고 소란을 피우니까 엄마는 유모도 데리고 와서 몇 달 있다가 돌려보냈다고 한다. 그게 첫 번째 엄마와의 이별이었다.

그다음 엄마는 할머니였다. 누룩 냄새가 나는 할머니의 방은 나의 천국이었다. 할머니는 내가 하는 모든 것을 칭찬만 하는 어진 분이다. 그 낙원에 들이닥친 첫 번째 재앙은 엄마의 '음식 줄여 먹이기'였다. 아기를 잃은 지 오랜 유모가 젖줄이 마른 걸 속이고 나를 데려가서 암죽을 먹여 길렀다. 나는 자구가 나서 배가 수박만 해가지고 엄마 집에 왔다. 그 배를 가라앉히려면 음식을 줄여야 한다고 의사가 지시했다. 그래서 엄마는 날마다 할머니에게 음식량을 정해드리고 일 보러 나갔다. 그런데 할머니는 내가 배고파하는 걸 가슴 아파서 절대로 두고 보지 못하는 성격이었다. 몸에 이롭고 해롭고는 나중 문제다. 당장 아이가 배고파하는데 어떻게 있는 밥을 안 줄 수 있느냐는 것이 할머니의 주장이다. 그래서 내 배는 꺼질 줄 몰랐고, 엄마와 할머니는 매일 그 문제로 실랑이를 벌였다. 나는 내게 밥을 많이 주었다고 할머니에게 잔소리하는 엄마를 도저히 사랑할 수 없었다.

그런 형편이니 무얼 먹다가 엄마가 오면 할머니는 음식을 얼른 감추라고 하셨다. 정에 무른 할머니는 아이에게 거짓말까지 가르친 것이다. 그게 결벽증을 가진 엄마를 더 미치게 했다. 그렇게 엄마와 나 사이는 나날이 어긋나 갔다. 하지만 나는 아쉬운 것이 없었다. 할머니의 세계에서는 안 되는 것이 없었기 때문이다. 할머니의 각별한 사랑을 혼자 다 받으니 내게는 부족함이 없었다. 엄마는 늘 나가 있는데, 할머니는 집에만 있으니 할머니가 유리했다. 졸릴 때는 머리를 긁어 재우고, 자장가를 불러주는 할머니는 나에게는 천사였다. 그러다가 1943년에 할머니가 돌아가셨다. 나는 두 번째로 고아가 된 것이다. 허전하고 슬퍼서 가구들 틈새에 밀고 들어가 잠을 자면서 한동안 나는 밥도 먹지 못했다.

그때 나를 돌봐준 것이 새언니다. 언니는 말랑말랑한 하얀 피부에 달래 머리 같은 동그란 머리통을 가진 이쁜 각시였다. 언니는 나를 돌봐주기만 한 것이 아니라 언니들과 같이 춤도 가르치고 노래도 가르쳐주었다. 나는 노래를 아주 잘 불렀고, 춤도 잘 추었다. 수박색 하늘한 치마 밑에서 만들거리며 돌아가는 새언니의 예쁜 엉덩이를 보는 것도 즐거운 일 중의 하나였다. 언니는 우리에게 "노름 사례비 고이고이 에지라고" 같은 일본 노래를 가르치며 유희를 하게 했다. 그렇게 새언니는 내 세 번째 엄마가 되었다. 그래서 피난 못 가고 새언니와 남는 일을 나는 오히려 좋아했다.

그때 오빠네는 두 정거장 떨어진 곳에 있는 군선群仙의 향교에서 살고 있었다. 오빠가 그곳 중학교 교사였기 때문이다. 향교는 마을에서 떨어진 곳에 있는 외딴집이다. 그 집은 향교답게 넓은 마루방이 있었고, 뒤쪽에 훈장을 위한 사택이 있었다. 오빠네는 거기서 살고 있었다. 군선에는 부자인 대고모댁이 있다. 고모할머니는 그곳 터줏대감인데, 오빠네를 많이 도와주었다. 오빠는 우리 집의 장손이었기 때문이다. 고모할머니는 새언니를 도울 도우미도 구해주고, 아기를 받을 산파도 소개해주어서, 향교에서의 생활은 불편한 것이 없었다. 향교에는 뛰어놀 수 있는 넓은 마당이 있고, 동무도 있었다. 나 보다 두 살 아래인 조카다. 그 애는 우리 집에서는 왕자님이어서 나 같은 졸개는 손도 닿지 않는 귀한 존재였다. 하지만 향교에서는 사정이 달랐다. 거기는 이웃이 없는 외딴집이었고, 언니는 아파서 그 애를 돌볼 능력이 없으니, 나는 그 애를 돌볼 위치에 놓이게 되었다.

손아랫사람을 가지는 것이 얼마나 신나는 일인가를 나는 향교 집에서 배웠다. 눈이 크고 잘생긴 그 예쁜 조카가 여기서는 별수 없이 내 졸개다. 그 애는 내 제자이기도 해서 나는 그 집에서 고모로 사는 것이 너무나 즐거웠다. 그 애에게 노래를 가르쳤다. 그림 그리기도 가르쳤다. 공기와 오재미도 가르쳤고, 숨바꼭질도 같이했다. 누군가에게 무얼 가르치는 것이 내 적성에 맞는다는 사실을 나는 그 넓은 향교 마당에서 알게 되었다. 집에서는 언니들보다 능력이 모자라서 늘 졸병이었는데, 향교에서는 무어든지 조카보다 잘할 수 있으니 주도권이 생겼다. 그건 무엇과도 바꿀 수 없는 귀한 것이었다.

아이뿐 아니다. 새언니에게도 나는 없어서는 안 될 존재였다.

내가 언니에게 맡겨진 것이 아니라 언니를 내가 맡은 것 같았다. 심장이 나쁜 언니는 배가 부를수록 힘들어해서 도우미가 필요했다. 오빠는 학교에 가고 없으니 내가 언니를 도울 수밖에 없었다. 나는 그 집에서 하는 일이 많았다. 종일 조카를 돌보고, 언니 잔심부름을 들어드리며, 바깥과의 연락도 맡고 있었기 때문이다. 오빠는 내게 언니가 갑자기 아프면 서당 집에 우선 알리고, 그 집에 아무도 없는 때는 동네 사람 아무나 붙잡고 부탁해서 학교에 알리라고 당부했다. 그 일이 또 나를 우쭐하게 했다. 내가 없으면 꼼짝을 못 하게 생긴 이 집 식구들 앞에서 어깨에 힘을 주고 신나게 산 것이다.

하지만 그 신명은 오래 가지 못했다. 내가 아무것도 할 수 없는 엄청난 사건이 벌어졌기 때문이다. 아줌마도 가고 없는 12월 5일 밤 오밤중에 언니가 갑자기 진통을 시작했다. 통행금지가 시작된 지 오래여서, 아무도 부르러 갈 수가 없으니 난감했다. 아기를 낳을 때 그렇게 심하게 아파야 한다는 것을 몰랐던 나는, 처음 언니가 비명을 질렀을 때, 누가 언니의 목을 조르는 줄 알았다. 아직 밤이면 일본군들이 더러 나타나던 무렵이라 소련군의 감시가 엄했다. 바스락 소리만 나도 무조건 따발총이 불을 뿜었다. 그러니 오빠도 꼼짝을 할 수 없다. 비명에 놀라 깬 조카와 나는 언니가 의사를 데려오라고 오빠를 들볶자 너무 놀랐다. 오빠를 따발총 속에 내모는 언니의 요구는 오빠를 죽으러 가라는 것과 같다는 것을 다섯 살 된 조카도 알고 있었다. 곱고 여린 새언니는 너무나 흉한 소리를 질러대고 있었다. 그런 언니를 보자 나는 도깨비방망이에 머리를 맞은 것처럼 얼이 빠졌다.

비명은 점점 커가면서 간격이 좁아졌다. 언니 방에서는 이상한 피비린내까지 풍겨왔다. 오빠는 언니에게 내쫓겨서 대문까지 달려가다가 비명이 나면 되짚어 돌아오는 일을 번복하면서 정신없이 허둥대고 있었고, 우리는 무서워서 언니 근처에는 가지도 못했다. 언니가 안 보이면 죽은 것 같아 무섭고, 보이면 보이는 대로 몸부림치는 모양이 겁이 나서 우리는 문지방 근처에서 떨고 있었다. 비명을 지를 때는 사지가 붙고, 잠잠해지면 언니가 죽은 것 같아 오금이 저렸다.

오빠도 할 수 있는 일이 전혀 없었다. 방에 들어가려면 언니가 사람 데려오라고 내쫓고, 문밖에는 나갈 수 없으니 오빠가 할 수 있는 일은 하나도 없었다. 한번은 너무 다급해서 나가보려고 오빠가 문을 삐끗했더니 벌써 따발총 소리가 들려왔다. 우리는 오빠가 죽을까 봐 소리 내서 통곡하기 시작했다. 조카와 나는 오빠와 언니가 다 보이게 안방 문지방에 쪼그리고 앉아서, 희미한 불빛 속에서 언니가 지르는 비명과 오빠가 어둠 속에서 발을 동동 구르며 허둥대는 소리를 듣고 있었다. 하늘이 무너져내리는 기분이었다. 이 밤에 언니가 안방에서 죽을지도 모른다는 생각이 머리를 조여오자 누군가의 손이라도 붙잡고 싶어서 조카 쪽으로 몸을 비틀고 싶은데, 몸이 굳어서 움직여지지 않았다. 언니가 숨이 넘어가게 비명을 지르자 겁에 질린 오빠가 어둠 속에서 달려오는 것이 보였다. 오빠를 본 언니가 까부라지는 소리로 "여보, 나 죽어요. 죽는다구요! 제발 의사를……." 하며 간곡하게 호소했다.

다시 문간을 향해 달려가는 오빠를 보고 있는데 안방에서 단말마의 비명이 길게 이어졌다. 그러더니 갑자기 아기 울음소리가 들려왔다. 나는 겁먹은 눈으로 언니 쪽을 살펴보았다. 어유등잔 너머에 있는 벽에, 여자가 가랑이를 벌리고 서 있고, 가랑이에서 나온 끈에 아기가 매달려 있는 그림자가 선명하게 떠올랐었다.

한국에서 올림픽 경기가 열린다고 수선을 피우고 있던 1988년 3월에 느닷없이 한국에서 전화가 왔다. 그날 통행금지에 걸린 향교에서 요란스럽게 태어난 아기가, 교통사고로 죽었다는 소식이다. 그때 의식의 밑바닥에서 하나의 영상이 서서히 떠올라 왔다. 여자의 가랑이 사이에 아기가 매달려 있던 그림자다. 어유등잔이 껌뻑거리던 추운 겨울밤에 외딴집에서 심한 심장 판막증 환자가 아기를 혼자 낳고 있었다. 간호사 경력이 있던 새언니는 그 밤 혼자서 산후를 수습했다. 나는 1946년 5월에 엄마가 와서 남쪽으로 데려가고, 오빠네는 반년 후에 밀선을 타고 남쪽으로 내려왔다. 겨울에 외딴집에서 혼자 아기를 낳은 일은 언니의 생명에 치명적인 상처를 남겼다. 언니는 다시는 일어나지 못해서 4년 동안 자리 보존하고 앓다가 6·25가 터지기 전해에 돌아가셨다. 서른이 갓 넘은 나이였다.

그리고 40년의 세월이 소리 없이 지나갔다. 아이는 자라 결혼을 했고, 외국상사의 지사장이 되어 신나게 살았다. 그런데 법을 어기고 유턴을 하던 트레일러가 들이받아서 죽인 것이다. 심장판막증을 앓던 언니에게 출산은 금기 사항이었다. 그런데 손이 귀한 집 장손부이어서 언니는 호르몬 치료를 받아가며 무리하게 아이를 낳았다. 그러니 그 애는 한 사람이 목숨을 바쳐 출산한 귀한 아이였다. 그 애만 안 낳았더라면 오빠는 우리와 같이 월남해서 일찍 자리를 잡았을 것이고, 언니는 좀 더 오래 살았을 것이다.

죽은 조카는 가슴에 붕대를 감았을 뿐, 잠자는 것처럼 얼굴이 평화롭더라는 서울 언니의 전화를 받으며 나는 훤칠한 키에 이목구비가 번듯했던 작은조카 생각을 했다. 그 애를 볼 때마다 저렇게 멋있는 아이를 낳았으니 언니의 죽음이 보상을 받는다는 생각이 들었었다. 그런데 그 빛나던 생명이 오늘 사라졌다. 어느 교황님 말씀대로 하나님도 이따금 낮잠을 주무시는가 보다. 그렇게 힘들게 나온 아이를 요절하게 만들어서는 안 될 것 같았다. 사람이 나고 죽는 일의 복잡함을 생각하며, 나는 그 애가 태어나던 향교의 그날 밤처럼 벌벌 떨면서 통곡을 시작했다.

다시 반세기의 세월이 지나갔다. 그동안에 새언니가 가고, 오빠도 가고, 큰조카도 가고, 작은조카도 갔다. 그래서 나의 앞으로의 시간에서 향교 집 안방의 출산 장면은 당분간 떠나지 않을 악몽이 될 것 같다. 여자가 목숨을 걸고 나은 아이가 서른에 죽었으니, 사람의 나고 죽음에 무슨 의미가 있는지 몰라서 나는 자주 발을 헛디뎠다.

1980년

어느 카레이스키의 자아비판

드디어 광복의 날이 왔다. 오빠에게는 이중의 해방이었다. 이제는 다 나은 다리를 숨기려고 절뚝거리며 다니지 않아도 되었기 때문이다. 기쁨을 가누지 못해서 오빠는 사람들과 어울려 태극기를 흔들며 들판을 누볐다. 들판이 끝나면 산으로 갔고, 산길이 끝나면 바다로 향했다. 오빠는 그들에게 태극기를 그려주느라고 잠을 설쳤고, 애국가 가사를 적어주느라고 손이 부르텄다. 집에 있는 자료를 모아 당장 쓸 국어 교재도 만들어야 하고, 역사책도 써야 해서 날마다 오빠는 바빴다.

그러나 한 달도 못 되어 새로운 재난이 시작되었다. 로스케의 약탈이 시작된 것이다. 그들과 교섭하기 위해 해삼 위에서 온 할아버지가 전면에 나섰고, 평양에서 지시를 받았다면서 홍갑이라는 주정뱅이가 마을을 휘젓고 다니기 시작했다. 소련군의 주둔과 함께 인민위원회가 발족되면서 북한에서는 공산주의 체제가 터를 다지기 시작했다. 아버지의 자위대는 해산되고 그 자리에 인민위원회가 생길 모양이다. 숙청자 명단에 대한 소문이 나돌았다. 친일파와 악덕 지주를 숙청한다는 것이 명분이었다. 그런데 그 명단에 우파 인사들과 크리스천도 포함되어 있었다. 좌파들이 자리를 잡으면서 자기네 편이 아닌 크리스천과 우파 인사도 그 김에 숙청하기로 방침을 바꾼 것이다. 그 명단에 아버지도 들어 있다고 해서 우리는 경악했다. 아버지는 독립유공자이고 우리는 지주가 아니라 자작농에 불과한데 우파니까 포함해버린 모양이다. 우리는 할 수 없이 큰언니 혼인을 서둘렀다. 시국이 바뀌었다고 어른끼리 맺은 정식 혼약을 저버릴 수가 없었다. 언니가 신행하러 다녀간 다음다음 날 우리는 남행 열차를 타고 고향을 등졌다.

새언니가 만삭이어서 오빠네는 북쪽에 그냥 남게 되었다. 오빠는 작은할아버지가 교장을 하던 군선 중학에 취직이 되어 가족을 데리고 이사를 했다. 고향을 떠나면서 우리는 군선에 있는 오빠 집에서 마지막 밤을 보냈다. 오빠는 좋은 부모를 만나 신선 같은 청소년 시절을 보낸 운 좋은 서당 아이였다. 어머니가 하숙에서도 명주옷을 입혀서 왕자처럼 받들며 기른 오빠는, 세상 물정을 모르는 백면서생이었는데, 갑자기 환자가 있는 집의 책임자가 된 것이다. 우리 오빠는 아내 복이 없었다. 새언니는 점잖은 집안의 딸이었고, 신여성인 데다가 인물이 고왔다. 뽀얀 살이 포동포동 찐 귀여운 미인이어서 목이 밭은 것을 빼면 나무랄 데가 없었다. 그런데 결혼하자마자 심장판막증이 발견되었다. 중증이었다. 본인도 우리도 몰랐던 병이니 운명이라고밖에 표현할 수 없었다. 부모가 시키는 결혼을 한 오빠는 결혼하던 날 술을 잔뜩 마시고 와서 '쿵' 하고 둔탁한 소리를 내면서 무너지듯이 방바닥에 써졌다. 내게는 그 소리가 지축을 울리는 것처럼 무겁게 느껴졌다. 죽을 때까지 처자의 멍에를 벗어나지 못한 오빠의 불행한 앞날이 그 무거운 소리에 예시되어 있었는지도 모른다.

몸이 약한 새언니는 임신하지 못했다. 장손인데…… 말이 안 된다. 아버지가 인력거에 태워서 넉 달이나 병원에 데리고 다니면서 치료해준 덕에 언니는 첫 아이를 낳았다. 그리고 4년이 지난 후 두 번째 아이를 임신했는데 월남 문제가 대두된 것이다. 보통 때도 언니는 찬 바람만 불면 감기에 걸려 겨우내 콜록거렸으며, 숨이 차서 잘 걷지도 못하니 신주 모시듯 해야 하는 크리스털 새아씨였다. 그런 아내를 데리고 아이 둘을 기르게 되었으니 오빠의 지옥이 시작된다. 애 어른을 다 길러주던 어머니가 떠나면 오빠가 얼마나 힘들지 알고 있어서 그날 밤 우리는 모두 암울한 얼굴을 하고 있었다. 어머니의 완벽한 보호 밑에서 나비나 잡으며 자란 오빠는 일상사에는 손방이어서, 그의 환자 돌보기는 남보다 많이 힘들었다. 요령을 모르고 있었기 때문이다. 거기에 아이가 둘 보태져 있으니 언니가 세상을 뜰 때까지 오빠는 지옥 속에서 헤맸다.

  병든 아내는 여러 번 오빠를 생명을 위협받는 위기에 몰아넣는다. 다음 해에 어머니가 남은 식구들을 데리러 왔을 때도 언니가 못 움직여 오빠는 따라 나올 수 없었다. 북한의 좌파 정권은 나날이 경직되어 가고, 그 체제와 맞지 않는 오빠는 계속 거기에서 곤경을 치르고 있었다. 타협을 모르는 그의 진보적인 기질이 북한의 획일주의와 맞지 않아서, 그들은 걸핏하면 오빠에게 자아비판을 요구했다. 대중 앞에서 자신의 오류를 낱낱이 자백해 바쳐야 하는 자아비판은 오빠가 죽어도 하기 싫은 일이었다. 자아비판을 한 사람이 계속 교단에 서는 것은 교육에 대한 모독이라고 오빠는 생각했다. 오빠는 자아비판에 시달리다 못해 46년 10월에 병든 아내를 달구지에 태우고 바다에 가서 밀선을 타고 남쪽으로 내려왔다. 그때 우리는 청파동에 살고 있었다. 아버지 회사가 잘 될 때여서 생활은 비교적 안정되어 있었다. 그 안정된 어머니의 안방에 병든 아내와 아이 둘을 벗어놓고 오빠는 다시 서당 아이 시절의 한량으로 돌아가 큰 숨을 쉬고 있었다. 한가하게 시국을 관망하면서 사학을 공부할 학교를 찾고 있었다. 하지만 그런 세월은 오래 가지 않았다. 아버지 회사가 파산한 것이다. 오빠와 형부는 독립할 수밖에 없었다. 군산중학교에 자리가 나자 그 두 가족은 군산으로 내려갔다.

상처 그리고 6·25

1949년 겨울에 드디어 새언니가 돌아가셨다. 군산에 간 지 2년 만의 일이다. 그 2년 동안 언니는 날마다 죽음 쪽으로 다가가고 있었고, 드디어 겨울 추위를 못 견뎌서 눈을 감아버린 것이다. 중년 상처는 악담에 속한다는 말이 맞았다. 오빠의 남은 세월은 그것 때문에 두고두고 암담했다. 아이 둘을 가진 오빠는 사변이 나기 직전에 재혼했다. 그런데 결혼하고 일주일이 지나자 전쟁이 터졌다. 북에서 내려온 사람들은 좌파 정권이 오면 죽게 되어 있다. 그러니 피난을 가야 한다. 그런데 오빠는 집을 떠날 수 없다. 일주일밖에 안 된 새 신부에게 두 아이를 맡기고 떠날 수가 없었다. 아이러니하게도 그때 큰언니에게 아이 둘을 맡기고 안심하고 떠난 형부는, 피난 도중에 지리산에서 내려온 게릴라들에게 참살당하고, 죽을 각오를 하고 남은 오빠는 살아남았지만,

그 석 달은 문자 그대로 지옥이었다. 저녁마다 들판에 가서 모기에 뜯기며 곡식 밭에 숨어 밤을 보내야 했기 때문이다.

사람은 누구나 결혼하면 가정에 얽매이기 마련이지만 우리 오빠처럼 가정이 무거운 올가미인 사람은 많지 않다. 아내 때문에 해방 후에 죽을 각오를 하고 북에 남지 않을 수 없었듯이 6·25 때도 죽을 각오를 하고 가족 곁에 남지 않을 수 없었던 것이 그의 운명이었다. 새로 결혼한 언니는 가톨릭이라 산아제한을 안 해서 아이를 넷이나 더 낳아 오빠를 더 곤궁하게 만들었다. 대학 교수 월급으로 감당하기는 어려운 여건이 확고해진 것이다. 오빠는 그때부터 경제적 곤란에 시달리다가 벗어나지 못한 채 돌아가셨다. 거기에 피를 섞지 않은 모자간의 갈등이 곁들여졌다. 전북대학에 간 후에도 오빠는 방학마다 어미 없는 아이들을 데리고 홀아비처럼 고군산 열도를 헤매다녔다. 밖에서 돌아오다가 모자가 다투는 소리가 들리면, 오빠는 소주병을 들고 산에 가서 맨땅에서 자고 돌아오지 않았다. 그런 생활을 계속하면서 술만 늘어서 오빠는 사지로 걸어 들어가고 있었다. 아버지는 다시 재기하지 못했다. 우리 집이 엉망일 때여서, 지모신 같은 어머니도 그 아들을 도울 방법이 없었다.

1978년 《전북사학》 3집

전주와의 만남

전북대학 교수가 된 오빠는 그 고전적인 도시에서 안식을 얻었다. 경기전, 오목대, 전주천 같은 곳은 그의 휴식처였다. 방학마다 내려가는 나를 데리고 다니면서 한벽루, 다가산, 덕진 연못 같은 그 지방의 명소를 설명해주는 오빠의 음성에는 그 고장에 대한 사랑이 스며 있었다. 오빠가 살던 노송종 집 마루에 앉아 있으면 한옥만 즐비한 전주 시내가 보였다. 모시옷을 입고 옥비녀로 쪽을 찐 여인네들이 그제도 걸어 다니던 그 아름다운 분지. 그곳에 가면 전쟁의 피비린내를 잊을 수 있었다. 전주는 오빠의 제2의 고향이었다고 할 수 있다. 만약 사후에도 혼령이 남아 있다면 오빠는 지금도 전주에 가 계실 것이다. 휴일이면 인근의 명승지를 훨훨 날아 순례하다가, 주중이면 어김없이 덕진의 전북대 캠퍼스에 와 있을 것이고, 밤이 되면 단골 술집을 찾아가는 것도 잊지 않을 것이다.

　오빠의 건강이 나빠지기 시작하던 1969년 봄에 어머니는 비장한 결단을 내렸다. 오빠네를 서울에 이사시키며 주말만이라도 당신이 직접 오빠를 돌보려 했다. 그때 오빠네 형편은 말이 아니었다. 학생이 여섯이었다. 전처 자식들 때문에 경제권을 오빠가 쥐고 있어 사태는 더 악화하였다. 오빠는 규모 있게 살림하는 법을 모르는 기분파였기 때문이다. 주말이라야 오빠가 서울로 올라오시는데, 나도 주말이 바빠서 한동안 못 만나고 있었는데, 미국에 있는 조카에게서 편지가 왔다. 아버지가 암인 것 같으니 병원에 모시고 가달라는 것이다. 1973년의 일이다. 병원에 가서 폴라로이드로 촬영이 시작되었다. 대만 지도 같이 생긴 오빠의 간이 커다랗게 모니터에 나타났다. 바늘로 콕콕 찍은 것 같은 점이 오빠의 간 위에 나타나기 시작했다. 예리한 빛을 지닌 섬뜩한 그 점은 점점 영토를 넓혀갔다. 설명이 필요 없었다. 간의 3분의 2가 암 덩어리였다. 간은 4분의 1만 무사하면 제 기능을 다 하므로 더 퍼지지만 않으면 생명에는 지장이 없다고 의사가 말했다. 하지만 무슨 재주로 이미 임파선에까지 퍼져버린 암을 막는다는 말인가.

　오빠의 마지막 1년은 오빠와 내가 가장 자주 만난 기간이었다. 남편이 외국에 가 있어서 차가 자유로웠고, 오빠도 휴직해서 한가했기 때문이다. 그게 마지막 시간임을 알고 있는 내게 오빠와의 한 번, 한 번의 만남은 그렇게 소중할 수 없었다. 그 여름에 나는 오빠를 모시고 바다에 갔다. 집 짓는 중이어서 시간을 내기 힘든데 무리를 해서 바다에 간 것은, 오빠가 여름 내내 바다에서 살던 해동海童이었음을 알고 있었기 때문이다. 9월 14일이 우리 집 상량식이었다. 그날 오빠는 무리해서 찾아오시더니 죽음의 그늘이 내려 덮인 얼굴로 열심히 건너편 산을 가르치며 단풍이 들었다고 좋아하셨다. 아직 단풍들 시기가 아닌데 '죽음이 보이는 안경'을 쓰면 잠재해 있는 단풍 빛도 보이는 모양이다. 한 달 전에 언니에게서 들은 이야기가 문득 생각났다. 오빠가 약값을 다 들고 나가더니 등산 장비를 몽땅 사 오셨다는 것이다. 오빠는 그 무렵에 이상한 짓을 많이 하셨다. 『조선왕조실록』을 월부로 사기 시작했고, 다음 학기부터는 유명한 교수의 대학원 특강들도 듣겠다고 하셨다. 그게 오빠의 버킷 리스트였던 모양이다. 오빠는 사학과 교수의 필수 서적인 왕조실록을 팔아 큰 아이를 미국에 보냈고, 원하는 등산 장비도 사 보신 일이 없이 삶의 마지막을, 술로 자신을 죽이며 사셨다. 외삼촌이 돌아가시니 어머니가 "불쌍해라", "불쌍해라" 하며 우시던 생각이 났다. 재난의 시대에 태어나 한 번도 기죽을 펴고 살아보지 못한 그 삶을, 병든 아내와 어린아이들을 안고 허덕이던 그 참담한 시간을 나도 어머니처럼 그냥 "불쌍해라", "불쌍해라" 하면서 뵀다. 그런데 돌아가시고 시간이 많이 지나니 고맙게도 나비를 잡으러

다니던 서당 아이 시절의 오빠가 되살아났다. 기타를 치던 오빠, 섬을 향해 돌고래처럼 유연하게 헤엄쳐 나가던 오빠가.

  오빠의 회갑이 되는 해가 왔다. 전북대학에서 세미나를 열어 그 회갑을 기려주신다는 연락을 받았다. 정말 감사했다. 하지만 회갑이 된 오빠를 나는 상상할 수 없다. 스톱 모션에 걸린 것처럼 오빠는 50대의 중턱에서 늙는 일을 그만뒀다. 은행잎이 소복소복 땅으로 내려 쌓이던 4년 전 10월 31일. 그날에 내가 사랑하던 오빠는 늙는 일에서 해방된 것이다. 그건 죽은 자만이 누리는 특권이다.

            《전북사학》1978년 오빠 死甲기념호에 쓴 글

6

언니의 혼일婚日

비상시의 이력서

내가 심상소학교에 다니던 일제 시기에 이런 노래가 있었다.

지금은 비상시, 절약의 시대 / 파마넨트를 하지 맙시다.
뾰족구두 벗고서 게다를 신자 / 후방을 지키는 우리 모두들
국민정신 총동원

아마 일본 본토에서 부르라고 지은 노래였던 것 같다. 그때 내가 살았던 식민지 조선의 벽지에는 파마를 하거나 뾰족구두를 신은 여인은 없었기 때문이다. 파마나 하이힐이 사치품에 속한다고 하면 지금의 젊은 여성들은 코웃음을 칠지도 모른다. 하지만 설사 그것들이 사치품에 드는 게 확실하다 하더라도, 그 시절의 한국의 시골 여인들과는 상관이 없는 사항이었다. 우리 고장

의 여인들은 대부분이 쪽 찐 머리에 고무신을 신고 있어, 더 이상 절약할 품목이 없었기 때문이다. 하지만 통치자들은 그렇게 생각하지 않았다. 전세가 나날이 악화하여가자 그들은 우리에게서 가지가지의 절약할 종목을 찾아냈다. 사벨을 찬 일본 순경들은 고무신도 제대로 얻어 신지 못하는 시골 아낙네들도 가만 놓아두지 않았다. 그들은 절약할 물건을 찾는 데는 선수였다. 그들이 찾아낸 첫 항목은 옷이었다. 좋은 옷이 있어도 눈치가 보여서 마음대로 입을 수 없는 시기였는데, 그들은 기발하게도 옷고름을 절약의 대상으로 삼은 것이다. 옷감을 절약한다는 명목 아래 순사들이 가위를 들고 저고리 고름을 자르고 다니는 세월이 왔다. 고름을 자르려면 가슴을 한 손으로 눌러야 한다. 그 일을 이국 남자가 하다니 말이 안 된다. 성적 결벽증이 있는 한국 여자들은 질겁을 해서 고름을 스스로 없애는 쪽을 선택했다. 적삼처럼 헝겊으로 맺은 단추로 저고리의 섶을 맞물리게 만든 것이다.

서북 지방에서 쓰는 머리쓰개 역시 단속의 대상이었다. 그 지방에서는 여자들이 네모난 옷감을 접어 모자처럼 만들어 쓰는 풍습이 있다. 추운 지방이니 방한을 위한 것이겠지만, 춥지 않은 계절에도 명주나 융으로 접어 멋으로 쓰고 다니는 사람들이 있었다. 기생 같은 계층의 여인들이다. 심미적인 소설가 이태준은, 기생들이 쓰고 다니는 그 머리쓰개 패션을 사랑했다. 그런데 어느 날 북행열차를 타보니, 그것도 사라지고 없었다. 옷고름이나 머리쓰개 같은, 하찮은 것까지 사치품 취급을 할 정도로 아마 일본의 경제 여건이 각박했던 모양이다. 저고리에서 옷고름이 떨어져 나가고, 머리쓰개까지 종적을 감추는 현실 앞에서 이태준은 "서리를 밟으면 얼음이 올 것을 알아야 한다履霜堅氷至"는 경고를 담은 「패강냉浿江冷」(1938. 1.《삼천리문학》)이라는 소설을 썼다. 그의 예언은 맞았다. 그다음에는 치마를 입지 말고 몸뻬를 입으라는 지령이 내려졌기 때문이다. 옷감이 많이 들고 활동하기에 불편하다는 것이 이유였다. 그것은 권장이 아니라 강요였다. 식민지의 여인들은 그 명령에 따를 수밖에 없었다. 몸뻬 입기를 강요받은 것은 일본도 마찬가지였을 것이다. 하지만 몸뻬는 일본의 노동복이어서 그들은 전시가 아니라도 그것을 입고 일했다. 한국의 경우와 문제가 달랐다. 몸뻬는 우리 옷이 아니기 때문이다. 우리 개념으로 보면 몸뻬는 속옷에 불과하다. 쪽 찐 머리에 저고리를 입고 버선을 신고…… 거기까지는 순 한국식인데, 아래 옷만 몸뻬로 바뀌니 여인들의 몰골이 말이 아니다. 미학적인 것은 차치하고라도 우선 허리 부분의 처리가 난감했다. 아무리 저고리를 길게 입어도 허리에 걸치는 몸뻬와 길이가 짧은 저고리는 맞닿지 않으니 그 중간에서 맨살이 드러나거나 속옷이 삐져나온다. 속에 입을 러닝셔츠 같은 것도 사기 어려운 시대여서 문제 해결이 쉽지 않았다.

저고리의 고름과 머리쓰개는 하나의 상징이다. 저고리의 고름이 잘리듯이 남자들의 머리털도 잘려 민머리가 되어갔고, 그 밖의 모든 아름다운 것들이 차례차례 사라져갔다. 사랑에 놓여 있던 청동화로, 가장자리를 건드리면 징 같은 투명한 소리를 내던 놋대야, 밥상에 놓이면 금빛이 나던 놋주발과 대접, 수저 같은 것들이 공출의 대상이 되어갔다. 그러다가 이태준의 예언대로 곧 얼음이 어는 혹한의 계절이 닥쳐왔다. 다음에는 사람 공출이 시작되었기 때문이다. 젊은 남자들은 모조리 군에 징집되거나 징용에 뽑혀 갔다. 뒤에 남을 여자들은 전쟁터에 끌려가는 남자들을 위해 한복판에 '무운장구武運長久'라고 크게 쓴 네모난 큰 헝겊을 준비했다. 거기에 가는 붓 뒷꼭지 같은 것으로 인주를 찍어 천 개의 구멍을 만든다. 한 여자가 한 개씩 동그라미를 메꿔서 천 사람이 완성하는 어깨띠를 만드는 것이다. 그것을 '센닌바라千人針'라 불렀다. 천 명에 이르는 여자들의 정성을 담아 그 염력念力으로 총알을 막아보려는 일종의 부적이다.

한 사람이 한 땀씩밖에 점을 만들지 못하니, '武運長久' 넉자를 다 끝내려면 천 명의 여자가 필요하다. 인구가 적은 시골에서는 그걸 만들려면 일이 크다. 먼 데 있는 고을까지 원정을 다녀야 하기 때문이다. 하지만 싸움터에 가는 사랑하는 사람을 위해 여자들이 할 수 있는 일이 그것밖에 없었다. 그 점은 일본 여자들도 마찬가지여서 '센닌바리'는 그쪽에서 먼저 시작되었다. 붉은 점으로 글자를 이룬 '武運長久' 보자기를 접어 어깨에 묶고, 젊은이들은 전쟁터로 끌려간다. '갓테 구르조토 이사마시쿠(이기고 돌아오마고 씩씩하게)' 하는 군가를 부르면서 그들은 편도 가솔린밖에 안 넣은 비행기를 몰고 사지死地로 떠나는 것이다.

 군대에 갈 연령을 넘긴 남자들은 징용의 대상이 되었다. 문인들도 예외가 아니었다. 시국이 점점 각박해가니 사람들은 징용을 피하려고 별짓을 다 했다. 예민하여 겁이 많은 문인들은 징용을 피하려고 '북지위문단北支慰問團'이라는 것을 만들었다. 한국의 대표적인 문인들이 북만주에 주둔한 일본군을 위로하러 다니겠다는 일종의 자원봉사 신청이다. 건강이 너무나 나쁜 상태에서 북지 위문을 떠난 김동인은, 도중에 의식을 잃으며 심하게 앓는다. 그래서 염치를 무릅쓰고 힘들게 끼어든 위문단의 귀국 보고서를 쓰지 못했다. 징용을 감당할 체력이 없는 환자인 그는 그 일로 밉보일까 봐 전전긍긍하며 살았다. 해방되던 날에도 동인은 제발 북지에 다시 보내달라고 총독부에 가서 떼를 쓰고 있었다는 이야기가 전해지고 있다. 징용만 피할 수 있다면 그들은 못 할 일이 없었다. 그건 목숨이 걸린 문제였기 때문이다.

 그렇게 모양새를 구기면서 북지까지 갔다 왔고, 친일적인 글까지 쓰는데도, 자기가 주재하던 《文章》지까지 폐간을 당하자, 이태준은 생계를 위해 집에서 토끼를 기른다. 현진건이 닭을 기른 것과 비슷한 선택이다. 그런데 시간이 지나니 토끼에게 먹일 먹이를 구할 수가 없었다. 할 수 없이 가죽으로라도 팔려고 그의 아내는 이를 악물고 토끼를 도살하기 시작한다. 젊은 아내가 피범벅이 되어 헐떡이고 있는 참담한 형상을 본 이태준은, 모든 것을 버리고 낙향해버린다. 그렇게 남자들이 고난을 당하고 있던 시기에 여자들에게 닥친 재난은 정신대였다. 군대에 성병이 퍼지는 것을 두려워한 일본 군부는, 성 경험이 없는 식민지의 어린 소녀들에게 눈독을 들이기 시작한 것이다. 일본 사람들은 군가를 감성적으로 만드는 버릇이 있다. 유명한 문인들이 서정적인 가사를 쓰면, 엘레지처럼 애조 어린 곡조를 거기 붙인다. 그래서 일본 군가는 듣는 이를 감동시키는 호소력을 지닌다. 부르는 사람의 감성을 바닥에서부터 흔드는 마력을 가지고 있기 때문이다. 가미카제 특공대처럼 나라를 위해 자기 몸을 기꺼이 희생양으로 바치겠다고 자원하는 소년들이 나오는 것은 그런 군가 때문인 것 같다.

    목이 메어 한마디 말도 하지 못하며
    야스쿠니의 신사神社 문전에 꿇어엎드리면
    뜨거운 눈물이 솟아오르네
    맞다! 감사하는 그 마음이다!
    가지런히 가지런히 번져오는 그 정성이 나라 지킨다.

일본 소년들은 그런 경건한 노래를 부르며 죽으러 갔다. 자수부대의 노래는 그 여성형이다.

> 살아서 몸바침挺身은 우리들의 자랑
> 아아! 고전장古戰場의 아이! 자수부대刺繡部隊여!

나라를 위해 자기 한 몸 헌신하는 것을 자랑스럽게 선택할 소녀특공대용 선동 가요인 것이다. 정신대를 특공대처럼 승격시키면서 당사자들을 고취하기 위해 누군가가 거기에 '자수부대'라는 아름다운 이름까지 붙였다. 소녀들을 유인해다 군대를 위한 기지촌을 만들기 위해 '자수부대'의 감동적인 노래가 만들어졌다. 하지만 한국에는 그런 달콤한 노래에 속아 정신挺身을 자청할 소녀는 없었다. 그건 우리의 전쟁이 아니었고, 일본은 우리의 조국이 아니기 때문이다. 지원자가 전혀 없자 일본 당국은 술책을 썼다. 민간업자들을 풀어 공장에 취직하고 싶어 안달이 난 가난한 시골 소녀들을 유인했다. 끄나풀을 시켜 미리 돈을 집어 주고 공장에 취직시켜준다면서 새벽에 부모 몰래 몇시까지 어디로 나오라고 하면 일은 끝난다. 그 무렵의 시골 소녀들은 공장에 취직하고 싶어 환장을 한 상태였다. "일본 대판이 얼마나 좋기에 / 취직을 못 한 아가씨들 지랄을 하누나"라는 이상한 노래가 유행할 정도였다. 취직은 그들이 부모의 간섭과 가난과 주림에서 벗어날 유일한 탈출구였다.

그런 철부지 소녀들은 그들이 내주는 트럭에 타기만 하면 운명이 결정된다. 곧바로 북지로 끌려가 정신대가 되는 것이다. 소녀들이 보따리를 꾸려가지고 나가 행방이 묘연해지는 사건이 사방에서 벌어지자 딸을 가진 부모들이 공황 상태에 빠졌다. 일이 거기에서 끝나지 않으리라는 불길한 예감 때문이다. 머지않아 정신대를 강제로 모집할 것이라는 소문이 퍼졌다. 당황한 부모들은 갖가지 처방을 창안해냈다. 어떤 이는 학교에 자퇴서를 내게 하고 딸을 방 안에 가두어 두었다. 어떤 이는 딸의 이름을 호적에서 없애기 위해 사망신고를 하고 가짜 장례식을 치르는 극약 처방까지 썼다. 하지만 전쟁이 언제 끝날지도 모르는데 다 큰 여자애를 오래 숨겨두는 일은 불가능하다. 그래서 찾아낸 가장 보편적인 해결 방법이 결혼이었다. 기혼자는 숫처녀가 아니기 때문에 제외되기 때문이다. 다급해진 부모들은 어린 딸의 혼처를 찾느라고 허둥거렸다.

그런데 신랑감이 없다. 젊은이들을 군대로 싹 쓸어 갔으니 적령기의 남자가 있을 리 없다. 남아 있는 사람 중에는 성한 이가 거의 없다. 폐병 같은 불치병에 걸린 환자가 아니면 친일파의 끄나풀이거나 군수산업에 종사하는 공무원 정도였고, 그나마도 숫자가 아주 적었다. 그래서 남아 있는 남자들 값이 치솟았다. 딸을 가진 집에서는 달고 쓴 것을 가릴 여유가 없었기 때문이다.

박경리 선생도 그렇게 해서 조혼을 한 케이스라는 말을 들었다. 선을 본 신랑이 마음에 차지 않아서 시큰둥하게 대했는데, 다른 집에서 얼른 채 가려 하자 마음이 흔들려서, 얼결에 혼인을 결심했다는 것이다. 더구나 선생의 신랑 후보자는 염업鹽業관계의 전문 기술자였다. 조건이 좋았다. 그때는 군 복무를 면제받은 신랑감만 나타나면 딸을 가진 부모들은 모두 그렇게 환장을 하고 있었다. 1927년생인 우리 큰언니와 1929년생인 시댁 누님도 모두 정신대를 피하려 조혼을 했다. 학생들도 가만두지 않았다. 남녀 할 것 없이 모든 중·고등학교는 노무 동원의 대상이 되었다. 서울에 있던 언니들은 몇 해 동안 운모 쪼개는 일만 하다 소개해왔고, 소학교밖에 없는 우리 동네에서는 소학교 상급 학년 학생들이 바닷가 솔밭에서 솔뿌리를 캐는 작업을 하다 8·15를 맞았다. 우리 큰언니는 45년에 동덕여고 4학년이었는데, 영어 시간이 폐지되어 "stand up, sit down"밖에 배운 영어가 없었다. 1940년 2학기부터는 조선어도 가르치지 않았다. 식민지인 것만 해도 감당하기 어려운데, 전쟁까지 터진 것이다. 비상시가 선포되어서 해방될 때까지 끝나지 않았다.

해방과 함께 비상시도 절약 시대도 끝나는 줄 알고 마을에서는 연일 축제가 벌어졌다. 그러나 축제는 며칠 가지 않아서 끝이 났다. 어느 날 북에서 오는 화물차가 덜컹거리며 우리 고장에 불시착하더니 그 안에서 거인 같은 붉은 군대가 쏟아져 나왔기 때문이다. 매연에 절은 그 군인들은 약탈자였고 무법자였다. 소들은 통째로 구이가 되고, 여자들은 노소를 가리지 않고 폭행의 대상이 되었다. 곧 삼팔선이 그어져 나라가 두 동강이 나자 마을의 축제는 난장판으로 변했다. 주민 삼분의 일이 남행을 꾀하는, 끔찍한 엑소더스의 시기가 온 것이다. 북한이 지금 경제난에도 불구하고 견뎌 나가는 건, 그때 인구가 줄어들었기 때문일지도 모른다.

우리 집도 해방 후 석 달 만에 탈북한 피난민 중의 하나였다. 북쪽의 11월은 벌써 춥다. 그런 계절에 아무 데서나 한정 없이 멎어서는 기차 꼭대기에 10여 일을 매달려 있어야 하니, 설사 가지고 있다 해도 뾰족구두 같은 걸 신는 것은 불가능하다. 또다시 외양 같은 것에는 신경을 쓸 수 없는 삭막한 날들이 시작되었다. 솜을 두어 만든 두건과 외투 속에서 아이들은 두더지처럼 더러워져갔고, 매연과 걱정에 절은 어른들은 흑곰처럼 지저분하고 둔탁해 보였다. 목숨을 걸고 동두천까지 오니 이번에는 미군들이 피난민들에게 DDT 세례를 했다. 걸을 때마다 허연 가루가 부슬부슬 떨어지는 피난민들은, 때에 절은 설인들처럼 구지레하고 희화적인 몰골이 되어갔다.

그렇게 남루가 되어 입성한 서울에서 우리는 동생을 잃었다. 영양실조가 된 그를 서울 아이들은 "개뼉다귀"라고 부르며 놀려댔다. 어른이라고 다를 것이 없다. 50이 다 된 연세에 생활의 뿌리를 잃고 자식까지 잃은 부모님은 산송장과 흡사했고, 우리 형제는 숨아놓은 푸성귀처럼 활기를 잃어갔다. 하지만 우리의 비상시는 거기에서 끝나지 않았다. 6·25, 9·28, 1·4 후퇴 그리고 4·19와 5·16과 5·18, 10·26, 12·12…… 숨 돌릴 겨를도 없이 연속적으로 다가오는 비상시 속에서 우리 세대는 지금까지 살아왔다. 결혼한 지 30년이 넘은 우리 친구는 살림살이를 장만하고 싶다고만 하면 남편이 '지금이 어떤 시국인데 세간 장만할 생각을 하느냐'고 야단을 친다고 호소했다. 하도 속이 상해서 "세간 장만하기에 알맞은 세월이 내 생전에 올 것 같지 않으니"가 만둬달라고 화를 내고 돌아서니, 너무나 많이 겪은 비상시의 기억 때문에 다리가 떨리더란다. 미래를 설계하며 가구를 장만하기에 합당한 평화로운 시기가 우리에게는 거의 없었다. 어찌 우리 세대뿐이겠는가? 지난 4월에 있었던 아버지의 장례식장에서 고인의 약력을 읽는 소리를 들으면서 나는, 우리나라의 비상시는 단군 때부터 시작되어 앞으로도 영원히 계속되는 것이 아닌가 하는 의구심을 가졌다. 87세에 돌아가신 아버지 세대는 다섯 번의 전쟁을 겪으셨기 때문이다.

누군들 예외가 있겠는가? 이 땅에서 생명을 얻고, 이 땅에서 자라, 이 땅에서 살아온 사람들은 모두 재난 속에 살아온 욥들이다. 우리 민족이 아무리 용기 있고, 우리 민족이 아무리 강인하다 해도, 한반도의 머리 위에 널브러져 있는 그 엄청난 크기의 대륙을 정복할 힘은 가질 수는 없다. 거기에는 만주가 있고, 그 너머에 중국이 있고, 또 그 너머에는 몽골이 있고, 고비사막과 시베리아가 있다. 그래서 우리는 안보 제일주의의 긴장감 속에서 4천 년을 살아왔다. 자원도 없는 메마른 땅에서 수천 년간을 남침과 수탈에 시달리면서도 멸종하지 않고 용케 연명해온 것이다. 어떤 낭만파 시인은 자기가 가진 것은 눈물밖에 없다고 말한 일이 있지만 한국인의 재산은 무너져 내리는 하늘 밑에서 살아남은 그 수난의 역사밖에 가진 것이 없다.

1990년대 초

언니의 혼일婚日

류겐히고流言蜚語 1945년 8월 15일

"류 겐 히고! 류 겐 히고."

노래하듯이 박자에 맞춰 그 말을 되풀이하며, 나는 깨금발을 뛰기 시작했다. 한 발로 한 글자씩 두 번 뛰고 나서, 다음은 두 발을 모아 한꺼번에 땅을 디디면서 두 글자를 단번에 마무리한다. 사박자다. 한 번에 세 발짝씩이니까 박자가 맞는다. 처음으로 구구단을 외우던 날도 인적이 없는 하얀 신작로를 나는 이렇게 깨금발을 뛰면서 집으로 갔다. "니닝가 시, 니상가 로쿠(2곱하기 2는 4, 2곱하기 3은 6)" 노래하듯이 박자에 맞춰서 세 번씩 뛰면 기분이 좋아진다. 집으로 혼자서 가는 먼 길이 덜 아득하게 느껴지는 것이다.

집으로 가는 곳의 신작로新作路는 어른 키만큼 땅보다 높다. 그래서 일부러 만들어놓은 무대장치 같다. 왕모래로 다져진 그 정갈한 길에 8월의 햇빛이 암팡지게 쏟아진다. 말복 무렵의 기승스런 더위다. 밭 가운데 난 외줄기 길은 한여름의 마지막 더위에 까무러치듯 늘어져 있다. 길 위에는 개미 한 마리 없다. 세상이 다 비어 나 혼자 남겨진 것 같은 기분이다. 학질을 앓고 난 후여서 이따금 현기증이 난다. 땡볕에 반사되는 길이 흐물거리며 움직이는 것 같이 느껴진다. 그러면 집이 너무너무 멀게 생각되어 돌아갈 일이 막막하다. 없는 힘을 쥐어짜서 깨금발 놀이라도 해야 하는 것은 그 막막함을 이기려는 안간힘이다.

이 더위에 오늘도 아이들은 솔밭으로 동원되었다. 1945년 8월 15일. 2차대전이 막바지에 다다른 8월의 한복판이다. 장정들이 모두 싸움터에 끌려가서 봄부터 학교에서는 수업을 거의 하지 못했다. "국민정신 총동원"이라는 캠페인의 일환으로 모자라는 노동력을 보충하기 위해 동원되는 것이 모든 학교의 본업이 되었다. 초등학생들도 봐주지 않는다. 초등학교 6학년이던 우리는 그해에 별일을 다 했다. 모내기와 김매기, 논의 피 뽑기, 퇴비 만들기 등이 우리의 과업이었다. 그다음에 온 것이 반하초半夏草 캐기와 솔뿌리 파내기다. 어디에 쓰는 건지 몰라도 반하초 캐기는 그런대로 재미가 있다. '반하'라는 풀은 이름이 특이하다. 반만 여름이란다. 이름뿐 아니다. 생김새도 상식적이 아니다. 떡잎같이 생긴 잎새가 두 개 땅에 고개를 내밀고 있는 것이 전부다. 언제나 이쁜 연두색을 하고 있는 잎사귀는 딱 두 개밖에 나올 줄 모른다. 땅속에 묻혀 있는 줄기도 한줄기다. 콩나물 줄기같이 생긴 외줄 밑바닥에 콩나물 대가리를 닮은 하얀 열매가 하나 달랑 달려 있다. 매끈하고 정갈한 열매는 은행알처럼 빤질거려서 캐 보면 흙도 묻지 않았다. 귀티가 나는 식물이다. 그 풀은 새침데기다. 생긴 값을 하느라고 좀처럼 자태를 드러내지 않는다. 캐는 과정도 까다롭다. 섬세한 줄기를 다치지 않으려면 집중해야 한다. 열매는 더욱 다치면 안 된다. 보물 다루듯 조심하면서 살살 흙을 긁어내야 한다. 몇 시간 풀섶을 뒤져도 찾지 못할 만큼 보기 드문 풀인데, 못 찾으면 벌을 선다. 성하게 캐지 못해도 야단을 맞는다. 하지만 반하는 이쁘고, 반하 캐기는 잘하니까, 그것은 참을만하다. 체력을 요구하는 작업이 아니기 때문이다.

  솔뿌리 캐기는 아니다. 그건 반하 캐기와는 차원이 다른 중노동이다. 땅속의 뿌리는 아주 넉넉하고 깊게 자리 잡고 있어, 어지간한 장정들도 캐기 힘들다. 해변에 있는 오래된 방풍림의 거목 뿌리이기 때문이다. 나무는 목재로 쓸 수 있으니 나무 베기는 당국이 책임진다. 하지만 뿌리 캐기는 학생들 몫이다. 후방에 남아 있는 학생은, 병역 대상자가 못 되는 중·고등학생들이다. 그런데 우리 마을에는 중학교가 없으니 초등학생이 그 일을 하게 된 것이다. 벌마을 지나 공동묘지를 끼고 남쪽으로 가면 거기 솔밭이 있다. 나무들이 모두 육지를 향해 경배하는 자세로 기울어져 있는 적송赤松의 풍성한 방풍림이다. 송림 사이에 우연히 생긴 동그란 풀밭이 있다. 소나무가 둘러쳐져 있는 100평 정도의 공지다. 여름이면 우리는 거기에서 야외 수업을 한다. 해풍이 불어와 복중에도 눈이 번쩍 뜨이게 시원한 그 풀밭은, 사실상 우리 동네의 원형극장이다. 거기서 사람들은 화전놀이를 하고 씨름 대회도 연다. 공터 한편에 있는 큰 나무에 그네가 매여져 있어 단오절에는 추천鞦韆 대회도 거기서 열린다. 나무에 맨 그네를 타면 나무가 흔들리며 장단을 맞춰주어 그네 발이 잘 선다. 그래서 그네 타기는 나 같은 약골도 도전하게 만든다. 그네에 올라서면 끝없는 백사장 너머에 바다가 보인다. 눈이 아리게 파란 쪽빛 청정 해역이다.

알섬이 보이는 솔밭 앞 모래사장은 동네 사람들의 신성 공간이기도 하다. 정월대보름의 달맞이 놀이와 추석 놀이가 모두 거기서 벌어진다. 술꾼들이 도깨비불에 홀려서 그 언저리에서 실종되면, 무당이 백사장에서 굿을 한다. 춤을 추다가 꽹과리를 몰아치면서 무당은 날렵하게 작두 위에 올라선다. 건강한 수탉을 바다를 향해 힘껏 던지는 것이 그 굿의 클라이맥스다. 닭이 날아가는 방향이 시신이 있는 곳이라는 믿음이 있기 때문에 사람들은 숨을 죽이고 닭의 행방을 쫓는다. 학사대(고향에 있는 명소)에서부터 이어져 내려오는 이 장중한 솔밭 언저리는 이 고장 사람들에게는 축제 공간이기도 하다.

그 솔밭의 해묵은 소나무들이 지금 잘려나가고 있다. 전쟁이 막바지에 다다르자 비행기에 쓸 기름을 구하기가 어려워졌다. 다급해진 일본군은 휘발유 대용품으로 송근유松根油를 개발하는 계획을 세운다. 그래서 실험용으로 소나무의 수난이 시작된다. 우리 고장에서는 바닷가의 방풍림이 송근 캐기 장소로 지정되었다. 소나무가 그렇게 많이 있는 곳이 거기밖에 없기 때문이다. 나무는 장정들이 미리 베지만, 솔뿌리 캐는 일은 초등학생을 시킨다. 하지만 그건 초등학생들이 감당할 수 있는 작업이 아니다. 일본인들도 그쯤은 알고 있다. 성인 남자가 모두 끌려가고 없는데 솔뿌리를 캐라는 명령이 내려오니 할 수 없이 초등학생에게 그 일을 강요했다. 그 근처 나무들은 나이가 많아 뿌리가 너럭바위처럼 넓다. 봄부터 일주일에 몇 번씩 5, 6학년 학생들이 그 솔밭에 동원된다. 어른들이 톱으로 생나무를 잘라버려서, 끈적끈적한 송진이 피처럼 번져 나오는 그루터기에 매달려 초등학생들이 뿌리 캐기를 시도하는 것이다. 사방에서 개미 떼처럼 달라붙어 쪼개고 파고 하면서 소나무의 뿌리와 사투를 벌인다. 완강하게 사면으로 뻗은 솔뿌리는 굵은 쇠줄 같다. 도끼로 한두 번 내리쳐서는 꿈쩍도 하지 않는다. 여름 내내 대두박豆腐渣과 감자죽밖에 먹지 못한 아이들은 무거운 도끼를 드느라고 숨이 턱에 닿아 헉헉거린다. 나이 많은 학생들은 적어도 도끼를 다룰 줄은 아는데, 작은 아이들은 힘에 겨워 도끼를 서툰 솜씨로 휘두르다가 제 다리를 찍는 경우가 많다. 여기저기에서 비명이 들려온다. 어제도 옆집 유원이가 발가락이 세 개나 찍혀 나갔다. 그러나 야밤 삼경이 되더라도 맡은 책임량은 채워야 집에 갈 수 있다. 강제 노동 수용소와 다를 것이 없다. 죄수들이 초등학생이어서 문제는 더 심각하다.

 6학년에서 제일 키가 작고 나이도 어린 나는, 위까지 약해서 노상 현기증에 시달리는 약골이다. 제 몸도 제대로 가누지 못할 때가 많으니 도끼를 들고 솔뿌리를 캔다는 것은 엄두도 못낼 과업이다. 그래서 들러리만 섰는데도 금세 하루걸이(말라리아)에 걸려 오래 앓았다. 겨우 나아서 오래간만에 학교에 갔지만, 바닷가까지 걸어갈 기운이 없었다. 공의가 써준 진단서를 가지고 어머니가 학교에 가서 교섭을 했다. 할당량은 사람을 시켜 채워줄 테니 며칠만 더 작업 면제를 해달라는 부탁이다. 자기에게도 몸이 부실한 딸이 있는 교장이 크게 봐주어서 드디어 허락이 내려 나는 집으로 가고 있는 중이었다. 혼자 집 쪽으로 발을 내디디니 하얀 길이 너무나 아득해서 팔에 좁쌀 같은 잔 소름이 오소소 돋아났다.

 선을 두른 듯 신작로 길섶에는 잡초들이 돋아나 있다. 어디에선가 고추잠자리가 날아와 그 위에서 춤을 추기 시작한다. 서쪽 하늘에서 뉴유도우구모入道雲(뭉게구름의 일본어)가 피어오르는 청명한 8월, 그 아름다운 천지에서 나는 현기증이 나서 풀섶에 주저앉았다. 그때 동대천 너머에서 기적 소리가 들려왔다. 그 소리를 듣자, 건널목에 서 있다가 차에 빨려 들어가 죽은 도시카와 利川 교장의 다섯 살짜리 아들 생각이 났다. 건널목에는 귀신이 붙어 있어 아이들을 낚아챈다는 소문도 있었다. 무섭다. 기차가 지나갈 때까지 풀섶에 그대로 앉아 있기로 한다.

 심심해서 건널목 쪽을 바라보고 있으니 문득 무쇠 방망이 같은 교장의 다부진 모습이 떠올랐다. 그리고 조회 시간에 들은 '류우겐히고'라는 낱말이 생각났다. '輩'자가 생김새가 미웠지만, 그 말은 너무 어렵고 무거워서, 무언가 엄청난 것을 새로 배운 것 같은 느낌을 주었다. 나는 새로 만난 그 단어가 신기해서 털고 일어나 그 말을 외우면서 깨금발 뛰기를 시작했다. 조회 때 궁성요배宮城遙拜가 끝나고 '황국신민의 서사誓詞'를 외우고 나자, 교장은 '류우겐히고'라는 말로 그날의 훈시를 시작했다. 각반을 바짝 올리고 전투복을 입은 짤막한 도시카와 교장은 뱃속에서 우러나오는 저력 있는 목소리로 "류우겐히고"라 써 붙인 종이를 쳐들면서 그 말에 대하여 설명해나갔다. 실력으로는 도저히 대일본 제국을 이길 자신이 없어진 적[美英鬼畜]들이 다급해지니까 "러시아가 만주로 쳐들어갔다"라는 둥, "러시아 함대가 일본해로 남하하고 있다"라는 둥 당칙도 않은 '류우겐히고'를 퍼뜨리고 있다는 것이다. 그러니 절대로 현혹되어서는 안 된다고 엄명을 내렸다. 그 말을 들으니 공습경보가 났을 때 큰

언니가 땅에 납작 엎드리던 모습이 생각나서 나는 그만 '푹' 하고 웃고 말았다.

　나무 하나 없는 민둥산이 마을 뒤에 있다. 서울에서 공부하던 언니들이 소개해온 지 얼마 지나지 않아 바다 쪽에서 대포 소리가 들려왔다. 멀리서 어슴푸레하게 들려오는 소리였지만 마을에서는 난리가 났다. 전쟁이 시작된 지 5년이 되어도 적의 비행기도 구경하기 어려운 시골이니 대포 소리는 경천동지할 사건이었다. 그 자리에서 오빠네 식구는 외가로 보내졌고, 나머지 형제들은 민둥산을 넘어 산골로 피난을 갔다. 산비탈에는 콩이 심겨 있었다. 콩밭 가운데로 난 가는 단 길을 외줄로 서서 올라가고 있는데, 갑자기 요란한 경계경보 사이렌이 울렸다. 맨 앞에서 올라가던 큰언니가 땅바닥에 납작 엎드리더니 우리에게도 따라 하라는 신호를 보냈다. 비탈길에 엎드려서 고개만 돌리고 수선을 피우는 모양이 낮은 데서 보니 가관이다. 두 손을 벌려 엄지로는 귀를, 손바닥으로는 눈을 가렸다. 학교에서 배운 비상시의 수칙을 곧이곧대로 시행하는 것이다. 작은언니가 깔깔대기 시작하자 나도 허리를 잡고 웃었다. 구름 한 점 없는 하늘에 날씬한 비행운을 남기고 비행기는 사라진 지 오랜데, 언니는 일어날 생각을 하지 않았다. 우리 큰언니는 좀 겁이 많다. 언니가 이번 학기에 학교에서 배운 것은 아마 공습경보 대비훈련이 전부였을 것 같다. 여고생들도 근로 동원에 배당되었기 때문이다. 붕대를 만들거나 운모雲母를 쪼개느라고 언니들은 눈을 버리고 손끝에 옹이 생겼다. 큰언니는 고지식해서 어른들이 하라는 대로 한다. 학교에서도 마찬가지였을 것이다. 그래서 어른들에게 인기가 좋았다. 일을 척척 해치우는 유능한 아이가 말도 잘 듣기 때문이다. 어른들에게만 그러는 것이 아니다. 언니는 동생들이 무얼 부탁해도 싫다는 말을 한 일이 없다. 언니는 누구와 싸울 줄을 모른다. 누가 싸움을 걸면 언제나 무조건 손을 든다. 큰언니는 그런 타입이다. 덜렁대고, 착하고, 다정하고, 이쁘고…….

"미야꾼! 나제 와라운다!"

교장의 불호령이 떨어졌다. 덕택에 조회 후에 불려 가 오래 설교를 듣고 벌을 섰다. 하지만 내게는 뜻을 잘 모르는 대로 오늘 그에게서 새로 배운 '류우겐히고'라는 한자가 너무 대견스럽다. 어려운 한자로 되어 있고, 생전 처음 듣는 단어였기 때문에 호기심이 발동한 것이다. 그래서 철도 관사 뒤에 있는 연못 옆을 지날 때도 계속해서 그 말을 입속에서 되뇌었다. "빨리 가서 오빠한테 물어봐야지." 나는 어깨를 펴고 걸음을 재촉했다.

낯선 손님

숨이 턱에 닿아 집에 온 나는 막상 대문이 보이자 걸음을 멈추었다. 오른쪽 문기둥 옆에 웬 낯선 여자가 서 있었기 때문이다. 남치마에 하얀 노방 깨끼저고리를 입은 여자는 새색시처럼 젊었다. 말간 살결에 유난히 동그란 눈알이 머루처럼 까맸다. 콧마루 한가운데가 톡 삐져나온 매부리코였고, 머리는 히사시까미[庇髮]*를 하고 있었다. 나는 한참을 멍하니 서서 그 여자를 관찰했다. 그 세련된 여자는 우리 집에 올 손님 같아 보이지는 않았다. 여자는 내가 쳐다보는데도 눈 하나 깜짝하지 않고 조각처럼 꼿꼿하게 서 있다. 별난 여자도 있다는 생각을 하며 좀 머쓱해서 조심스레 그 옆을 지나 안으로 들어갔다. 윗방 댓돌 위에 남자 구두가 여러 켤레 놓여 있었다. 할 수 없이 정지 쪽으로 가려는데 덜미를 잡듯 요란스러운 웃음소리가 뒤에서 들려왔다. "악! 핫! 핫하!" 숨이 막힐 듯이 웃는 독특한 웃음이다. 거기 화답하듯이 여러 어른의 호방한 웃음소리가 이어졌다. 작은할아버지가 오신 것 같다. 나는 고개를 주억거리며 살금살금 걸어가 안방 정지문을 열었다. 널따란 방에 혼자 앉아 있던 작은언니가 얼른 입에 손가락을 갖다 댄다.

엄마를 찾아 뒷방 문을 열어본 나는 또 한 번 놀랐다. 토질에 걸려 누워 계시던 아버지가 말끔한 모시옷을 입고 아랫목에 기

---

* 긴 머리카락을 자른 후 비녀를 꽂지 않고 앞머리와 뒷머리를 둥글게 말아 올려 고정시킨 헤어스타일.

대앉으셨고, 새언니의 삼층장이 있는 윗목에 오빠와 어머니가 앉았는데, 웬일인지 여기는 모두 저기압이다. 어머니가 얼른 나가라는 손짓을 했다. 얼결에 문을 닫고 생각하니 도깨비에 홀린 기분이다. 바깥쪽에서는 웃음꽃이 만발했는데 안쪽은 또 왜 이리 침침하지?

 나를 보자 또 손가락을 입에 가져가는 작은언니한테 눈을 흘겨주고, 뒷문을 통해 유원네로 갔다. 어제 솔밭에서 발가락이 세 개나 잘려 나간 유원이는 그 몸으로 어디로 갔는지 집에 없었다. 웬 보따리들이 어수선하게 널려 있는 정지에 곰방대를 물고 혼자 앉아 있던 유원이 할머니가 나를 보자 반색을 한다. "넌 좋겠다." 할머니가 뚱딴지같은 소리를 한다. 두루 심기가 불편해서 들은 체도 않고 돌아서는데, 윗방에서 새언니 말소리가 들려왔다. 무심코 그 방 문을 연 나는 이번에는 경악했다. 벗어놓은 옷들이 널려 있는 방 안에 큰언니가 긴치마를 입고 돌아앉아 있는 것이다. 하얀 노방 깨끼적삼에 하늘색 바탕에 하얀 꽃무늬가 떠 있는 오빠르(여름 옷감) 치마가 화사하다. 버선을 신느라고 언니가 힘을 주기 시작한다. 옆에서 화장 도구들을 챙기고 있던 새언니가 땀방울이 송송 내밴 이마를 닦다가 나를 보더니 방그레 웃는다. 하지만 나는 지금 웃을 기분이 아니다. 버선목을 잡고 안간힘을 쓰고 있는 큰언니가 너무너무 낯설기 때문이다. 언니는 명절 때에도 가로 거친다고 한복을 잘 입지 않았다. 간편한 블라

우스 같은 걸 입고 쉬지 않고 움직이는 것이 언니의 늘 보던 모습이다. 언니는 가만히 있지 못하는 성격이다. 어제만 해도 언니는 동생들을 데리고 온종일 바다에 가서 놀았다. 동덕여고 졸업반인 큰언니는 수영 선수인 데다가 사이클도 잘 탄다. 우리 집에서 운동신경이 가장 발달한 딸이다. 그래서 활동적이다. 남학생들이 서울의 여고생들의 특성을 가지고 만든 노래가 있다. 거기에 보면 언니가 다니는 학교는 말괄량이로 묘사되어 있다. "도토쿠 무스메와 오텐바모노(동덕 아가씨는 말괄량이야)." 그 말이 딱 맞다. 동덕여고 학생답게 언니는 활동적인 '오텐바모노'다. 방학만 되면 언니는 우리와 함께 산과 들을 뛰어다닌다. 그런 언니가 갑자기 어른처럼 꼬리치마를 입고 있다니 해괴한 일이다. 뒤로 모아 묶은 머리를 슬며시 잡아당기더니 얼굴을 돌리는데, 놀랍게도 화장까지 하고 있다. 처음으로 화장을 한 큰언니는 막 피려고 하는 하얀 모란같이 풍성하고 우아했으며, 놀랄 만큼 이뻤다. 큰언니는 아버지를 닮아 키가 크고 체격이 늘씬하다. 여름내 물속에서 놀아도 피부가 언제나 하얗기만 한 이상한 아가씨. 언니는 아기자기하게 이쁘다기보다는 훤칠하고 잘생겼다. 두툼한 입술의 모질지 못한 선을 흐트러뜨리며 웃는 무장해제를 당한 병사 같은 언니를 보니, 까닭 없이 문간에서 본 낯선 여자의 야무지게 다문 입술 생각이 났다.

"너어 세이 시집으 가."

어느새 문을 열어 놓고, 유원이 할머니가 참견을 한다. "피이, 시집은 무슨……." 마음이 어수선했던 나는 입술을 삐쭉 내밀어 보이고 획 밖으로 나와 버렸다. 언니는 내년에 전문학교에 가기로 되어 있다. 그런데도 성격이 단순해서 걸핏하면 동생들과 매미를 잡으러 뛰어다닌다. 그런 철부지 같은 언니가 시집을 간다는 건 상상하기 어렵다. 그러면서도 웬일인지 뒤가 켕기기 시작한다. 무언가 불온한 일이 꾸며지고 있는 것 같은 분위기 때문이다. 최근에 이웃 마을에서 정신대 때문에 벼락 혼인이 이루어지고 있다는 말을 들은 생각이 난다. 문득 불길한 예감이 든다. 심란해서 정지에 들어가 작은언니 옆에 조용히 앉았다.

작은언니가 상황을 설명해주었다. 정신대에 대한 소문이 나돌자 부모님이 갑자기 언니를 시집보내는 수밖에 없겠다는 생각을 하기 시작했는데, 기다렸다는 듯이 혼담이 들어왔다는 것이다. 고모부가 가져온 혼담의 대상은 함흥고보 학생인데, 문벌이 번듯한 연안 이씨 집 맏아들이라 했다. 서울에서 작은할아버지가 오신다니까 어머니가 오시는 김에 신랑감을 좀 보고 오십사고 부탁을 드렸다. 그런데 성급한 어른이 신랑감이 마음에 든다고 덜컥 정혼을 하고, 약혼 절차를 밟으려고 사돈까지 모시고 온 것이다. 그 무렵에는 정신대 때문에 신랑감 품귀 현상이 일어나고 있었다. 적령기의 남자는 모두 군대에 끌려가서 신랑감이 없었다. 그런데 언니에게는 금방 신랑감이 나타났다. 폐가 좀 약한 것을 구실 삼아 뒤로 손을 써서 징집을 면한 사람이라는데, 모든 조건에 흠결이 없었다. 나이는 언니보다 한 살 위이고, 문벌도 좋은데 가세도 넉넉하다는 것이다. 상황이 급박한 판인데, 병역을 면제받은 신랑감이, 병색도 짙지 않고 인품도 마음에 드니, 작은할아버지가 서두르신 모양이다.

하지만 그건 우리 집에 내린 날벼락이었다. 말은 꺼냈지만 여기에서는 아직 부모도 당사자도 결혼을 할 마음의 준비가 되어 있지 않았다. 잠깐 결혼을 시켜볼까 하고 생각해본 정도였다. 나이가 어리기 때문이다. 그런데 신랑을 본 일이 없으니 약혼을 한다는 것은 상상을 할 수 없는 일이다. 아버지가 펄펄 뛰면서 반대를 하셨다.

작은할아버지는 별명이 '총독'이다. 일본 총독에게 사과를 받았다는 무용담을 가지고 계신 분이다. 우리 집에서는 그 어른의 말이 곧 법이었다. 그런데 아버지가 생전 처음으로 그 삼촌에게 거부권을 행사한 것이다. 한없이 유해 보이지만 아버지에게는 한번 '아니' 하면 칼이 목에 들어가도 눈 하나 깜빡이지 않는 강인한 면이 있다. 3·1운동 때도 감옥에서 끝까지 자백하지 않은 분이었다는 전력이 있으시다. 평생 남에게 성낸 얼굴을 보이는 일이 없는 무골호인인데, 그런 고집을 내장하고 계시다. 아버지가 일단 '아니' 하면 아무도 못 말린다는 것을 작은할아버지도 아신다. 그러니 일은 커졌다. 새 사돈 때문에 화를 낼 수도 없는 작은 할아버지는, 음식상을 차려 가면 손도 안 대면서 애매한 어머니만 볶으셨다. 얼른 언니를 데려다 사돈어른께 절을 시키라고 할아버지는 압력을 넣고, 아버지는 요지부동이니 어머니의 입장이 난처했다.

   만딸인 큰언니는 아버지에게는 너무나 소중한 존재였다. 오빠를 낳은 후 10년간 아이를 계속 잃다가 겨우 건진 귀한 딸이다. 이쁘고, 건강하고, 유순한 복덩이. 우리 집 어른들은 그 후에 낳은 아이들이 잘 자라는 공을 모두 언니에게 돌렸다. 큰언니는 불운을 막는 마스코트였던 것이다. 사실 언니는 온 집안의 복덩이였다. 맏딸은 살림 밑천이라는 말을 언니처럼 실감 나게 실천하는 사람도 없을 것 같다. 언니는 우리들의 작은 엄마였다. 동생들을 씻기고 먹이고 가다듬는 언니의 손은 정말 복손이다. 아버지는, 그런 만딸을 맏아들 못지않게 사랑했다. 세상의 모든 아버지처럼 우리 아버지도 첫딸에게 완전히 홀려 있는 딸바보였다. 그래서 초등학교 때부터 유학을 시키며 길렀다. 그런 딸을 보지도 못한 신랑에게 허혼한다는 것은 있을 수 없는 일이다.

   화를 내는 아버지를 보니 나는 비로소 마음이 좀 진정되었다. 언니의 결혼은 내게는 불상사로 여겨졌기 때문이다. 언니는 내가 세상에서 만난 제일 편안한 사람이다. 언니는 내가 요구하는 것은 뭐든 다 들어주는 고마운 존재다. 늘 새로운 지식을 전해주는 전령이었고, 재미있는 소설 이야기를 들려주는 전기수傳奇叟. 아버지가 서울에서 보내는 새 책이나 새 옷은 모두 언니를 통해서 내게로 온다.《소년구락부》같은 요긴한 잡지를 다달이 보내주는 것도 언니다. 손을 뻗으면 늘 거기 따뜻하고 이쁜 언니가 있다. 큰언니는 스승이고, 친구고, 엄마고, 보모다. 그런 언니를 재고품 떨이하듯이 함부로 남의 집에 내주는 일을 나는 절대로 용납할 수 없었다.

종내 말 한마디 없는 아버지 앞에서 오빠와 어머니가 손이 발이 되게 빌고 있었다. 엄마도 아버지와 의견이 같지만, 탐내던 신부를 놓칠까 봐 사돈 될 영감님이 직접 오셨으니 사태를 수습하지 않을 수 없는 입장이다. 엄마와 오빠는 작은할아버지가 어떤 분인데 미흡한 사람에게 허혼했겠는가 하고 아버지를 설득했다. 중매를 선 고모부가, 병역 문제 때문에 순경들이 무서워 신랑을 못 데리고 왔다는 것을 누누이 설명하고……. 그렇게 법석을 떨어 겨우 아버지 허락을 받아내는 데 성공했다.

잔치가 벌어진 것은 오후 두 시였다. 백모란같이 훤칠한 큰언니가 들어와 시아버지 될 어른께 절을 했다. 마당에 버려진 듯이 서 있던 젊은 여인(신랑의 누나)도 방으로 모셔졌다. 애주가인 사돈어른은 며느릿감이 너무너무 마음에 드셔서, 숨 막히듯이 "악! 핫! 핫!" 하는 요란한 웃음을 연거푸 쏟아내셨다. 어머니는 그 웃음을 '오활傲活하다'는 어려운 말로 표현하셨다. 그건 갑작스러운 약혼에 놀란 가슴을 진정시키기 위한 주문 같은 단어였다. 잔치는 끝났다. 낯선 손님들은 네 시 차로 돌아갔다.

해방

 일본이 항복했다는 소식을 들은 것은 하필이면 약혼 손님들이 떠난 지 딱 1시간쯤 지난 후였다. 구장 영감이 읍에 갔다가 라디오 방송을 듣고 온 것이다. 역부가 단천端川 역에 전화해서 사실을 확인했다. 소문은 정거장을 중심으로 파문처럼 퍼져나갔다. 성냥이 귀해져서 부싯돌이 다시 쓰이던 시절, 오빠가 가끔 작은 언니가 수놓아 만든 명품 쌈지를 자랑하러 나가 앉아 있던 역전 광장으로 사람들이 밀물처럼 몰려들었다. 광장이 가득 찰 무렵에는 어느새 뉘엿뉘엿 땅거미가 일기 시작했다. 하얀 왕모래로 뒤덮인 역전 광장 한구석에서 해당화가 아릿한 향기를 발산하고 있었다. 시간이 갈수록 광장은 점점 더 시끄러워졌다. 온갖 구구한 의견이 두서없이 쏟아져나왔다. 남정네들은 둘러앉아 토론을 시작했다. 하지만, 사태가 엄청난데 구체적인 정보는 없으니 쓸 만한 의견이 나오지 않았다. 박나비와 반딧불을 쫓는 조무래기들 뒤를 강아지들이 꼬리를 치며 뛰어다녔다. 아낙네들은 방앗간에 불을 밝히고, 숨겨두었던 쌀을 꺼내 떡을 만들었다.
 그 밤은 어유魚油 등잔에 기름을 여러 번 갈아가며 온 동네가 깨어 있었다. 젊은이들은 우리 집에 모여 태극기를 그리고 애국가를 베꼈다. 나도 거기 동참했다. 오빠한테서 배워 한글을 제대로 쓸 줄 알았기 때문이다. 그 밤 나는 고색이 창연한 옛날 애국가를 4절까지 다 외워버렸다. 그리고 후렴을 쓰고 또 썼다.

　　무궁화하ㅏ 삼천리
　　화려한 강산
　　조선 사람 조선으로
　　길이 보존하세

어른들은 구장 집에서 밤이 새도록 술잔을 기울였다. 시중에 바쁜 아낙들이 치맛바람을 일으키며 들락거리는 서슬에 놀라 깬 강아지들이 사방에서 짖어대고, 까닭도 모르면서 이리 뛰고 저리 뛰고 하던 아이들은 지쳐서 아무 데서나 쓰러져 잠들었다. 이튿날 학교에서는 기념식이 열렸다. 어제 '류우겐히고' 훈화를 하던 도시카와 교장은 본가로 피신했고, 아들 둘을 군대에 빼앗긴 유원네 집에서는 때아닌 곡성이 터졌다. 하지만 사람들은 어디서 났는지 시계의 위치가 제가끔 다른 태극기를 손에 들고 오리, 십 리 길을 멀다 않고 학교로, 학교로 모여들었다. 운동장 둘레에 심은 산울타리 너머까지 사람이 빼곡히 들어찼다. 만세를 외치고는 애국가를 부르고, 또 만세를 외치고는 애국가를 다시 부르고…… 사람들은 벅찬 감정을 표현할 방법을 몰라서 한나절을 두고 그 짓만 되풀이했다. 그러더니 드디어 줄을 서서 행진을 시작했다. 맨 앞에 남정네들이 서고, 소학교 아이들과 아낙들이 후미를 장식했다. 아이 어른이 모두 태극기를 흔들었다. 산과 들이 온통 깃발로 용트림을 하고 있었다. 좁은 길을 메운 인파 속에서 나는, 싱가포르 함락 때 '히노마루[日章旗]'가 그려진 일본 국기를 흔들면서 이 길을 걷던 친일파 교장의 의기양양하던 얼굴을 떠올리고 있었다. 이윽고 주재소가 나타났다. 사람들은 기를 쓰며 그 앞에 버티고 서서 더 큰 소리로 만세를 불러댔다. 예고 없이 아무 때나 호루라기 소리가 나고, 칼 소리가 요란하던 주재소는 죽음의 집처럼 인기척이 없었다. 일행이 다시 움직이기 시작했을 때, 안채 방문이 빠끔히 열리는 것 같더니 경련을 하듯이 도로 닫혔다. 그 틈으로 해사한 이시다 부인의 모습이 살짝 보이는 것 같았다.

"무르자고 할 수도 없고……."

그날 밤 심한 갈증에 잠이 깬 나는 맞은편 벽에서 흔들리는 두 개의 커다란 그림자를 보고 기겁을 했다. 목이 꽉 잠긴 아버지의 목소리가 들려오자 비로소 막혔던 숨이 쉬어졌다. 어유 등잔이 그제부터 켜져 있던 방에 어머니와 아버지가 앉아 계셨다.

"다아 지 팔자겠지만……. 글쎄 두 시간만 참으면 되는걸…….."

어머니가 가슴을 꽝꽝 두드린다. 타들어가는 심지를 돋우는 어머니 얼굴에 눈물이 흥건하다. 나는 잠을 금방 깼을 때보다 더 가슴이 답답해서 갈증도 잊고 이불 속에 얼굴을 묻어버렸다.
　학도징용에 끌려갔던 오빠가 전신 신경통에 걸려 집에 실려 온 건 지난겨울 눈보라가 휘몰아치던 날이다. 오빠가 전문학교 2학년이던 1943년에 학도병 소동이 일어졌다. 군인이 모자라니 학생들을 징집할 결정이 내려진 것이다. 어머니가 식사를 못 하고 노심초사하는 세월이 이어졌다. 11월경에 오밤중에 불쑥 아버지가 나타나셨다. 아버지는 오빠를 만주로 도망시켰다는 소식만 전하고 되짚어 상행 열차를 타셨다. 미행하는 형사에게 들키면 안 되기 때문이다. 그날부터 날마다 북행열차만 보면 어머니는 흐느껴 우셨지만, 오빠가 서울을 떠났으니 식구들은 한숨 돌리고 있었다. 그런데 달이 바뀌자, 오빠의 두꺼운 속옷과 솜이불을 가지고 급히 상경하라는 전보가 왔다. 얼굴이 사색이 되어 서울로 올라가는 어머니는 핫바지 같은 몸뻬를 입고 있었다. 뜯으면 다시 치마가 될 수 있게 가위질을 하지 않고 만든 엄마의 몸뻬는 보기 흉했다. 하지만 그 몸뻬에는 언젠가 도로 치마로 바뀔 세월이 오리라는 믿음이 숨겨져 있었다. 그런데 엄마가 가지고 온 소식은 희망적인 것이 아니었다. 귀국한 오빠가 오자마자 붙잡혀 학도징용에 끌려갔다는 것이다. 학병을 기피한 사람들을 혼내기 위해 만든 학도징용은 '응징 징용懲懲徵用'이었다. 가혹한 중노동을 시켜, 거기 끌려가면 뼈도 못 추린다는 소문이 돌았다. 그래도 그편이 났다고 어머니는 생각했다. 일선에 끌려가면 총받이가 될 수밖에 없는데, 징용은 죽을 확률이 훨씬 적기 때문이다.

마른반찬과 엿, 미숫가루 등을 꾸려서 어머니가 주말마다 오빠를 만나러 갈마반도로 갔다. 거기 있는 제8철도요鐵道療가 오빠의 숙소였고, 제철 공장이 그의 일터였다. 1년이 넘는 중노동의 시간이 지난 후 오빠는 들것에 실려 집으로 돌아왔다. 아버지가 가산을 탕진하며 백방으로 손을 써서 겨우 오빠의 병든 몸을 돌려받았다. 오빠는 수숫대같이 말랐고, 몸 전체가 볼품없이 거무죽죽했다. 매를 맞아가며 중노동을 하고, 찬 데서 자서 전신 신경통에 걸린 것이다. 통증이 말도 못 하게 심했다. 보행도 어려웠다. 부축을 받고도 기다시피 걷는 오빠의 몸 여기저기에서 관절들이 꽈리처럼 부풀어 올랐다.

병원도 없는 마을이라 어머니의 자가 치료가 시작되었다. 날마다 병아리를 고아 바치고, 물 좋은 생선을 대령하여 보신을 시키는 것이 첫 순서였다. 다음은 핏쌀 찜질이다. 껍질째 말린 핏쌀 알갱이를 훑어서 큰 가마에 잔뜩 넣고 종일 볶아댔다. 20센티 넓이의 긴 베주머니에 뜨거운 핏쌀을 담아 24시간 교대하며 찜질하는 것이 어머니의 처방이다. 그러자니 오빠는 정지 한복판에 누워 있어야 한다. 그곳은 식구들의 공용 공간이니 가족들은 여러모로 불편했다. 하지만 날이 풀린 데다가 종일 불을 때는 뜨끈뜨끈한 구들도 찜질 효과를 나타내서, 넉 달이 지나니 효험이 나타났다. 통증도 기세가 많이 죽고, 관절의 부기도 좀 내려서, 거동이 조금씩 편해졌다. 날이 풀린 것도 도움이 된 것 같았다. 그런데 어머니의 얼굴에는 전보다 더 짙은 긴장감이 감돌았다. 차도가 있다는 것은 병 못지않게 겁나는 일이다. 순경에게 들키면 다시 끌려가야 하기 때문이다.

　오빠가 집에 오자 어머니는 주재소의 이시다石田 소장을 무서워하기 시작했다. '돌밭石田'이라는 별명을 가진 그는 우리 동네의 염라대왕이다. 오빠의 병세가 나아지는 기미가 보이자 어머니의 '돌밭' 공포증은 절정에 달했다. 호랑이도 무서워하지 않는 여장부인 우리 어머니는 아들을 지키기 위해 그 조그마한 왜경에게 무조건 항복을 했다. 집안의 귀중품들이 주재소에 끊임없이 흘러 들어갔다. 대대로 물려받은 청동화로와 놋그릇 같은 것도 마찬가지다. 공출 명령이 떨어지기가 무섭게 어머니는 군납軍納할 물건들을 손수 주재소로 이어 날랐다. 숟가락 하나 남기지 않고 자진해서 공출을 한 것이다. 퇴비도 할당량 보다 많이 바쳤으며, 부역도 제일 먼저 나섰다. 그뿐 아니다. 사흘이 멀다 하고 떡과 엿과 김치를 진상하여 젊은 소장부인의 비위를 받들었다. 그러면서 오빠에게는 늘 무서운 얼굴을 하며 병신 짓을 강요했다. 안 아파도 곧게 서서 걷지 말라는 엄명이 내려졌다. 심심함을 못 견딘 오빠가 거리에 잠시라도 나가면 어머니는 얼굴이 노래가지고 따라다니면서 다리를 더 절룩거리라고 성화를 댔다. 오빠가 축음기나 기타를 만지려 하면 난리가 났다. 외딴집이었던 성안집과는 달리 어머니가 새집은 길가에 있어 안의 동정이 그대로 노출되기 때문이다. 귓불만 만지며 사는 불안한 세월이 계속되었다.

그 와중에 아버지가 토질土疾에 걸려 피를 토하며 돌아오셨다. 작은댁과 천렵을 가셨다가 가재를 날로 잡순 것이 동티가 났다는 것이다. 우리 아버지는 이쁘게 차려입은 여자를 데리고 세상이 좁다고 휘젓고 다니는 한량이시지만, 병만 나면 곧장 어머니에게 돌아오는 이상한 습관이 있으셨다. 병원도 읍내에 가야 있는 시골로 오시는 것은 어머니의 지혜로움과 헌신에 대한 믿음 때문이다. 오빠는 계속 찜질 요법을 해야 하니 온 집안이 한여름에도 후끈후끈 달아 있는데, 날은 점점 더워져가고, 아버지는 피 거품을 한 대야씩 쏟아내셔서 읍에서 공의가 날마다 왕진을 오는 형편이라 온 집안이 북새통이었다. 그런데 엎친 데 덮친 격으로 서울에 소개령이 내려져 언니들까지 모두 돌아왔다. 집을 새로 짓느라고 남의 손에 맡긴 농사는 공출을 하고 나면 남는 것이 없는데, 부양가족은 배로 늘어났고, 중환자만 둘이나 된다. 어머니의 여윈 등에 짐이 곱빼기로 쌓이고 있었다. 그런데도 어머니의 표정에는 늘 충만한 그 무엇이 서려 있었다. 아버지가 여자를 버리고 돌아왔기 때문이다. 그 살벌한 여름에 생전 처음으로 어머니가 지은 새집에 식구가 다 모였다. 아버지까지 온 가족이 다 모여 산 것은 그때가 처음이자 마지막이었다. 오빠와 아버지의 병세도 조금씩 호전되셨다. 그 재난의 세월 속에, 다시는 오지 못할 축복이 숨겨져 있었다. 하지만 그건 재앙과 등을 맞대고 있는 축복이었다.

열아홉 살 된 큰언니의 혼인을 생각하기 시작한 것은 초복 무렵이었다. 정신대의 풍문이 점점 더 흉흉해졌기 때문이다. 아버지와 오빠 때문에 수시로 순사가 드나드니 언제 무슨 일이 일어날지 예측할 수 없어, 궁여지책으로 결혼까지 생각하게 됐다. 기다렸다는 듯이 고모부가 혼담을 가져왔다. 다른 조건은 다 귀에 들어오지 않고, 신랑이 군대에 걸리지 않는다는 말만 솔깃했다. 병자나 불구가 아니면 병역을 모면할 수 없는 상황이었기 때문에, 단 것, 쓴 것 가릴 처지가 아니었다. 작은할아버지가 서울에서 다니러 오신다니까 신랑이나 한번 보시고 의논해보자고 한 것은 그 때문인데, 일이 이렇게 요상하게 진행된 것이다. 사돈될 영감님 웃음소리가 오활하다며 그날도 어머니는 억지로 마음을 가라앉히려고 안간힘을 쓰셨다. 정신대 문제가 없어졌으니 이제는 결혼시킬 이유 자체가 없어졌기 때문이다. 그렇다고 시댁에서 그렇게 흡족해하는데, 어른을 모시고 한 결정을 뒤집자고 이쪽에서 말을 꺼낼 수는 없는 것이다. 그래서 부모님이 할 수 있는 일은 밤새 한숨을 쉬고 가슴을 두드리는 것밖에 없었다.

그런 비탄의 세월이 하필이면 해방의 기쁨과 유착되어 있었다. 평생 형사를 달고 산 아버지, 이제는 아프지 않을 때는 절룩거릴 필요가 없어진 오빠, 정신대에서 해방된 큰언니, 운모 가르기와 솔뿌리 캐기에서 해방된 작은언니와 나…… 모두 대박이 터진 셈이다. 그런데 36년간의 식민지 생활에서 벗어난 기쁨이 언니의 약혼 때문에 몽땅 탄식으로 바뀌어버렸다. 마치 그 재앙을 벗어나기 위해 우리가 큰언니를 제물로 바친 것처럼 식구들의 마음은 참담했다.

"못 무르기는…… 차가 안 댕겨 이제는 작은할아버지도 오지 못하시는데…… 물러요. 물러!"

나는 뒤집어쓴 이불 속에서 몇 번이나 주먹을 부르쥐고 속으로 외쳐댔다.

일본 피난민, 그리고 마우재

러시아 병정들이 처음 마을에 나타난 것은 일본 피난민의 행렬이 주재소 앞 신작로를 끝없이 메우고 난 직후였다. 학교도 쉬던 때라 그 무렵에 우리는 피난민 구경을 일로 삼았다. 남자들은 모두 소련군에 잡혀가고 아녀자들만 떼 지어 걸어가는 일본인 피난 행렬은 한마디로 지옥도였다. 만주에서부터 걸어오는 그들은 남루한 옷차림을 하고 있었고, 세수도 제대로 못 해서 몰골이 말이 아니었다. 배가 너무 고파서 밭의 콩을 날로 뜯어 먹은 여인들은 걸어가면서 설사를 했다. 짐 위에 얹은 아이 때문에 몸을 굽힐 수 없는 데다가 길에 사람이 꽉 차서 운신할 수도 없으니 소변도 그렇게 처리되었다. 염소나 소처럼 걸어가면서 대소변을 흘리는 여인들은 수치심으로 얼굴이 구겨졌다. 길에서 아이를 낳다가 죽는 여인도 있었다. 아이들 보는 앞에서 소련군에게 겁탈을 당하는 여인들도 많다고 했다. 부모를 잃고 아귀같이 울어대며 논밭 사이를 헤매는 아이들, 허리가 꼬부라졌는데 등짐에 눌려 허덕이는 노인들……. 전쟁은 아녀자와 노약자들에게 그런 가혹한 형벌을 남긴다. 엊그제까지만 해도 저들은 선녀같이 차려입고 침략자의 가족으로 위세를 부렸던 사람들이다. 하지만 그런 것도 우리에게는 풍문에 지나지 않았다. 우리 동네에는 일본 여인이 이시다 부인밖에 없었기 때문이다. 그런데 그녀는 거의 나다니는 일이 없어서, 우리는 기모노를 입은 여인을 볼 기회가 거의 없었다. 그런 판에 기모노를 입은 여인들이 길을 메우니 아이들에게는 좋은 구경거리일 수밖에 없었다. 그건 참으로 희한한 구경거리였다. 하지만 즐거운 구경거리는 아니었다. 그들은 너무 더러웠고, 너무 배고파 보여, 그저 불쌍하기만 했다. 그래서 우리 동네에서는 그들에게 돌을 던지거나 욕을 하는 사람이 거의 없었다. 교인들이 성미로 죽을 쒀서 요기를 시킬 정도로 그들은 연민을 자아내는 집단이었다.

일본 피난민이 줄어들자 로스케가 나타났다. 로스케들은 어느 날 소나기처럼 예고 없이 들이닥쳤다. 군용열차가 고장이 나서 불시착을 한 것이다. 로스케 혹은 마우재*라 불리는 소련인의 출현은 시골 마을을 발칵 뒤집어놓았다. 우리 마을에는 백인종이 들어와 본 일이 없기 때문이다. 그래서 그들은 우선 동네 사람들의 호기심을 자극했다. 그즈음에는 기차가 오는 일이 드물어서 기차가 오는 것 자체가 큰 사건이었다. 그날도 검은 연기를 뿜는 화물열차가 쌍암双岩굴에서 빠져나오는 것이 보이자 동생과 나는 신이 나서 역으로 달려갔다. 승객이 없는 역은 우리들의 놀이터였다. 개찰구 문에 올라타고 문짝을 부산하게 여닫으면서 우리는 기차를 향해 마구 손을 흔들었다. 그 무렵에 어쩌다 나타나는 기차는 모두 화물차였다. 그 안에는 러시아 군인들이 타고 있다는데, 우리 고장에서는 머무는 법이 없었다. 그들은 늘 스쳐 지나가는 바람에 불과했다. 그런데 으레 스쳐 갈 줄 알았던 기차가 그날은 갑자기 덜컹하고 서버렸다. 기차가 서자 짐차의 문이 일제히 가로로 열렸다. 컴컴한 차 칸에서 까맣게 그을린 얼굴들

---

*   馬牛子. 러시아 사람을 얕잡아 부르던 말.

이 나타났다. 석탄을 때는 기차여서 그을린 더께로 앉은 얼굴들은 한결같이 시커먼데, 덩치가 엄청 크니 괴물 같았다. 넋을 잃고 그들을 보고 있는데, 뒤쪽에서 "마우재다!", "마우재!" 하는 어른들의 고함 소리가 들려왔다. 돌아보니 집집에서 문을 박차며 사람들이 몰려나오고 있었다. 사람들로 역전 광장이 금세 메워졌다. "아! 저게 마우재구나!" 가슴이 뿌듯하게 차 올라왔다. 그건 내가 처음 보는 이방인이었다. 역으로 몰려온 사람들은 호기심으로 눈을 반짝이며 그들을 보려고 법석을 떨었다. 노인도 아낙네도 모두 나와 있었다. 갓 시집온 장손네 아주머니까지 뒤에서 궁싯거릴 정도로 마을 전체가 흥분했다. 그들은 우리 마을에 나타난 최초의 코쟁이였던 것이다. 갑자기 누군가가 소리쳤다.

"마우재가 내려온다! 여자들을 숨겨라!"

남정네들의 고함 소리가 들려오자 역전 광장은 삽시간에 공포의 도가니로 바뀌었다. 사람들이 밀물처럼 마을 쪽을 향해 달리기 시작했다. 제가끔 자기 식구 이름을 부르며 허둥대는 사람들은 모두 겁에 질려 발을 헛놓았다. '마우재'라 불리는 소련 군인은 평판이 좋지 않았기 때문이다. 화물차에 탔던 군인들이 일제히 땅에 내려서는 것이 보였다. 수십 명의 마우재가 마을을 향해 걸어오기 시작했다. 질겁을 한 동생과 나는 집을 향해 정신없이 뛰어갔다.

"여자들은 우리 집으로 가라!"

어머니의 고함 소리가 뒤에서 들려왔다. 사방에서 들려오던 비명이 외곬으로 모였다. 다급해진 젊은 여인들이 샛길을 통해 우리 집 뒤란으로 모여들고 있었다. 마루에 서 계시던 아버지가 그들에게 다락으로 올라가라고 손짓을 하셨다. 하지만 그들이 이동하기 전에 군인들이 들이닥치게 생겼다. 여자들은 꼼짝없이 뒤란에 갇혔다. 아버지를 보니 소련군에 대한 막연한 두려움이 가라앉았다. 늘 외지에 사셔서 손님처럼 서먹하던 아버지를 이때처럼 든든하게 느껴본 일이 없었다. 재난에서 구해줄 사람으로 아버지를 생각해본 것은 그때가 처음이었다. 키가 큰 아버지가 마루 끝에 서 계시니 부피가 엄청나 보였다. 오래 병석에 누워 계셔서 피부가 백인같이 하얘진 아버지는, 하얀 모시옷까지 입고 계시니 신선 같은 카리스마를 발산하고 있었다. 신중하고 담대하면서도 온화한 카리스마다.

역전 광장을 올려다보니 두레박에 도르래가 달려 있는 우물에 로스케들이 새까맣게 몰려 있었다. 더러는 물을 마시고 더러는 세수를 한다. 그 축에 못 낀 군인들이 정열이네 뒤란을 거쳐 우리 집 앞문 쪽으로 내려오고 있다. 뒷짐을 지고 섰던 아버지 손이 슬그머니 내게로 뻗어왔다. 여자 손처럼 매끈하면서도 큼직한 아버지의 손에서 시계가 내 손으로 옮겨졌다. "마우재들은 시계만 보면 환장한다. 니가 감춰라." 아버지가 머리를 쓰다듬으면서 말씀하셨다. 나는 시계를 얼른 몸뻬 주머니에 집어넣었다.

너덜너덜하게 해진 갈색 바지에 각반을 치고 카키색 낡은 윗도리를 걸친 마우재가 아버지 앞으로 다가오더니 물 마시는 시늉을 했다. 어머니가 얼른 부엌에서 물을 떠다 바쳤다. 담대한 것 같은데, 위기가 닥치면 정신없이 허둥대는 것은 우리 어머니의 귀여운 면이다. 어머니의 손에서 바가지가 덜덜 떨고 있었다. 어머니가 떠다 준 물을 몇 모금 마시고 나더니 로스케는 입에 가득 물을 물고 조금씩 모아 쥔 손바닥에 뱉어서 세수를 하기 시작했다. 검댕이 군데군데 벗겨지면서 붉은 기운이 도는 흰 살이 여기저기에서 드러났다. 그 모양이 하도 해괴해서 나는 얼결에 웃고 말았다. 그도 히쭉 따라 웃었다. 촌사람 같은 소박한 인상이어서 무섭지 않았다. 뒤따라 온 마우재는 입에 물을 무는 작업을 여러 번 되풀이하여 얼굴을 좀 더 깨끗하게 씻더니 주머니에서 낡은 헝겊을 꺼내 물기를 닦았다. 연어살 같은 피부가 드러나자 비로소 눈알이 파란 것이 눈에 띄었다. 나는 그때 처음으로 파란 눈을 가진 사람을 보았다. 눈알이 파란 사람이 있다는 사실이 나를 경악하게 했다.

이들이 나가자 어머니는 잽싸게 여자들을 다락에 숨겼다. 우리 집 특별한 다락에는 부엌 맞은편에 있는 광에서 사다리를 놓고 올라가게 되어 있다. 사다리를 치워버리면 거기 다락이 있는 것을 알기 어렵다. 있는 줄 안다 해도 문제가 없다. 입구에서 올려다보면 끝의 낮은 부분은 전혀 보이지 않기 때문이다. 보이는 부분에는 아무것도 놓아두지 않으니 다락에 관심을 가질 이유가 없다. 공출이 심할 때 지은 집이라 곡식을 숨기려고 만든 공간인데 사람도 숨을 수 있다. 열댓 명이 엎드려 있어도 들킬 염려가 없는 크기다. 어머니가 사다리를 치워놓고 허둥대며 나오는 것과 거의 같은 시간에 마우재들이 마당 가득히 들이닥쳤다. 정거장 우물에서 세수를 제대로 하고 온 팀이어서, 혈색 좋은 얼굴에 체격들이 늠름했다. 옷차림이 남루한데도 보기 좋은 청년들이었다.

건장하고 활력에 차 있는 이 최초의 이방인에게 나는 현혹되었다. 키 작은 일본인에 비하면 늘씬하고, 외양이 훤칠한 미남들이어서 하는 짓마다 신기해 보였다. 말이 통하지 않으니 또 한바탕 손짓 발짓이 시작되었다. 더러는 먹을 것을, 더러는 바지를, 더러는 시계를 요구했다. 벙어리들처럼 손짓 발짓만 하는데도 의사 전달이 되는 게 재미있었다. 여자들을 숨겨놓은 어머니는 오금이 저려서 그들이 달라는 것은 다 내주었다. 광에서 품은 지 여러 날 된 계란까지 모조리 가져다준 것이다. 마우재들은 부화

하고 있는 계란을 날로 깨뜨려 마시더니 군화를 신은 채 정지에 올라왔다.

옷방에 가서 의거리를 가리키는 그들에게 정신없이 옷가지를 내주던 어머니는, 어느 틈에 한 사람이 광으로 가는 것을 발견하고 황급하게 아버지를 불렀다. "다와이(달라는 러시아어)" "다와이" 하며 떠들어대는 그자를 쫓아간 아버지는 손을 홰홰 저으며 "니에토(영어 'No'에 해당되는 러시아어)"를 연발하셨다. 아버지가 러시아말을 아는 게 신기해서 나는 졸졸 뒤를 따라다녔다. 다급하게 사다리 앞에 막아서서 마우재와 실랑이를 벌이던 아버지가 그를 안고 넘어졌다. 아버지의 흰옷에 먼지가 잔뜩 묻었다. 화가 난 마우재는 투덜대면서 엉덩이의 먼지를 털고 있었다. 어느새 오빠의 감색 바지를 든 어머니가 그의 앞에 서 있었다. 어머니는 새 바지로 유혹해서 그를 밖으로 끌어내는 데 성공했다. 오빠도 아버지도 키가 육 척이라 우리 집 양복은 그들에게 대충 맞았다. 옷이 마음에 든 마우재들은 킬킬거리며 돌아서 나갔다. 그리고 얼마 지나지 않아 기차가 떠났다. 최초의 마우재 소동은 그렇게 막이 내렸다.

다락에서 내려온 여인들은 땀과 먼지로 범벅이 되어 몰골이 말이 아니었다. 큰언니의 이마에는 거미줄까지 걸쳐져 있었다. 먼지와 거미줄이 뒤덮은 언니의 얼굴에 지는 해가 비꼈다. 순간 나는 언니가 억울한 누명을 쓰고 유적지로 떠나는 죄수처럼 비극적으로 느껴졌다. 씻기 대장인 우리 언니는 앞으로 얼마나 여러 번 저런 곤욕을 치러야 할까.

그날 이후

이렇게 시작된 로스케의 출현은 나날이 빈도가 잦아져갔고, 여인들에게는 엄격한 금족령이 내려졌다. 나는 꼬마라서 자유로웠지만 언니들은 아니다. 잠자리채를 들고 들판을 쏘다니거나 바다에 가서 수영을 하며 놀던 신화의 계절은 끝난 것이다. 그 무렵에 우리는 쟁반같이 둥근 탄창이 달린 따발총을 처음 보았다. 등골을 대꼬챙이로 훑어 내리는 듯한 따발총 소리가 추워져 가는 북방의 가을밤을 흔들기 시작했다. 점령군의 손에 의해 전신주의 하얀 애자가 구릿빛으로 바뀔 무렵에는 새 손님들의 약탈과 강간으로 마을은 공포 분위기에 휩싸여 있었다.

로스케들은 밀물처럼 주기적으로 밀려왔다 밀려갔다 하더니, 드디어 주재소에 서너 명이 상주하기 시작했다. 역장 관사에도 한 가족이 이사해 왔다. 팔다리를 꼭꼭 여며 싼 아기를 안고 카투사같이 생긴 덩치 큰 소녀가 역전 광장으로 놀러 나오기도 했다. 부엉이 눈 같은 아기의 새파란 눈알이 신기해서, 그 애가 볼 수 있는지 확인하려고 눈 가까이 손가락을 가져갔다가 엄마한테 혼난 일도 있다. 마을 양쪽 끝 십여 리 떨어진 곳에 있는 두 개의 터널도 여러 명의 군인이 천막을 치고 지키고 있었다. 그들과의 교섭을 위해 해삼위海蔘威에서 품팔이를 한 일이 있는 장터의 깡마른 노인이 통역으로 선정됐다. 점령군과의 소통 능력은 하나의 권력이다. 온순하던 해삼위 영감이 어깨에 힘을 주기 시작했다.

9월경에 학교가 문을 열었다. '류우겐히고'의 훈화를 하던 도시카와 교장은 서교장으로 탈바꿈해서 여전히 교장 노릇을 했다. 오빠는 임시 교사가 되어 우리에게 성삼문과 정몽주의 시조를 가르쳤다. 아이들을 모아놓고 손수 만든 시조 카드로 시조놀이도 시켰다. 기억력이 좋은 나는 시조놀이를 아주 잘해서 오빠를 기쁘게 했다. 출정을 앞두고 미친 듯이 일본 군가만 가르치던 가미야마上山선생은 신 씨라는 성을 되찾더니, 이번에는 메이데이의 노래를 가르쳤다. 일본 군가「반다노 사쿠라」(요카렌 노래)와 곡이 같았다. 가사만 "들어라 만국의 노동자"로 바뀌니 혼란스러웠다. 로스케들이 들락거리면서 우리도 러시아 말을 조금씩 배워갔다. 제일 먼저 배운 것은 '다와이'라는 말이다. 로스케들이 가장 많이 쓰는 단어다. 그다음이 고맙다는 뜻을 가진 '슈바시바(고맙다)'. 소박한 농부 출신이 많은 로스케들은 주민들에게서 먹을 것, 입을 것을 마구 빼앗아 가면서도 '슈바시바'라는 인사를 잘 했다. 그다음은 민족의 이름이다. 야폰스키, 카레스키, 로스케……. 그리고 아진, 누바, 트리, 스트리 같은 수사數詞들.

우리 마을에 상주한 로스케들은 비교적 온순했다. 그들은 '흘레발'이라 불리는 검은 빵 덩어리를 들고 다니면서 때가 되면 베어서 먹었고, 피곤하면 그걸 베고 풀밭에서 낮잠을 잤다. 처음에 온 로스케들은 시베리아에서 끌고 온 죄수들이라 너무 헐벗고 굶주려서 염치 같은 건 전혀 챙기지 않았다. 그래서 어른들은 아이들이 '마우재'의 뜻을 물으면 '마우자馬牛子'라고 대답하곤 했다. 하지만 상주하는 팀은 정규군이라 좀 달랐다. 빼앗은 시계를 팔에 몇 개씩 차고 다니는 점에서는 먼저 온 팀과 같았지만, 아무 물건이나 마구잡이로 빼앗으려 드는 짓은 하지 않게 되었다. 시계 같은 것을 좋아하는 로스케들은, 곧 빼앗을 물건이 바닥이 났다는 것을 알아차렸고, 그 사실을 깨닫자 민가를 뒤지는 일도 적어졌다. 늘 마주 보며 지내서 서로 얼굴을 알리게 된 것도 폭행이 줄어든 이유 중의 하나일 것이다. 문제는 노상 얼굴이 바뀌는 터널 수비군이었다. 그들은 아주 난폭해서 처녀들은 걸핏하면 우리 집 다락 신세를 졌다. 젊은 여자는 시계처럼 바닥이 나지 않는 영원한 약탈의 대상이었다.

  9월 중순에 큰언니 시댁에서 예단이 왔다. 수레로 두 바리나 되는 요란스런 예단이었다. 비단 옷감만 열 벌이 넘었다. 법단 모본단, 공단, 유똥, 오파르, 하부다에, 자미사, 항라, 숙고사……. 옷감들은 색상도 현란했지만 이름도 익조틱하고 아름다웠다. 여인들이 오랫동안 굶주려 오던 호화로운 색채의 향연이 벌어졌다. 언니의 혼수는 5년 동안 지속되던 비상시가 지나갔다는 것을 알리는 깃발 같았다. 그 비단들은 동네 여인 모두를 환장하게 만들었다. 보기만 해도 천벌을 받아 눈이 부릅뜰 것 같은 호사스러운 옷감들……. 이불 솜과 무명, 옥양목까지 몇 필씩 담겨 있는 예단함은 하나하나가 모두 알차고 풍성했다. 하나도 허술한 물건이 없는 그 예단 더미는 동네 사람들을 질리게 했다. 질린 것은 우리도 마찬가지다. 아버지는 올 때마다 여인들의 비단 옷감을 사 오셨지만 한 자리에 그렇게 많은 비단이 쌓인 일은 없기 때문이다. 하지만 그 풍성한 예단은 우리 식구들에게 조금은 위안이 되었다. 시댁에서 언니를 아주 정중하게 모셔간다는 느낌을 주었기 때문이다. 예단에는 준비한 사람의 정성이 담겨 있었던 것이다.

함경도에서는 원래 시집에서 보내는 예단이 풍성하다. 신부에게 필요한 모든 물건을 시댁에서 부담하기 때문이다. 장롱 같은 세간까지도 시댁에서 준비한다. 그렇기는 하지만 이건 좀 너무했다. 엊그제까지 비상시여서, 서울의 야미시장(암시장)에서도 자취를 감춘 지 오랜 희귀한 물건들이 계속 쏟아져 나오니, 마치 먼 외국에서 온 예단 같았다. 전쟁 중인데…… 파마넨트가 사치에 속하던 비상시였는데…… 그 집에서는 어떻게 이런 사치품들을 품어 안고 있을 수 있었을까? 나는 언니의 시댁 사람들에게 경이감을 느꼈다.

이제 공은 우리에게로 넘어왔다. 신부 측에서는 신랑과 시댁에 보낼 예물을 풍성하게 준비해야 하기 때문이다. 시댁 식구뿐 아니다. 일가친척까지 고루 챙겨야 한다. 거기에 동네 사람들 몫이 부가된다. 잔치를 하면 온 동네에 무언가를 나누어 주어야 한다. 시골 잔치는 동네 전체의 축제이기 때문이다. 골무와 귀주머니, 버선, 양말 같은 것을 몇 죽씩 장만하는 이유가 거기에 있다. 그런데 우리 집에는 예물 준비가 전혀 되어 있지 않았다. 아직 결혼시킬 생각이 없었기 때문이기도 했지만, 지난 5년 동안 우리 집에는 너무 힘든 일이 많아서 혼수를 생각할 경황이 없었다. 홍수로 인해 느닷없이 집이 없어져서 예산 없이 집을 지어야 했고, 오래오래 앓으시던 할머니가 돌아가셨다. 오빠가 징용에 끌려갔고, 아버지가 토질에 걸렸다. 그러니 혼수 걱정 같은 것을 할 형편이 아니었다.

그런 데다가 청빈한 훈장집 손녀인 우리 어머니는 본래부터 혼수를 중요시하지 않았다. 딸을 낳자마자 혼수 준비부터 하는 서울 사람들에 비하면, 딸을 다섯이나 가진 우리 어머니는 지나치게 혼수에서 자유로웠다. 어머니는 자수성가하는 사람을 높이 평가했기 때문에, 딸을 부잣집에 보내서 시부모 덕에 호강시킬 생각을 하지 않았다. 재물은 제 손으로 이루어야 소중하게 간직한다는 게 어머니의 지론이다. "한 대 맞더라도 박력 있는 남자를 골라라." 그것이 결혼을 앞둔 딸에게 준 어머니의 유일한 충고였다. 그래서 딸들이 가난한 애인과 결혼할 때도 돈 때문에 반대하는 일은 거의 없었다.

혼수를 준비하는 대신 어머니는 딸들을 공부를 시켰다. 로스케에게 귀중품 가방을 빼앗겨, 빈손으로 월남한 우리는 5년 만에 다시 피난을 갔을 때 가진 것이 정말로 없는 3·8 따라지였다. 하지만 그 난리 중에도, 나는 제 시기에 대학에 들어가 졸업을 했다. 건강한 딸을 대학까지 졸업시켜 시집 보내는데, 왜 혼수까지 바리바리 덧붙여야 하느냐는 것이 어머니의 소신이기도 해서, 어머니는 딸들의 혼수에 별로 신경을 쓰지 않았다. 어려서부터 녹내장을 앓아 결격사유가 있는 동생이 결혼할 때를 제외하면, 어머니는 딸의 혼수에 열성을 다하는 일이 드물었다. 그 대신 함경도 어머니답게 아들의 예단에는 심혈을 기울였다. 어머니는 그것을 새 사람을 맞아들이는 성의라고 생각했다. 돈만 있으면 자유롭게 물건을 사던 시기여서 손이 큰 어머니는 오빠의 예단을 아주 풍성하게 준비했다. 결혼한 지 7년이 가까워져 오는데, 아직도 새언니의 장롱에는 그때 받은 옷감들이 여러 벌 남아 있었다.

하지만 큰언니 혼인 때는 엄마의 기준으로 보아도 준비가 너무 미흡했다. 여학생들이 수업 대신 운모(雲母) 쪼개기나 군복 만들기를 하던 전시였다. 게다가 언니는 진학할 예정이었기 때문에 결혼 준비가 되어 있지 않았다. 재난이 연거푸 닥쳐 그럴 경

황이 없기도 했다. 그런대로 정신대 때문에 벼락 맞듯이 얼결에
약혼한 언니는, 두 달 만에 결혼을 하게 되었다. 우리가 추워지
기 전에 서울로 떠나야 해서 결혼 날짜가 10월 중순으로 정해진
것이다. 읍내에도 아직 장이 서지 않을 때니 새로 옷감을 장만하
는 일은 가망이 없었다. 어머니 장롱에는 남자용 세로 양복감 몇
벌밖에 없었기 때문에, 예물 속의 무색 옷감은 대부분이 다 새언
니의 장롱에서 나왔다. 언니는 함에 들었던 옷감도 가지고 있었
기도 했지만, 서울에 살 때 선물 주기를 좋아하는 아버지가 걸핏
하면 며느리에게 옷감을 사주신 것들이 그대로 남아 있었다. 새
언니는 몸이 약한 데다가 전시가 계속되어서 그걸 그냥 쟁여두
고 있었다. 마침 우리처럼 월남할 예정인 이웃이 있어 그 집에서
아들을 위해 준비한 예단을 사들여서 모자라는 부분을 보충했
다. 시댁에 보낼 예물로는 당신이 손수 짠 명주를 풀어놓았다.
우리 어머니는 근동에서 제일 명주를 잘 짜는 여인이다. 그래서
우리 집에는 특상품 명주가 많이 쌓여 있었다. 그 질 좋은 명주
는 용도가 다양했다. 남자분들 한복과 두루마기, 이불감 같은 것
을 그것으로 마련했다. 방석이나 베개도 만들었다. 솜씨 좋은 언
니들이 거기에 수를 놓아 명주를 명품으로 만들어갔다. 온 동네
여자애들이 모여서 만든 자수 공예품들도 보태졌다. 언니의 혼
수는 그렇게 하여 겨우 모양새를 갖추었다.

　예단을 싣고 온 수레가 떠난 후부터 언니들은 뒷방에 파묻혀

밖으로 거의 나오지 않았다. 처녀들의 외출이 금지되던 시기여서 그러지 않아도 갇혀 있어야 할 처지였지만, 결혼 준비가 너무 촉박해서 나다닐 시간이 없었다. 언니들의 몫은 수놓기였다. 언니들의 전공은 잠자리 잡기에서 바느질로 바뀌었다. 친구들까지 모여 종일 바늘을 들고 있어도 시간이 모자랐다. 언니들은 춘향이가 그네 타는 그림을 수놓은 액자, 신라의 전돌 문양을 살린 호사스러운 남색 방석, 무궁화가 수놓인 한국 지도 같은 것들을 새록새록 만들어냈다. 그중에서도 눈길을 끄는 것은 남궁억이 수본을 만들었다는 무궁화 지도였다. 무궁화 꽃이 쏟아질 듯이 전국을 덮고 있는 한국 지도는, 우리가 해방되어 자기 나라에 살고 있음을 새삼스럽게 확인시켜주었다. 그것은 희열이었다. 그 밖에도 원앙이 수놓인 베갯모, 모란이 새겨진 귀주머니 같은 것들이 차곡차곡 쌓여갔다. 언니의 방은 창조의 산실이었다.

그렇게 날마다 비단옷과 색색의 혼수들이 쌓여가는 건 정말 희한하고 경이로운 광경이었다. 언니의 혼수 만들기는 전쟁 때문에 오래오래 굶주려 있던 색채와 디자인의 요란한 향연이었다. 내가 좋아하는 하부다에나 자미사, 항라같이 하늘거리는 옷감들이 여인들의 손을 거쳐 옷이 되어 쌓여가는 과정을 보는 것은 10대의 소녀인 내가 누릴 수 있는 최고의 호사였다. 전시에는 꿈도 못 꿀 아름다움과 여유로움과 호화로움……. 어두웠던 뒷방이 불을 밝힌 듯이 환하게 변해갔다.

하지만, 그 가을에 나는 그런 아름다운 것들을 즐길 여유가 없었다. 그 방이 환해질수록 나의 내면에는 어둠이 쌓여갔다. 그 방의 아름다운 옷들이 내 목을 조이고 있었다. 그것들은 언니와의 이별과 유착되어 있었기 때문이다. 새 물건이 하나 쌓일 때마다 언니를 볼 시간이 그만큼 줄어든다는 것은 고문을 받는 것 같은 고통이었다. 학교에서 바보 온달의 이야기를 처음 듣던 날, 나는 그 신기한 이야기를 들려주고 싶어서 곧장 언니 방으로 달려갔다. 외숙모가 석롯빛 바탕에 하얀 꽃이 다문다문 떠 있는 하부다에 치마에 주름을 잡고 있었다. 방 안을 온통 노을빛으로 물들이는 그 현란한 치마가 내 말문을 막았다. 언니는 주변의 옷감들을 주섬주섬 치우더니 나를 끌어다 꼭 안아주었다. 가슴에 묻은 머리를 쓰다듬는 언니의 손길이 노친네의 것처럼 차분하다. 나는 섬찟해서 머리를 들고 언니의 얼굴을 쳐다보았다. 그건 내가 알고 있던 언니가 아니었다. 큰언니는 집 안이 좁다고 뛰어다니며 잠시도 쉴 줄을 모르는 명랑한 활동가다. 언니는 동생들을 모조리 잡아다 씻겨야 직성이 풀리는 결벽증을 가지고 있다. 여남은 살 때부터 언니는 그 짓을 시작했다. 우리 언니는 아이를 씻기는 데는 정말 도사다. 그건 아무도 못 말린다. 잠시도 조용히 있지 못하는 바지런하고 활발한 언니, 내 사랑하는 말괄량이 큰언니! 언니가 갑자기 말이 없어지고, 헤플 정도로 잘 웃던 풍성한 웃음도 거두어버리니 나는 언니가 너무 낯설었다.

사실 나는 오랫동안 언니를 조용히 만나서 할 말이 있었다. 꼭 하고 싶은 말이 있었던 것이다. 그 말이 욕지기처럼 가슴에서 수시로 울컥거리며 복받쳐 올라와 목 안이 불편하고 답답했다. 그건 "시집가지 않겠다고 울고불고 난리를 벌이라"는 권고였다. 그런데 이 물렁한 순둥이 언니는, 불평 한마디 하지 않고 조용히 모든 것을 받아들이고 있다. 본인이 다소곳이 앉아 수나 놓고 있으니, 내가 나서 떠들 빌미가 없다. 아직도 학교 다닐 때처럼 까만 몸뻬에 하얀 블라우스를 입고 있는 큰언니는, 혼수가 가득 찬 방에서 하안거夏安居를 하는 스님처럼 조용했다. 그래서 언니를 보고 나오면 나는 숨이 꽉 꽉 막혀왔다. 가슴에 맷돌을 올려놓은 것 같은 기분이었다. 나라면 절대로 저런 결혼은 안 한다. 저런 식으로 알지도 못하는 사람에게 시집갈 거면 차라리 죽고 말겠다. 왜 반항을 하지 않느냐 말이다. 맨날 어른들 하라는 대로만 하고…… 맨날 어른들 하라는 대로만 하고…… 언니는 바보다. 어떤 때는 너무 화가 나서 언니를 붙잡고 막 흔들어주고 싶었다.

   나를 불안하게 하는 또 하나의 문제가 있었다. 대문간에서 미동도 하지 않고 몇 시간씩 서 있던 새침한 언니의 시누이다. 마네킹처럼 표정이 없던 그 새하얀 매부리코의 여인은, 바늘로 찔러도 피도 안 나올 것같이 차 보였다. 그런 차가운 사람이 있는 집에 껍질 없는 달팽이 같은 언니를 혼자 보낼 수는 없다는 생각이 들었다. 사람이 철퇴에 맞은 개처럼 수없이 죽어나가는 전시에 그런 고급 예단을 구미구미 장만한 시어머니도 마음에 걸린다. 그런 찜찜함은 이별의 아픔을 능가하는 고통을 준다. 언니는 그런 집에 가서 유행가 가사처럼 "열아홉 살 가슴에 꽃이 핍니다." 같은 노래나 부르며 지낼 것인가? 대체 어쩔 작정인가. 대체 어쩔 작정으로 아무 말도 하지 않고 수나 놓고 있는가 말이다. 어머니한테 싫은 소리를 조금만 들어도 금세 입술에 물집이 잡히는 물렁한 언니 때문에 나는 잠이 오지 않았다. 언니는 아직 시집을 갈 만큼 어른이 되어 있지 않다. 자기 방위력이 없기 때문이다. 큰언니는 때때로 내게 동생처럼 느끼게 만드는 여린 측면을 가지고 있다. 서울에서 아버지 작은댁과 같이 살 때도, 세 살이나 아래인 작은언니가 늘 보호 무사 역할을 했다. 그런 언니를 왜 지금 꼭 남의 집에 보내야 하는가 말이다. 언니는 아직 고등학생이다. 이제는 정신대 문제도 없어졌다. 미친 척하고 데리고 떠나면 그만이 아닌가? 아직은 삼팔선이 고착되지 않았으니, 신랑이 찾아오면 그때 결혼시키면 되지 않는가? 꼭 지금 언니를 북에 혼자 두고 가야 할 이유가 어디 있는가? 나는 어른들을 이해할 수 없었다. 용서할 수도 없었다. 밤이면 밤마다 나는 언니를 그런 집에 혼자 보낼 수는 없다고 치를 떨었다. 언니를 보낼 생각을 하면 사지에서 맥이 수욱 빠져나간다. 그런 안 찬 사람들 사이에 가서 저 물렁한 언니가 얼마나 외롭고 힘들게 살아야 할까? 아직 열여덟밖에 안 되었는데 말이다.

가족 이산

10월이 되자 마을을 발칵 뒤집는 사건이 발생했다. 장터 구석에 살던 홍갑이라는 주정뱅이가 마을의 인민위원회장이 된다는 풍문이 돈 것이다. 타향에서 흘러들어 온 정체불명의 그 사나이는 알코올 중독에 가까워서 집안이 엉망이었다. 마누라가 도망을 가서 우리 반에 있던 그의 큰아들은 학교에 동생을 업고 왔다. 공부를 잘하지 못하는 데다가, 아기까지 업고 와서 교실을 시끄럽게 만드니 아이들은 그 애와 놀고 싶어 하지 않았다. 성질이 곱지 못한 도시카와 교장은 그 애가 민망한 짓을 할 때마다 "애비가 술 처먹고 만들어 저런 불량품이 생겨난 거야!" 그가 혀를 찼다. 아무도 사람 취급을 안 하던 홍갑이가 어느 날 완장을 차고 나타나자 사람들은 코웃음을 쳤다. 그가 술에 취해 또 주정을 하는 줄 안 것이다. 그러나 사태는 그렇게 호락호락하지 않았다. 주정뱅이 입에서 스탈린과 김일성의 이름이 흘러나오기 시작하더니, 그는 이 일에 전형적인 지도자 동무로 탈바꿈해갔다. 일주일도 지나지 않아서 숙청이 있을 거라는 소문이 마을을 뒤집어놓았다. 1차 대상은 친일파였다. 도시카와 교장과 이장이 도마에 올랐다. 다음에는 목사님을 위시한 기독교인들과 고리대금을 해서 치부한 사람들이 거론될 것 같다는 소문이 돌았다. 마을이 손바닥만 해서 고리대금업자는 없었고, 하나밖에 없던 한국인 순사는 도망가고 없으니 그 어름에서 숙청 논의가 끝나는 줄지가 서울에 가서 집을 장만해놓고 오셨고, 혼례 준비에는 가속도가 붙었다.

달구지에 탄 신부

얼음 사탕처럼 싸늘하면서 투명한 날, 언니는 기어이 시집을 갔다. 신랑이 이웃에 있는 친척 집에 와서 자고, 아침 일찍 우리 집에 오기로 했다. 간단히 잔치를 치른 후 바로 떠나기로 했다. 수십 리 길을 달구지 타고 가서 저녁에 시댁에서 잔치를 해야 하기 때문이다. 신부가 되려면 머리를 틀어 올려야 한다. 그런데 언니는 숱이 많은 말총머리여서 생머리로는 히사시까미를 하기 어려웠다. 천상 파마를 해야 한다. 그런데 파마를 할 여건이 못 되었다. 기차가 안 다니니 미장원에 가려면 몇십 리를 걸어야 한다. 어머니는 달구지까지 교섭하다가 결국 포기했다. 장원에 사는 섭이 누나가 시집가기 며칠 전에 분을 사러 나섰다가 터널을 지키던 로스케에게 봉변을 당한 사건이 발생했기 때문이다. 얼떨결에 반항하는 처녀를 교살한 러시아 병정들은, 허벅지가 허옇게 드러난 처녀의 시체를 터널 앞에 뉘어놓고 사흘이나 내주지 않았다. 따발총을 난사하면서 사람들의 접근을 막는 그들은 눈에 불을 켜고 있었다. 사고를 쳐놓고 자기들도 겁에 질려 있었던 모양이다. 파마하러 길에 나설 형편이 아니었다. 하지만 생머리는 틀어 올리기 어려웠다. 당신이 가지고 있던 고데로 끝을 구부려보려고 만삭인 새언니가 땀을 뻘뻘 흘리면서 안간힘을 쓰는데도 늘 한구석에서 생머리가 고개를 내밀어서, 시간이 오래 걸렸다. 그런데도 화장을 하고 하얀 한복에 너울을 쓴 큰언니는 원광을 쓴 선녀같이 화사하고 정갈했다. 생전 처음 화장을 한 열여덟 살의 신부인 큰언니는 막 봉우리를 열려는 하얀 작약 같았다.

 신부는 파마도 못 하고 결혼을 하는데, 신랑의 차림새는 지나치게 거룩했다. 격식을 중시하는 집안이라 남의 동네에서 혼란기에 치르는 잔치인데도 신랑의 행차가 요란했다. 우리 마을로 들어올 때 신랑은 사모관대를 하고 말을 타고 있었다. 약혼 후 고모부가 가져온 사진 속의 남자는 쯔메에리_{つめえり}* 교복을 입고 머리를 빡빡 깎은 모습이었다. 이마가 넓고 하관이 빠른데 체격이 빈약해서 좀 어설퍼 보였다. 그런데 사모가 넓은 이마를 가려주니 갸름한 얼굴에서 귀태가 흘렀다. 약간 선이 부푼 듯하나 자기 누나처럼 턱이 지지는 않은 매부리코 밑에 알맞게 큰 단정한 입술이 보기 좋았고, 눈꼬리가 위로 약간 올라간 듯한 쌍까풀 진 눈이 품위를 자아냈다. 고색이 창연한 예복은 체격의 빈약함도 커버해주었다.

 그렇게 제대로 된 사모관대를 하고 결혼하는 신랑을 나는 생

---

* '학생복으로 목을 두르는 옷깃이 있는 양복 상의'를 의미하는 일본어 표현.

전 처음 보았다. 우리 동네에는 사모관대를 가지고 있는 집이 하나도 없다. 작은 마을이기도 했지만, 누구도 그런 격식을 차릴 여유가 없었던 식민지 시기가 30년을 넘게 지속된 것이다. "닌쿠단렌忍苦鍛鍊"이라는 구호가 사생활까지 옥죄이던 시기였다. 여자들의 옷고름이 사치품에 속하던 시기였다. 전란이 할퀴고 간 시골에 사모관대 같은 것은 가당치 않았다. 거기에 개화 풍조까지 곁들여져서 전통 예복은 거의 찾아보기가 어려웠다. 오빠는 우리가 장백현에 살던 7년 전에 신식으로 결혼을 했다. 그때는 전시가 아니었고, 장백현은 국경도시여서 모든 것이 풍성했다. 신랑은 양복을 입고 신부는 자동차를 타고 신행을 왔다. 스케일이 큰 어머니가 방 하나가 꽉 찰 정도로 과줄을 만들어서 성대하게 치룬 혼례였지만, 거기에는 전통이 끼어들 여지가 없었다.

우리 집은 400년 전에 사화로 함경도에 귀양 간 선비의 후예다. 그러니 함경도는 임시 거처다. 그런 데다가 일제 시대에는 아버지 때문에 집을 자주 옮기며 살았다. 전통이 자리 잡을 여지가 없는 상황이다. 그래서 개화가 빨리 됐다. 20년대부터 크리스천이었고, 할아버지 대부터 일본 유학이 시작되었다. 그래서 사모관대 같은 것에는 관심이 별로 없었다. 사돈댁은 연안이 본향이라 안정된 가풍을 유지할 수 있었던 것 같고, 차호는 우리 고장보다 훨씬 큰 항구도시라 저런 장비를 마련할 수 있었던 모양이다. 나는 신사복보다 사모관대 쪽이 취향에 맞았다. 의상이 너무나 품위 있고 아름다워서 화랑 같은 신랑의 행차에 깊은 감동을 받았다. 전통의 아름다움에 대한 개안開眼이었다. 옛것을 좋아하는 취향의 발로라고도 할 수 있다.

놀랍게도 그게 우리 가족과 신랑의 초대면이었다. 기차가 안 다녀서 사진만 오고 곧장 혼례식이 거행된 것이다. 다행히도 신랑은 신중하고 의젓해 보였다. 평상시에 골랐어도 그보다 품위 있는 신랑을 고르기는 어렵겠다는 생각이 들 정도였다. 아버지의 얼굴에 몇 달 만에 처음으로 웃음이 번졌다. 폐가 나쁜 사람답게 병약해 보이는데도 첫 사위의 절을 받는 부모님의 표정에는 안도의 빛이 어렸다. 작은할아버지가 즉석에서 허혼한 이유를 알 것 같았다.

잔치는 마당에 차일을 치고 치러졌다. 근교에 주둔한 러시아 군대가 무서워 약식으로 간단히 해치운 것이다. 수십 리를 도보로 가야 하니 서둘러 길을 떠났다. 군용차 이외에는 기차가 다니지 않던 때라 달구지가 두 대 마련되었다. 앞 달구지는 국민복으로 갈아입은 신랑과 고모부 등 남정네들이 차지했다. 언니는 두 번째 달구지에 탔다. 화장을 지우고, 신부 옷도 벗은 언니는 학생복 위에 커다란 검은 외투를 둘러쓰고 허술한 수건으로 머리를 가렸다. 그래도 마음이 안 놓인 외숙모가 신부 얼굴에 검댕을 슬쩍 묻혀 놓았다. 언니 주변에는 이불과 옷짐들이 성벽처럼 둘러쳐지고, 오빠와 외숙모가 언니 옆에 앉았다. 자라처럼 짐 사이에서 고개를 내밀고 살던 집을 돌아보는 언니는 죽으러 가는 불모처럼 느껴졌다. 아까부터 돌아서서 소매로 눈물을 훔쳐대던 작은 언니와 새언니가 동시에 울음보를 터뜨리자 일을 도와주러 왔던 마을 아낙네들까지 합세하여 마당이 온통 울음바다가 되었다. 부축하고 있던 사람들이 어머니를 안으로 끌어당기는 순간에 아버지가 떠나라는 신호를 보냈다. 예단 보따리 위에도 누더기 같은 헌 보자기들이 들씌워지고, 일흔이 넘은 유원네 할머니와 러시아말을 하는 해삼위 할아버지가 언니를 호위하고 앉자 수레가 움직이기 시작했다.

"참 패럽은 세상도 다 있지……. 세상에 그리 곱게 기른 딸을……."

우리 식구들은 사람들에게 붙잡혀 꼼짝을 못 하는데, 이웃 사람들이 애석해서 혀를 차며 달구지 뒤를 따랐다. 나는 그들 틈에 끼어들어 갔다. 오래전부터 벼른 계획이었다. 언니가 살 집이라도 보고 와야 마음이 놓일 것 같았기 때문이다. 오래간만에 돼지오줌 괘를 얻은 사내아이들이 주막거리에서 공차기를 하는 것이 보였다. 언니랑 복흥사 뒷산으로 피난 가던 주재소 앞에서 보니 서쪽으로 가는 하얀 신작로가 들판 가운데 널브러져 있었다. 동대천이 가까워오자 배웅 나왔던 사람들은 모두 집으로 돌아가고 없었다. 넝마 속에 파묻힌 언니의 수레 뒤를 따르는 사람은 이제는 나밖에 없었다. 다행히 아무도 나를 눈여겨보지 않았다. 오빠도 외숙모도 언니를 보살피는 일에 열중해서 내 쪽은 쳐다보지도 않았다. 나는 눈이 보숭보숭 말라서 눈물도 나오지 않았다. 일이 틀어질까 봐 너무 긴장했던 것이다. 일주일 후면 우리 식구는 모두 서울을 향해 떠난다. 시국이 어수선하니 어쩌면 언니는 첫걸음(초행)도 제때에 오지 못할지도 모른다. 재수 없으면 다시는 언니를 보지 못할지도 몰랐다. 이렇게 헤어질 수는 없다. 시오리 길을 정신없이 따라가던 나는 동대천 둑에서 어이없이 쫓겨났다. 모르는 체하고 앞만 보고 가던 오빠가 어느 순간 후딱 내려더니 나를 부여안고 달래는 동안에 달구지는 이미 개천을 건너가버렸다. 오빠가 내 머리를 쓰다듬더니 잽싸게 달구지 뒤를 따라 강을 건너는 것이 보였다. 내가 혼자 건너기에는 강물이 너무 깊고 넓었다.

이제는 보따리에 가려 언니는 거의 보이지도 않는다. 추수가 끝난 들판 저 멀리에서 콩 서리를 하는 연기가 피어올랐다. 가물거리며 가물거리며 하얗게 피어오르는 연기는 저승에 간 할머니의 혼령 같았다. 북쪽의 음력 10월은 벌써 겨울이다. 강바람이 뺨을 에인다. 하지만 사람들이 데리러 올 때까지 나는 강둑에 혼자 앉아 몸을 떨면서 울었다. 우리가 싸울 때마다 어머니가 하던 말이 생각났다.

"무 꼬리나 한데서 썩지, 사람은 한데서 썩지 않는다."

주문 같은 그 말의 의미를 그날 나는 몸으로 터득했다. 앞으로 "회자정리會者定離" 그 네 글자의 의미를 익히기 위해 우리는 얼마나 많은 값을 지불해야 할 것인가?

1962년 8월

향수동

 남부민동에 있는 삼산三山병원을 찾아가라고 아버지 편지에 쓰여 있었다. 그 편지를 들고 난생처음 부산으로 갔다. 다니던 학교가 거기 피난 와 있어 복교하러 간 것이다. 1951년 9월 말, 스산하게 흐린 날이었다. 역 광장을 벗어나니 자욱한 안개가 몸에 감긴다. 물기를 머금은 뿌연 안개다. 발이 성긴 안개층 위에 청동호박 같은 희미한 해가 떠 있다. 해는 방석 위에 놓인 돌처럼 미동도 하지 않는다. 시간이 정지된 것 같은 그 거리에 누더기를 걸친 거지와 피난민들이 득실거리고 있다. 항구의 초겨울 날씨는 변덕이 많다. 역전엔 안개가 자욱하더니 버스에 탔을 때는 해가 비치기 시작했고, 내릴 무렵에는 서리 같은 수상한 것이 흩날린다. 하늘의 비위에 맞추어 바다도 조화를 부린다. 1951년 초가을의 부산은 끔찍했다.

주머니에 손을 넣어 주소가 적힌 쪽지를 꺼냈다. 분방하면서도 기품 있는 글씨체⋯⋯ 2년 가까이 보지 못한 아버지의 큰 체구가 글씨 속에서 어른거린다. 쪽지에 적힌 대로 충무로 광장에서 부민동 쪽으로 난 길을 따라 걷는다. 송도로 가는 버스 길은 포장이 되어 있는데, 이 길은 영 말씀이 아니다. 움직일 때마다 먼지가 풀썩거리는 비포장도로에는 좌우로 판잣집이 늘어서 있어 뒤의 큰 건물들을 가리고 있다. 그래서 한국 제2의 도시에 있는 이 동네는 빈민굴 같은 인상을 주었다.

짧은 치마 밑으로 속옷이 삐져나와 있는 아낙네가 서 있는 뒤쪽에 삼산병원 간판이 세워져 있었다. 흰 페인트를 칠한 일본식 건물 앞은 말끔히 치워져 깨끗했다. 차호에서 온 사돈 영감님 성함을 대니, 원장이 심부름하는 아이더러 모셔다드리라 한다. 앞에선 머슴애의 뒷굽이 떨어진 군화에서 걸을 때마다 먼지가 풀썩인다. 되도록 멀찍이 서서 따라가다가 성가셔서 돌려보내고 혼자 가기로 한다. 남쪽으로 300미터쯤 가면 길이 우측으로 꺾이는데, 그 길 남쪽에 2미터 정도 높은 둔덕이 있고, 둔덕에 오르면 공지가 있다. 공지에 올라가 보면 오른쪽의 우묵한 저지대에 피난민 판자촌이 있다고 아이가 일러주었다.

10분쯤 걸어가니 둔덕과 공지가 나타났다. 바다를 메꾸고 있는 쓰레기 하차장이다. 오래된 부분은 흙이 덮여 타작마당같이 표면이 반반한데, 앞부분은 아직도 바다에 닿아 있다. 쓰레기 매

몰 작업이 진행 중인 것이다. 거기서는 쓰레기들이 알몸을 드러낸 채 바다와 노닥거리고 있었다. 진동하는 악취를 바다가 삼켜 준다. 하지만 오래된 뒤쪽은 쓰레기들이 다져져서 학교 운동장 같은 공지가 만들어져 있었다. 인적이 전혀 없었다. 날까지 흐려서 그 지저분한 공지는 사람이 닿을 수 있는 지구의 마지막 자락처럼 느껴졌다. 카프카의 『성城』에서 조지프 K가 처형당하던 공지 생각이 났다. 대낮에 죄도 없는 한 인간이 개처럼 도살을 당하고 있는데, 보는 사람이 하나도 없는 빈터…… 지구의 막바지 같은 곳.

그 황량한 공지는 바닥이 흙이지만 '대지'라는 말에는 해당하지 않는다. 바닥은 반반한 흙인데 그 밑이 바다이기 때문이다. 바다에 떠 있는, 쓰레기로 된 거대한 뗏목 같은 형상이다. 우리가 흔히 생각하는 '대지'는 안정감이 특징이다. 지심地心에 닿아 있는 데서 오는 그 요지부동搖之不動의 안정감 말이다. 그런데 이곳의 지표면은 단단하지 않다. 밑이 쓰레기의 더미여서 디딜 때마다 바닥이 조금씩 우므러든다.

공지 오른쪽에는 쓰레기들이 더 오래 다져져서 좀 더 단단해진 낮은 지역이 있다. 거기 게딱지 같은 판잣집이 열댓 개 밀집해 있다. 사돈 영감님이 큰언니와 같이 살고 있는 동네다. 6·25 동란 때 국군이 북상해서 잠시 북한의 대부분 지역을 해방시킨 일이 있다. 북한에서 반동분자로 몰려 오랫동안 자아비판에 시달리던 우익 인사들은 국군이 들어오니 숨통이 트였다. 그들은 들고일어나 공산당을 숙청하고 실세가 되었다.

그건 기적 같은 일이었다. 모든 기적이 그러하듯이 그 기적은 오래 지속되지 못했다. 석 달도 못 되어 중공군이 참전한 것이다. 인해전술을 쓰는 중공군의 기세는 말 그대로 쓰나미였다. 무슨 화기火器로도 그 기세를 제압할 방법이 없었다. 죽여도 죽여도 뒤에서 끊임없이 새 군단이 내려오는 이상한 군대……. 백성을 아까워하지 않는 대국의 통치자만이 할 수 있는, 기이한 인해전술이다. 유엔군은 할 수 없이 후퇴를 결정했다. 모처럼 활기를 되찾았던 우익 인사들은 느닷없이 사지에 몰렸다. 자아비판을 백번 해도 살아남기는 틀린 상황이다. 인민군이 돌아오면 그들은 제일 먼저 즉결처분을 당할 것이다.

달리 방법이 없으니 그들은 고향을 떠나는 마지막 패를 선택했다. 고향을 떠나는 것은 뿌리가 뽑혀지는 것을 의미했다. 나무는 클수록 이식이 어렵다. 다시는 대지에 뿌리를 내릴 곳을 찾지 못할지도 모른다. 남쪽으로 피난 가는 것은 평생 피땀 흘려 이루어놓은 모든 것을 버리는 것을 의미했다. 모든 것을 버리고 낯선 고장으로 떠나야 한다. 혈육과도 생살이 찢기는 이별을 해야 하는 것이다. 너무나 창졸간에 벌어진 일이라 가족이 떠날 준비를 할 겨를이 없었다. 게다가 배가 모자랐다. 설사 배에 자리가 있다 해도 남쪽에 근지도 없는데, 겨울 바다에 아녀자들을 데리고 나설 수는 없는 일이다. 선택의 여지가 없었다. 국군이 돌아올지도 모른다는 가느다란 희망에 목숨을 걸고, 우선 남정네들만 몸을 피하기로 가닥이 잡혔다. '이산가족'이란 이렇게 생으로 갈라진 채 다시는 만나지 못하는 피난민에게 붙여진 명칭이다.

차호遮湖는 항구도시여서 배를 구하는 것은 어렵지 않았다. 그런데 겨울 바다에서 동상에 걸리면서 목숨을 걸고 찾아온 자유의 땅 대한민국에 그들이 발을 디딜 자리가 없었다. 다급하니까 자치대장이 부산시와 교섭해서 겨우 쓰레기 하치장 한구석을 빌렸다. 바닥을 대충 다져서 판자촌을 만들 허가를 받은 것이다. 그렇게 하여 삶의 뿌리를 잃은 한 무리의 사람들이 바다이 흔들리는 쓰레기 더미 위에 둥지를 틀게 되었다. 디딜 때마다 땅바닥이 우므러들듯이 디딜 때마다 사람들의 가슴뼈도 우그러지면서 1년 가까운 세월이 흘렀다.

판자촌은 큰 도로에서는 보이지 않았다. 원래 방파제였던 높은 콘크리트 방벽 너머에 있었기 때문이다. 방파제는 왼쪽으로도 이어져 있고, 언덕으로 올라가는 부분만 틔어 있다. 쓰레기 나르는 트럭이 다니기 위해서다. 그러니까 여기는 지적地籍이 없는 곳이다. 지적도 없는 그 쓰레기 하치장에서, 호적이 없는 사람들의 피난살이가 시작되었다. 큰길에서는 보이지도 않으니 그곳은 유령의 마을이다. 그곳 사람들은 유령처럼 주소가 없다. 그래서 모든 주민이 삼산병원을 연락처로 삼고 있다. 삼산병원 원장은, 고향에서 몰려온 피난민들의 그런 치닥거리를 소리 없이 해주셨다. 삼산병원 원장 같은 지역 유지가 동향이어서 쓰레기 하치장이라도 차례가 온 것이다. 그때 부산은 서울 사람들이 몽땅 피난을 와서 길 양쪽으로 판잣집이 늘비한 상태였다. 송곳 하나 꽂을 땅도 구하기 어려운 절박한 형편이었다.

어차피 편하려고 떠난 것은 아니니까, 피난민들은 불평 없이 그 땅에 집을 짓기 시작했다. 각목으로 기둥을 세우고 서푼 판자를 가로로 덧대어 벽을 만들고, 지붕은 콜타르를 칠한 검은 유지로 덮었다. 유지 양쪽을 각목으로 고정시킨 평지붕이다. 부산은 바람이 센 노시여서 그 위에 돌을 지질러놓은 사람도 있다. 작은 온돌방을 두 개씩 만들고, 바닥에는 노존(암페라, 풀 말린 것으로 만든 돗자리)을 깔았다. 자재는 공동으로 구입하고, 비용을 줄이려고 가능하면 옆집과 지붕을 잇대어 지었다. 공사도 직접 했다. 남자들만 왔으니까 한집에 여러 사람이 모여 살았다. 자치단장이 유능한 사람이라 공중변소나 수도 문제 같은 것도 신속하게 마무리되었다. 그렇게 해서 장년 남자들만 우글거리는 이상한 마을이 생겨났다.

학교는 부산에 있는데 오빠가 있는 군산으로 피난을 갔기 때문에, 나는 학교에 다닐 수 없었다. 대학에 가야 하는데 졸업이 코앞에 다가와 있으니 사정이 급박했다. 그때 대구에 계시던 아버지가 부산에 임시로 있을 곳을 마련해준 것이 사돈 영감님 판잣집이다. 그분은 큰언니의 시아버지여서 언니가 거기 살고 있었다. 언니네 시댁은 유복한 집안이라 온 가족이 같이 남하하기로 했는데, 작은댁에게서 낳은 폐를 앓는 막내딸이 배 위의 찬 바람을 쐬더니 각혈을 했다. 할 수 없이 마나님이 환자를 데리고 도로 내렸다. 전시에 아들을 위한 예단을 완벽하게 장만할 정도로 유능하고 엽렵한 마나님……. 그녀와 헤어진 것은 사돈 영감님에게는 재앙이었다.

그 어른은 전시에도 골동품을 수집할 정도로 미적 안목이 높은 인물이었다. 그런 귀족 취미를 공산당이 용납할 리 없다. 해방되고 석 달이 지나자 반동분자로 몰려 감옥에 갇혔다. 큰언니가 시집간 직후였다. 언니는 친정도 없는 북한에서, 시어른의 옥바라지로 시집살이를 시작했다. 규모가 꽉 짜인 큰 살림이라 일이 끝이 없었다. 시어른 때문에 재산을 몰수당하니, 먹을 것도 변변치 않아 할 일은 더 많아졌다. 그런 난장판이었지만 입덧이 시작되자 언니는 칙사勅使 대접을 받기 시작했다. 소중하게 받드는 맏아들의 귀한 손을 임신했기 때문이다. 하지만 먹을거리가 없는 것은 어찌해볼 도리가 없었다. 언니는 영양부족으로 조그마한 아기를 낳았다. 입이 험한 매부리코 시누이가 '콩알만 하다'고 흉을 볼 정도로 아기는 작았다.

1946년 11월에 언니가 낳은 딸은 까만 눈알이 똘망똘망한 귀여운 엄지 공주였다. 딸이었는데도 온 집안이 흥분했다. 20년 만에 처음으로 아기 울음소리가 들렸기 때문이다. 산후가 좋지 않은 언니를 시어머니가 한 달 동안 병풍 안에 모셔놓고 산후바라지를 했다. 며느리는 병풍 속에 누워 있고, 추운 부엌에서 시어머니가 고생을 하니까, 매부리코 시누이가 "무슨 벼슬이라도 한 줄 아는 모양"이라고 흉보는 소리가 병풍 속까지 들려와 언니를 불편하게 만들었다. 하지만 언니의 칙사 대접은 쉬 끝나지 않았다. 시할머니가 말도 못 꺼내게 방패막이를 해주셨기 때문이다. '제 사랑은 제가 만든다' 하시던 할머니 말씀이 맞는 것 같다. 성격이 유순하고 바지런한 큰언니는 시집에서도 어른들에게서 사랑을 받았다. 시간이 지나자 요리까지 잘하게 되어 늘 칭찬만 받고 살아서, 남편이 월남하고 없던 시기에도 시집살이가 나쁘지 않았다고 한다. 그 집에 언니를 보내면서 내가 걱정하던 일들은 기우였던 것 같다. '성격이 팔자'라는 말이 생각났다. 형부는 46년 6월에 월남하여 우리 집에서 서울대에 다녔다. 6월에 어머니가 남은 식구들을 데리러 삼팔선을 넘어갔는데, 새언니는 산후가 좋지 않아서 운신을 못 하고 있었고, 큰언니는 임신 중이어서, 형부와 막내만 데리고 온 것이다.

그때만 해도 사람들이 삼팔선을 쉽게 넘나들었다. 한탄강의 얕은 곳을 알고 있는 안내인이 밤중에 몰래 도강을 시켜준다고 했다. 짐꾼도 구할 수 있어서 어머니는 그때 친구에게 맡겨놓았던 재봉틀 대가리도 들고 오셨다. 남한에서 설파다이아진(일반인은 그냥 다이아진이라 함)이나 C레이션을 가지고 가서 황태나 어란으로 바꾸러 오는 장사꾼들도 있었다. 정기적으로 북한에 드나드는 그 상인들은 이산가족의 연락책이었다. 1948년 큰언니가 아들을 낳았을 때, 북한의 시댁에서 이름을 지어 보낸 일도 있다. 언니는 딸이 돌이 되어오는 1947년 5월에 밀선을 타고 월남했고, 다음 해에 형부가 취직이 되어 오빠가 있는 군산으로 이사를 갔다. 거기서 아들도 낳았는데, 2년 만에 6·25 동란이 터진 것이다. 적령기였던 형부는 일단 징집이 되었다가, 교사여서 면제되어 돌아왔다. 입대할 때 석 달 치 월급을 퇴직금으로 주어서 돈도 넉넉했다. 그런데 목포 쪽으로 피난을 가다가 행방불명이 되고 말았다. 영원을 향하여 사라져버린 것이다.

1·4 후퇴 때 우리도 군산으로 피난을 가서 언니와 같이 살았다. 그런데 학교는 부산으로 피난을 가서 내가 학교에 다닐 수 없었다. 1년 가까이 학교를 쉬고 있으니 거처가 마련될 때까지 언니가 가 있는 사돈 영감댁에 있으라고 아버지가 나를 언니 집에 보낸 것이다. 유능한 마나님을 만나서 평생을 팔자 좋게 살던 사돈 영감님은, 혼자서는 물도 못 떠 마시는 무능력자였다. 그런 분이 혼자서 고향을 떠날 용기를 낸 것은 순전히 군산에 있는 맏아들 때문이다. 딸을 둘 낳은 후에 낳은 그 아들은 어릴 때부터 영특하고 의젓해서 박달나무 기둥처럼 든든했다. 2년을 데리고

있던 며느리는 처음 본 날부터 미운 짓을 한 번도 한 일이 없다. 삽삽하고 명랑해서 난세에도 집안에 웃음꽃을 피우게 하던 보배로운 아이다. 그리고 손자들이 있다. 돌 전에 보냈는데 어느새 여섯 살이 된 밤톨 같은 첫 손녀, 아직 본 일도 없는 세 살짜리 첫 손자. 이들이 군산에서 자리를 잡고 있으니, 남행길이 무섭지 않았다. 마나님만 뒤따라 내려오면 영감님의 삶은 만사형통일 것이어서, 피난선 위에서도 남들의 부러움을 샀다. 그런데 마른 하늘에서 날벼락이 떨어졌다. 와 보니 아들이 없어진 것이다. 6·25 때 피난을 갔는데 행방이 묘연하다고 한다. 2년이 가까워져 오는데 아직도 소식이 없다는 것이다. 사람이 세상에서 사라지는 방법 중에서 가장 고약한 것이 행방불명이다. 가족을 잃는 것은 누구에게나 디디고 섰던 땅이 함몰하는 것 같은 재앙이다. 하지만, 시신을 만져 그 차가움에 몸서리를 치고 나면 기가 한풀 꺾인다. 관 속에 몸을 넣고 못질하는 과정을 겪으면서 또 한풀 꺾인다. 가슴을 치며 통곡을 하고 나면 그때마다 사자는 한 걸음씩 멀어져간다. 사람들이 땅을 파고 영영 그 육신을 묻어버리는 과정을 보면서 기함을 하고 나면 또 한풀 크게 꺾인다. 그렇게 끝없이 작살이 나면서 별수 없이 조금씩 이별에 길이 들기 시작하는 것이다. 옛말대로 '죽은 정이 하루에 천 리씩 멀어지려면' 그런 끔찍한 절차들이 필요하다. 그것들은 죽은 사람을 떠나보내기 위한 가혹하나 필요한 절차다. 그런데 행방불명된 사람에게는 그런 절차가 생략되어 있다. 그래서 그는 어디에도 없으면서 어디에나 있는…… 이상한 존재로 변한다. 원더링 쥬wandering jew처럼 죽지 못하는 저주를 받는 것이다. 세월이 아무리 지나도 망각의 과정이 정지된 채, 그는 잊힐 줄을 모른다. 그것은 남은 가족에게는 저주다. 행방을 알 수 없는 사람은 유령 같다. 잊을 만하면 제자들이 어디에서 그 글 보았다는 헛소식을 전해주면서 그를 부활시킨다. 그런 일이 2년 가까이 지속되자 언니는 심장이 아주 망가져버렸다.

그의 행방불명은 어린 딸에게도 가혹하게 작용했다. 갑자기 어느 날 집을 나간 아버지가 영영 돌아오지 않는 것이다. 고부에 피난을 갔다가 돌아오는데, 다섯 살된 딸이 엄마 등에 업혀 오면서 줄기차게 아버지를 찾았다.

"빈산반도(유아어, 변산반도)가 어디야야?"

아이는 망령 난 노인처럼 같은 말만 되풀이한다. 동생에게 작은 아이를 업히고, 자기는 다섯 살이나 된 딸을 업고 수십 리를 걸어온 엄마는 드디어 비명을 지른다.

"제발 고만해주라, 정아야. 엄마 힘들어 죽을 것 같다. 그만해 줘!"

하지만 아이는 그만할 수가 없다. 아빠가 변산반도 쪽으로 피난을 갔다는 말을 들었는데, 자기네는 자꾸 반대쪽으로 가고 있는 것이다. 아이는 불안해서 견딜 수 없다. 그 애는 아빠를 유별나게 따랐다. 아빠가 출근할 때마다 잠시 동안의 이별이 싫어서, 아이는 아빠를 부르면서 오래오래 울었다. 언덕 위에 있는 집에서 날마다 그러니 아랫동네에서는 "아빠 찾으며 우는 애"라는 호가 붙었다. '딸이 애비를 너무 바치면 좋지 않다는데…….' 형부가 행방불명이 되자 어머니는 그 일을 언짢게 받아들였다. 애 애비가 정말 못 돌아올까 봐 너무너무 겁이 났던 것이다. 그 공포가 식구들에게 전염되었다. 그래서 우리 집에서는 아무도 형부 이야기를 입에 담지 않았다. 그런데 아이의 아버지 찾기는 줄기차게 계속되었다. 집에 와서도 오랫동안 그 질문이 되풀이되었다. 나중에는 울음이 섞인 소리로 아이는 악을 썼다. "빈산반도가 어디냐니까!"

사람에게는 한번 박으면 뽑히지 않는 쇠못 같은 치명적인 낱말이 있다. '빈산반도'는 그 애의 가슴에 박힌 그런 못이다. 하지만 형부의 행방불명에서 더 큰 상처를 입은 사람은 사돈 영감이다. 폐가 나빠 피를 토하는 몸으로, 낳지 않은 엄마를 따라 비틀거리며 배에서 내리던 애잔한 막내딸 월생이…… 그 불쌍한 것. 첩이 낳은 딸의 병 때문에 남편과 영이별을 한 아내에 대한 죄책감. 스물다섯밖에 안 됐는데 두 아이를 데리고 과부가 될지도 모르는 며느리에 대한 연민, 애비 없는 아이들의 앞날을 향한 불안, 자신의 앞날에 대한 걱정…… 그런 엄청난 짐들이 아들이 없어진 데서 오는 통증 위에 덧붙여져 있었기 때문이다. 아버지는 그런 사돈에게 가족을 만들어드리기 위해, 데리고 있던 언니네 식구를 부산으로 보냈다. 아이들이 영감님의 슬픔을 조금이라도 달래주기를 바라는 마음에서였다.

땅바닥이 흔들리는 그 동네에서 피난민들은 인류의 역사가 시작되어 조금씩 발달해가던 과정을 복습하기 시작했다. 제일 먼저 움막 같은 집이 마련되고, 다음에는 거적을 친 공동변소가 만들어졌으며, 물은 남부민동의 공동 수도를 교섭해서 쓰기로 했다. 하지만 하수도가 없어 좁은 골목길은 노상 질척거렸고, 악취가 풍겼다. 어느 날 누군가가 자가용 하수도를 창안해냈다. 마당을 직경 1미터쯤 깊게 파내고 거기에 자갈을 채운 것이다. 지표면보다 60센티 정도 낮게 자갈 구덩이를 마무리 지었다. 거기 구정물을 버린 후에는 파낸 흙으로 남는 음식 찌꺼기를 조금씩 덮어간다. 가득 차면 새로 하나 더 판다. 동네 사람들이 그대로 따라 했더니 온 동네 구정물이 아래로 스며들어 길이 질척거리지 않게 되고 냄새도 많이 가셨다. 전등도 끌어들였다. 사과 궤짝에 비닐을 덮으면 책상도 되고 밥상도 된다. 사람들은 외딴섬에 표류한 로빈슨 크루소처럼 그 이상한 천지에 문명을 조금씩 도입하면서 한 치씩 자리를 잡아갔다. 집집이 판자벽에 못을 박아 옷을 거는데 부지런한 큰언니는 헝겊을 사다 커튼을 만들어 벽이 깔끔했다. 언니는 시아버지가 가지고 오신 자기 혼수 옷을 뜯어 옷을 해 입혀서, 아이들도 말끔했다. 언니는 시어른의 아픔을 헤아려 자신의 슬픔을 내색하지 않는 것도 잊지 않았다. 부산은 날씨가 온화하니 판자벽에서 스며드는 바람도 온돌의 온기로 대충 막을 수 있었다. "원시의 들판에서 맹수에게 쫓기던 시기에 비하면 이게 어디야?" 언니와 나는 나란히 누워 책을 읽으면서 그런 한가한 농담을 주고받았다.

  냄새가 난다고 부산 사람들은 이름이 없는 그 동네를 향수동香水洞이라 부르기 시작했다. 그러다가 밤이 되면 그곳에서 흘러나오는 "타향살이"의 처절한 합창 때문에 '향수香水'는 '향수鄕愁'로 의미 변화를 해갔다. 개 짖는 소리도 낯이 서른 그 남의 땅에서, 눈에 쌍심지를 돋우고 발 디딜 자리를 찾아 헤매던 남자들은, 밤이 되면 공터에 모여 소주를 마시면서 노래를 불렀다. "금순아 어디로 갔느니" 하면서 한 사람이 울부짖으면, 모두가 따라 울부짖었고, "아아! 산이 막혀 못 오시나요" 하면서 한 사람이 가슴을 치면, 다음 사람이 "아아 물이 막혀 못 오시나요" 하면서 받아쳤다. 모두 지식인층 엘리트들이어서 화음도 잘 되는 그들의 합창은 베르디의 「노예들의 합창」창처럼 듣는 이의 심금을 깊이 흔들었다.

"다 같은 고향 땅을 가고 오련만, 남북이 가로막혀 원한 삼천리
날마다아 너를 찾아 날마다 너를 찾아 삼팔서언을 헤매인다."

우리 집은 분단이 고착되기 전에 가족이 모두 월남한 케이스
였다. 그리고 우리는 서울에 미리 집을 사놓고 와서 기본 생활은
안정이 되어 있었기 때문에, 고향을 떠나온 일이 저들처럼 아프
지는 않았다. 나는 어려서 새로 만난 서울의 도시가 구석구석 신
기했고, 아버지와 같이 사는 것도 좋았으며, 수업 시간을 사이렌
으로 알리는 개명된 시설이 있는 학교도 마음에 들었다. 그래서
고향에 대한 그리움이 통곡으로 나타나는 남자들의 처절한 망
향가를 처음 듣던 날, 나는 잠을 이룰 수 없었다. 내 영혼의 그윽
이 깊은 곳에서 소용돌이가 일고 있었다. 아내와 남편이, 아이들
과 아버지가 같은 하늘 아래에서 서로 만나지 못하는 것을 가르
치는 "분단"이라는 낱말이 얼마나 끔찍한 것인가를 나는 그 기
이한 남성합창단의 노래를 통하여 비로소 터득했다.

다행히도 언니의 아이들은 처음 만난 할아버지를 잘 따랐다.
다섯 살 된 정아는 워낙 붙임성이 좋다. 성격도 밝아서 노고지리
처럼 종일 지지배배거리는 밝은 아이라 할아버지에게 큰 위안
이 되었다. 하지만 사돈어른은 손자 식이를 더 중히 여겼다. 그
아이는 없어진 아들의 죽은 그루터기에서 돋아난 귀한 새 움이
며, 대를 이을 종손이기 때문이다. 식이도 누나보다 더 할아버지

를 따랐다. 나는 아이가 할아버지에게 낯가림을 하지 않는 게 너무 신기했다. 그때 그 애 할아버지는 누가 좋아할 형상을 하고 있지 않았다. 집을 떠난 지 1년이 가까워져 오는 동안 홀애비 생활을 한데다가, 아들 때문에 몸과 마음이 모두 망가져서 영감님은 산발한 유령같이 스산하고 실체가 없어 보였다. 언니의 약혼날 처음 보았을 때의 영감님은 풍채가 좋은 분이셨다. 하얀 모시옷에 얇은 밤색 세카루(여름 옷감 이름) 두루마기를 겹쳐 입고 있는 품격 높은 장년 남자였던 것이다. 아무리 후하게 보아도 미남은 아니었고, 키도 작으셨지만, 무언가 다부진 것을 내장하고 있는 것처럼 위풍이 당당했다. 그분은 상식적이 아닌 외모를 가지고 있었다.

피부가 유자처럼 두껍고 우툴두툴한 데다가 주독이 올라 끝이 살짝 딸기빛이 된 매부리코가 컸고, 쌍꺼풀진 눈도 컸다. 나중에야 그분의 모습이 영화배우 장 가뱅과 비슷하다는 것을 알아냈다. 묵중하고 남성적인 인상인데, 남다른 부드러움을 간직하고 있어, 독특한 카리스마가 있었다. 그날의 사돈어른은 언니를 며느리로 맞는 일이 너무나 너무나 기뻐서 줄창 "악! 핫!핫! 하!" 하면서 요란하게 웃으셨다. 행복의 절정에 있는 사람 같았던 것이다. 6년이라는 세월이 그분을 파싹 망가뜨려놓았다. 여기 와서 본 영감님은 머리숱이 적어져서 납작한 뒷머리가 노출된 데다가, 머리가 허옇게 세어서 빈약하고 초라했다. 유자 같던 피부는 김이 빠진 풍선처럼 조글조글하면서 거무스름해졌고, 딸기코도 오그라들어 구멍이 숭숭 난 피부가 볼품이 없었다. 이목구비의 모양새는 그래도 약과다. 그분의 표정은 오랫동안 사막에서 헤매고 다닌 산발한 유령 같았다. 어른도 섬찟해서 도망가고 싶은 삭막한 형상인데…… 핏줄이란 참 오묘한 것이다. 만난 지 얼마 되지도 않았는데, 그 폐허 같은 노인에게 식이는 서슴지 않고 안겨 아주 편안한 표정을 짓고 있었다. 돌부처처럼 말이 없는 할아버지 속에서 용솟음치고 있는 숨겨진 사랑이 아이에게 전달되는 경로가 궁금했다.

동그란 눈을 가진 언니의 아들을 우리는 '손오공'이라 불렀다. 선병질의 아비에게서 태어난 아이는 피부가 놀랍도록 하얀데, 살짝 홍조를 띠고 있어 아주 매력적이었다. 머루빛 동자를 가진 커다란 눈은 꼬리 쪽이 위로 살짝 올라가 있어 언제나 깜짝 놀란 것 같은 표정을 하고 있었다. 그 눈이 영화에 나온 손오공과 비슷해서 손오공이라는 애칭이 붙은 것이다. 나는 흰자위가 그렇게 맑은 아이를 다시는 본 일이 없다. 손가락의 끝마디가 살짝 안으로 굽은 이상한 손을 가진 아이도 다시는 본 일이 없다.

"하아버지 이게 뭐요?"

방울새 같은 소리로 아이가 할아버지에게 말을 건다. 성채의 철문처럼 단단히 잠겨 있던 할아버지의 입이 무겁게 열린다.

"담바다 담바*"

"하아버지 이건 또 뭐요?"

이렇게 하여 할아버지는 벙어리가 되는 것을 겨우 모면한다. 스핑크스처럼 무뚝뚝하고 말이 없는 사돈 영감님은 저녁을 한 숟 뜨는 둥 마는 둥 하고는 소리 없이 밖으로 나가신다. 할아버지가 나가는 것을 기다렸다는 듯이 맞은편 집 여자가 마실을 온다. 남자들만 타고 온 피난선에 여자는 그녀 하나밖에 없었다니, 남정네만 있는 향수동에서 외로웠던 모양인지 그 여자는 언니네 집을 아무 때나 드나든다. 부리부리한 눈을 가진 키가 큰 북방 미인이다. 약간 주걱턱인 것 외에는 나무랄 데가 없는 20대 후반의 그 활달한 여인은, 오늘 같이 사는 남자에게서 반지를 선물 받았다. 그걸 언니에게 보여주고 싶어 할아버지가 나가기만 기다린 모양이다. 그녀의 남자는 40대 초반의 건장한 호남이다. 피난민의 리더인 그는 자줏빛 당꼬바지**에 카키색 단추 달린 쯔

---

* 담배의 사투리.
** 탄광 노동자들이 입던 허벅지 쪽은 헐렁한데 발목 부분의 밑단이 좁은 바지.

메에리를 입고 있었는데, 혁명군의 대장같이 박력이 넘쳐 보였다. 피난 오는 배 안에서 그들은 처음 만났고, 첫눈에 반해서 내리자마자 같이 살기 시작했다. 그 남자와 여자는 사람들과 어울려 먹고 마시며 아주 즐겁게 살았다. 그런데 고향에서 여성청년단 단장이었다는 씩씩한 여자는, 남자가 빨리 자리를 잡아가는 데도 영 안정이 되지 않는 것처럼 보였다. 남자가 유부남이기 때문이라고 언니가 귀띔해주었다. 다시 북한이 해방이 되거나, 그의 아내가 밀선을 타고 내려오면, 자기가 설 자리가 없다는 사실이 그녀를 괴롭힌다는 것이다. 북에서 지도층에 있던 여자는 길에서 만난 남자와 야합해 사는 것이 찜찜한 일이었을 것이다. 남의 남편과 사는 건 더 찜찜했을 것이며, 상대방을 남자로서 깊이 사랑하게 된 것도 견디기 어려운 고통이었다. 여자는 그래서 늘 불안정해 보였다. 그 불안을 다독여주기 위해 남자가 오늘 과잉 출력을 한 것 같다. 아무리 자기 돈이라 해도, 단체장이라 돈을 함부로 쓰는 인상을 주면 신상에 이로울 것이 없다는 사실을 알고 있을 텐데, 그는 무리를 해서 다이아가 끼어 있는 반지를 여자에게 사준 것이다.

  나는 그 여자를 좋아하지 않았다. 남의 집에 아무 때나 드나드는 것도 마음에 들지 않지만, 반지 자랑을 하러 오는 것은 더 큰 망발이다. 남편의 행방을 몰라 밤마다 울면서 자는 언니, 가슴앓이를 하는 시아버지 때문에 마음 놓고 울지도 못하는 언니에게,

남편도 아닌 남자에게서 받은 반지를 자랑하러 온다는 것은 상식에 어긋난 처사다. 내가 투덜대자 마음이 여린 언니는 그 여자를 위해 열심히 변명을 했다. 사실은 자기를 위로하러 오는 건데, 자기가 아이들과 노는 것을 보면 갑자기 너무 부러워져서 그런 망발을 하는 것 같단다. 언니의 아이들이 너무 이쁘고 밝아서 내 눈에도 아이들과 놀고 있는 언니는 부러워 보였다. 언니가 딱해서 위로하러 온 그 여자도, 아이 둘을 양쪽 무릎에 앉히고 있는 언니를 보면 갑자기 자기 신세가 처량해져서, 그 복잡한 심리를 반지 자랑 같은 것으로 얼버무린 건지도 모른다. 술기운이 있는 여자는 한마디 더 망발을 했다. "지 예펜네가 나타나도 문제가 없다 이거야! 적어도 이 반지는 내게 아이겠니?" 불빛에 비추며 흔드는 그녀의 손에서 다이아가 찬란한 빛을 발산했다. 여자는 갑자기 자기가 하고 있는 일이 부끄러워졌나 보다. 남자가 공금을 건드린 것이 아닌가 싶어 발이 저리기도 했을 것이고, 굶고 있는 피난민도 있는데 알이 든 반지를 샀으니 남들의 공론도 무서웠을 것이다. "식이 엄마! 사실은 오늘 내가 너무 속이 상해서 술 좀 마셨어. 미안해." 여자는 착잡한 표정을 짓더니 얼른 문을 열고 가버렸다. "이쁘고…… 경우 바르고…… 잔정도 많은 여잔데…… 안됐어." 언니는 자기 처지도 잊고 그녀가 가슴 아파 혀를 차고 있다.

"이 약이요! 빈대 약이요!" 밤중인데 이웃집에서 누군가가 판자벽을 쾅쾅 발로 차면서 소리를 질러댔다. 우리는 기겁을 해서 동시에 벌떡 일어났다.

"수항 아저씨다. 걱정 마."

언니가 조용히 말했다. 서당 집의 외아들인 수항 아저씨는 아주 내성적인, 조용한 분이다. 분위기가 부드러워서 우리 자매가 모두 따랐던 먼 친척 아저씨. 생전 부엌에 들어가 본 일도 없고, 먹을거리 걱정 같은 것을 해본 일도 없는 그 어벙한 책방 도령을 나도 어제 잠깐 보았다. 사춘기의 소년티가 아직도 남아 있는 그 30대의 남자는, 의지 없는 고아같이 심란한 표정을 하고 있었다. 언니 말에 의하면 그분은 영 낯선 환경에 길들지 못해, 많이 힘들어한단다. 기가 센 북쪽 출신의 다른 남자들이, 전에 살던 처지 같은 건 싹싹 덮어버리고, 자갈치 시장이나 부두 같은 데서 험한 일을 닥치는 대로 해서 조금씩 안정을 얻어가고 있는데, 그 아저씨는 손을 입에 물고 주저주저하면서 오랜 세월을 불안하게 보냈다는 것이다. 가지고 온 금붙이도 떨어져 가서 날마다 걱정이 태산 같더니, 최근에 드디어 찾아낸 생업이 이 약장사란다. 그런데 "이 약이요! 빈대 약이요!" 하는 소리가 영 목구멍에서 나오지 않아서 며칠 동안 부산 시내를 헛되이 돌고 있다더니, 자면서 저런 잠꼬대를 한다고 언니가 측은해했다. 나도 어질게 생긴 무능한 아저씨가 물가에 혼자 놓인 아이처럼 걱정이 되었다. 하지만 이 약장사 같은 것도 시작할 엄두를 낼 수 없는 늙은 사돈 영감은 마음이 훨씬 더 참담할 것 같았다. 자존심이 강한 어른인데, 비상시여서 자기도 여의치 않을 사돈에게서 생활비를 도움받는 지금의 현실이 얼마나 고통스러우실까? 갑자기 어른이 된 기분이 되어 아들을 잃은 사돈 영감님께 짙은 연민을 느꼈다.

다음 날 나는 영도에 있는 학교에 찾아갔다. 도자기 공장 마당을 얻어 바라크를 지어놓은 곳이 교사였다. 담임선생을 만나 사정 이야기를 하고 복교하는 것을 약속받았다. 그런데 내가 그만 실수를 했다. 국어를 가르치던 친한 교감 선생을 만나자, 그간 학교에 다니지 않은 사실을 실토했다. 학생들의 사정을 잘 아니까 나중에 서류를 받고 편법으로 처리해주려고 했던 담임선생이 난색을 표했다. 교감에게 들켰으니 봐줄 수 없게 되어 군산에 다시 가서 무언가 서류를 만들어 가지고 오는 수밖에 없다는 것이다.

300명의 학생이 3분의 일로 줄기는 했지만, 학교에서는 정상 수업을 하고 있었다. 공부하는 친구들을 보니 자극도 되고, 졸업이 얼마 남지 않은 시점에서 복학이 늦어지니 갑자기 초조해졌다. 그 초조감은 낯설었다. 전쟁이 난 날부터 그때까지 1년 반이 넘는 동안 나는 학교에 가지 않는 생활을 너무나 즐기고 있었기 때문이다. 오빠가 군산 시내를 훑어서 보고 싶은 책들을 계속 빌려다 주셨다. 나는 거기에서 보들레르와 서정주를 만났고,「태양의 계절」의 작가와 '신석초'를 알게 되었다. 나다니는 걸 좋아하는 성격이 아니니까 집에서 원하는 공부만 하면서, 말하자면 자율 학습을 하고 있은 셈이다. 그렇게 자유롭게 낭인 생활을 하는 쪽이 내게는 적성이 맞는다고 생각했는데, 복교가 늦어진다니 갑자기 불안해지는 것이 이상했다. 오래간만에 만난 친구들과 이야기꽃을 피우다가 늦게 돌아온 나는 피곤해서 일찍 잠이 들었다. 밤중에 밖이 갑자기 소란해져서 언니와 나는 소스라쳐 깨어났다. 통행금지가 얼마 남지 않은 시각인데, 이웃 사람들이 이마가 터져 유혈이 낭자한 사돈 영감을 메고 들어왔다. 이마 윗부분이 온통 짓이겨져서 얼굴이 피범벅이 되어 있었다. 이 동네에 온 후로 영감님은 밤마다 방파제에 앉아 소주를 마시면서 북쪽 바다를 보는 것이 일과였다. 수항 아저씨가 늘 옆에서 돌보다가 모시고 들어오곤 했는데, 아저씨가 새로 시작한 장사가 힘들어서 잠깐 눈을 붙인 사이에 영감님이 행방이 묘연해진 것이다. 뒤늦게 그 사실을 안 아저씨가 동네 사람들과 찾아 나섰다. 송도 가까운 방파제 뒤쪽 어둠 속에서 이상한 비명이 들려왔다. 사람들이 불을 켜 들고 찾아가 보니 술에 취한 영감님이 방파제에 이마를 짓찧고 있었다.

　삼산병원 원장이 울면서 말없이 옛 친구의 상처를 치료해주셨다. 이웃 사람들도 모두 울고 있었다. 취중이고 기력이 없어서인지 상처는 그다지 깊지 않았다. 진정제를 맞은 영감님은 기진해서 이내 잠이 드셨다. 언니와 나도 다시 잠을 청했다. 그런데 새벽에 또 이상한 소리가 나서 잠이 깼다. 죽지 않고 살아난 것을 알게 된 영감님이 옆에서 자던 식이를 부여안고 통곡을 하기 시작한 것이다. 기합을 넣는 것처럼 규칙적으로 학! 학! 하고 밭은 울음을 토해내면서, 그분은 박자에 맞추어 가슴에 안은 아이를 으스러지게 껴안았다 풀어줬다 하고 있었다. 불판 위의 새우처럼 전신으로 경련을 일으키면서 영감님은 그 이상한 동작을 멈추지 않았다. 놀란 아이가 비명을 지르며 울부짖었다. 아이의 비명과 할아버지의 밭은 통곡이 향수동의 새벽을 참담하게 적셔갔다.

1973년 10월

내 집에 가 죽을래

1927년 토끼해에 태어난 큰언니는, 2021년 가을에 30년간 살던 미국을 등지고 한국으로 돌아왔다. 방년 94세. 그때까지는 교회 새벽 기도회에 꼬박꼬박 나가던 권사님이, 새해가 시작되니 갑자기 인지력이 약해져서 수도꼭지 잠그는 걸 잊고 자기 시작했다. 아래층으로 물이 흘러내려 두 번이나 경고를 받았다. 한 번 더 받으면 추방령이 내려진단다. 혼자 둘 수 없어서 애리조나에 있는 작은 딸이 남편을 두고 와서 간호를 한 지 6개월이 지났다. 더 이상 모시고 있을 수 없는 형편이어서 큰딸이 가서 교대하다가, 역시 장기간 머물 수는 없으니, 겨우 설득해서 모시고 돌아온 것이다.

큰딸네는 광천에서 내외만 사는데 집이 크다. 시골이어서 텃밭도 있고, 길도 한산하니 산책하기도 좋다. 그래서 우리는 모두 언니가 여기서 돌아가셔서 부모님 곁에 묻히기를 바랐다. 그런데 언니는 아니었다. 이 선생이 암 투병 중이어서 두 달이 지난 후에야 내가 겨우 시간을 내서 가보니, 하얀 블라우스에 남색 바지를 입은 언니는 신색이 좋아져서 뽀얗고 이뻤다. 사위가 아침마다 바다에 가서 활어회를 떠다 공양한 덕이란다. 그런데 나를 보자마자 언니는 돌아가는 타령을 하기 시작했다. 그건 "가고 싶다"라는 정도의 희망 사항이 아니었다. '갈래'라는 단정적인 의사표시였다. 비자가 끊어질 때까지 석 달만 채우고 돌아가겠다는 의지가 확고했다. 마음이 약해서 평생 남이 하라는 대로만 살던 언니가, 생전 처음 확실하게 자기 뜻을 전했다. 그 용기가 가상했다. 원하는 곳에 가서 죽는 게 좋겠다 싶었다. 그래서 조카에게 엄마 뜻대로 해드리라고 권했다. 결국 언니가 이겼다. 딸이 착해서, 피해가 큰데도 엄마 뜻에 따르기로 한 것이다. 혼자 갈 수 있다고 당신은 자신이 만만했지만, 94세 된 노인을 혼자 보낼 수는 없으니, 딸이 또 비즈니스 2인분 좌석을 준비했다. 남편의 상태가 나쁜 때여서 나는 언니를 공항에 가서 만났다. 마지막 만남이어서 부둥켜안고 한참 울었다. 하지만 언니는 보라색에 같은 계열의 꽃무늬가 화려한 벨벳 코트를 입고 신이 나 있었다. 돌아가서도 오래 살면, 결국은 양로 병원에 가는 수밖에 없는 데도 언니의 의사는 확고하다. 그 뜻에 따르기를 잘했다 싶었다. 가족에게 폐를 끼치면서 하는 자기주장이니까 아이들에게 미안하기는 하지만, 그런 형편에 있다고 해도, 삶은 결국 본인 자신의 것이어야 하지 않겠는가? 원하는 대로 죽을 권리는 보장되어야 하는 것이 옳다는 생각이 들어서 손을 흔들며 보내드렸다.

가보니 친구들이 몰려들더란다. 누구에게나 다정한 언니는 친구가 많았다. 여선교회 회장을 오래 해서 친한 교우들도 많아, 제가끔 음식을 장만해다가 냉장고를 채워놓는 것을 보면서 조카는, 왜 남의 말을 거역하지 않던 엄마가 그렇게 완강하게 자신의 방으로 돌아가고 싶어 했는지 이해할 수 있더라고 한다. 거기에는 언니의 "친숙한 일상"이 있었던 것이다. 언니만의 자유로운 삶 말이다. 그곳은 언니 자기만의 공간인데, 딸네 집은 아무리 좋아도 역시 타인의 집이다. 돌아가서 언니는 죽을 준비를 즐겁게 해나갔다. 그리운 사람들을 다 모아서 푸짐하게 송별회를 하기도 하고, 정든 물건들을 미리 원하는 친구에게 몫을 지워주는 작업도 하면서, 딸들과 함께 좋게 지낸 것이다. 기간도 길지 않았다. 두 달 만에 언니는 남편 옆에 묻혔다. 남은 기간이 길지 않으니 딸들이 곤란해지는 일도 없었다. 알맞은 때에 떠났으니, 선종善終이다. 나는 그 말이 참 좋다. 정말 좋게 마무리 지은 삶이다. "그 영혼의 그윽이 깊은 곳에 하늘 곡조가" 들려오는 사후의 세계가 마련되어 있었으면 하고 바랄 뿐 그 죽음이 애통하지는 않았다. 죽을 수 있다는 것도 축복이기 때문이다.

2022년 9월

7

잠자는 공주의 잠꼬대

잠자는 공주의 잠꼬대

20세기의 마지막 가을에, 딸의 결혼을 앞둔 막내만 빼고, 네 자매가 스페인으로 여행을 간 일이 있다. 집을 나서는데 출발점에서부터 큰언니가 동생 곁에 붙어 섰다. 동생은 눈이 나쁘니까 이 여행에서 자기가 그 애의 눈이 되고 발이 되겠다는 의사표시다. 그러니 작은언니와 내가 자연스럽게 짝이 되었다. 그건 내게는 엄청난 행운이었다. 작은언니는 룸메이트로서는 나무랄 데가 없는 파트너이기 때문이다. 나는 자리가 바뀌면 잠을 잘 자지 못한다. 잠은 오지 않는데 룸메이트에 대한 배려 때문에 꼼짝 못하고 가만히 누워서 시간을 보내는 것은 너무 큰 고역이다. 그래서 단체 여행을 좋아하지 않는다. 설상가상으로 얼마 전에 친구들과 여행을 하다가 내가 코를 곤다는 충격적인 사실을 알게 되었다. 나 때문에 잠을 못 잤다는 사람이 나타나니 신경이 곤두섰다. 그래서 다음 날은 콘도의 마루에 나와 혼자 잤는데도 남의 잠을 방해할 것 같은 강박관념이 생겨 잠드는 것이 무서웠다.

작은언니와 룸메이트를 하면 그런 문제들이 저절로 해결된다. 언니는 베개를 머리에 대기만 하면 잠이 들고, 한번 잠들면 깨는 법이 없기 때문이다. 그래서 별명이 '잠자는 공주'다. 밤중에 내가 입구 쪽 불을 켜고 책을 읽거나 화장실에 들락거려도 언니는 전혀 방해를 받지 않는다. 그러니 코를 골아도 들킬 염려가 없다. 게다가 성격이 대범해서 만사가 무사통과다. 돈은 내라는 대로 내고, 일정에 대해서도 참견하는 법이 없으니 룸메이트로서는 이상적인 대상이다. 잠자는 공주도 늙더니 이따금 이상한 짓을 한다. 어느 날 먼저 잠들었던 언니가 오밤중에 나를 막 흔들어 깨우더니 "민아 엄마야! 너 왜 여기 와 있니?" 하고 다급하게 물었다. 잠결에 그곳을 자기 집으로 착각하고, 한국에 있어야 할 내가 옆에 있으니 놀란 모양이다. 둘이 깔깔대고 웃느라고 잠을 놓쳐서 다음날 좀 고전을 했다. 그뿐 아니다. 어떤 때는 내가 눈을 떠보면 언니가 화장실 불을 켜놓고 책을 읽는 일도 있다. 잠자는 공주가 잠이 안 와서 밤중에 독서를 하다니…… 희한한 일이 아닐 수 없다. 언니는 또 사이드 테이블 공포증이 있다. 얼마 전에 망막에 이상이 생겨 레티나 수술을 받은 후부터, 눈의 초점이 맞지 않아서 사이드 테이블에 얼굴을 부딪친 일이 여러 번 있다는 것이다. 그래서 가는 곳마다 사이드 테이블을 치워야 한다.

어려서부터 언니와 나는 충돌한 일이 거의 없는 자매다. 언니가 멍청할 정도로 관대한 데다가 내가 언니를 워낙 좋아해서 하라는 대로 하기 때문에, 싸워본 일이 거의 없다. 이번 여행에서도 마찬가지였다. 언니는 장소를 옮길 때마다 꼼지락거리는 게 좀 문제기는 하지만, 그 대신 무얼 놓고 오는 일이 없으니 봐줄 만하다. 우리는 성격이 너무 달라서 오히려 잘 맞는 케이스인 것 같다. 그런데 저쪽 방은 사정이 좀 달랐다. 몸이 안 좋은 동생은 청각이 유난히 예민해서, 옆에서 부스럭거리는 걸 못 견딘다. 그래서 몇 년 전부터 남편과도 각방을 쓴다. 그런데 바지런한 큰언니는 잠만 깨면 계속 부스럭거린다. 소리 안 나게 덧버선을 신고 움직이라고 사정을 해도 자꾸 잊어버리고, 슬리퍼를 신고 움직여서 번번이 동생을 깨운다는 것이다. 드디어 잠을 못 자서 두통이 난다면서 동생이 머리를 끈으로 동여매기 시작하자 언니도 옆구리가 결린다고 내 귀에 속삭였다. 동생이 홧김에 남의 생각을 할 줄 모른다고 한 말이 고까워서, 그 애 짐을 들고 다 나르라고 생긴 통증을 나에게 고발한 것이다. 그 애가 미안해할까 봐 아픈 내색도 안 내며 견딘 언니 입장에서 보면 동생의 불평이 노엽겠지만, 신발 소리 때문에 번번이 잠을 깨는 쪽에도 할 말은 있을 거였다. 룸메이트가 어려운 것은 그렇게 생활이 밀착되어 버리기 때문이다. 여행은 누구에게나 힘겨운 일이어서 룸메이트 사이에서는 이런 트러블이 생기기 쉽다. 그래서 다정하게 손을 잡고 떠난 친구들이 절교하고 돌아오는 경우도 많다. 신혼부부들이 여행을 하다가 싸우는 것도 같은 이치이다. 서로가 피곤해서 남을 참아줄 아량을 잃는 것이 여행의 나쁜 면이다.

우리는 체인지 파트너를 해서 그 문제를 해결했다. 낮에는 우리가 동생을 돌보아서 큰언니의 부담을 덜어드린 것이다. 나는 팔을 다쳐서 그 애를 부축해줄 수 없지만, 동생이 힘이 빠져 주저앉을 때 같이 앉아버리면 언니들이 자유로워진다. 저녁때 언니들이 나가자고 하면, 피곤하다며 동생 옆에 머무는 것도 같은 효과를 나타낸다. 그런 휴식은 내게도 유익해서 별문제가 없었다. 다음 날 저쪽 방에서 다시 구구거리는 다정한 말소리가 들려오니까 작은언니가 큰 발견이라도 한 것처럼 다음과 같은 말을 했다.

"으응…… 형제끼리는 싸우거나 흉보면서도 다시 저렇게 화해가 되는구나. 남과는 잘 안 되던데……."
"여부가 있겠습니까, 성니임."
내가 너스레를 떨면서 옆을 보니 언니는 벌써 잠들어 있었다.

2001년

가달거리기와 걷어 먹이기

스페인 여행을 할 때, 작은언니는 열두 시간의 긴 여행을 할 사람이 하얀 바지를 입고 공항에 나타났다. 여름에 흰 바지를 입으려면 옷감이 얇으니까 속바지를 받쳐 입어야 한다. 앉을 때마다 바닥에 손수건을 깔아야 하는 것도 번거롭다. 그런 번거로움을 감수하면서, 언니는 칠십이 되어도 아무 때나 하얀 바지를 입고 멋을 부린다. 아름다움을 위해 번거로움을 참는 사람을 우리는 멋쟁이라고 부른다. 작은언니는 힘들어도 멋을 부리는 쪽을 선택한 멋쟁이다. 언니는 우리 집 다섯 딸 중에서 얼굴이 가장 아름다운 소저이고, 무용 전공이어서 몸은 작지만 균형이 잡혀 있다. 거기에 타고난 심미안이 있으니 무엇을 입어도 옷 태가 난다.

언니의 멋 부리기를 어머니는 '가달거린다'라고 표현하셨다.

작은언니는 어려서부터 가달거렸고, 가달거림과 그녀의 미모가 상승효과를 나타내서 언제나 남의 이목을 끌며 살았다. 피난을 와서 일본 사람들이 버리고 간 옷을 입을 수밖에 없던 대학 시절에도 언니는 벨벳의 검은 원피스를 어디에선가 찾아내서, 자기 치수에 맞게 고치고, 거기에 모시에 수를 놓아 멋있는 하얀 에리를 만들어 달아서, 눈에 확 띄는 시크한 원피스로 만들어 입었다. 그 버릇은 늙어도 없어지지 않아서 언니는 칠십이 넘어도 길에 나서면 거리가 훤하다. 하지만 가달거리기는 이따금 혹독한 대가를 요구한다.

어렸을 때는 겨울에 솜을 둔 속바지가 밉다고 낟가리에 쑤셔 넣고 학교에 갔다가, 폐렴에 걸려 죽을 뻔한 일이 있고, 고등학교 때는 내 등록금을 들고 가서 주근깨를 빼서, 어머니에게서 심하게 혼난 일도 있다. 하지만 언니의 가달거리기는 잦아들지 않았다. 고등학교 때도 어디에선가 교복 패턴을 얻어다가 교복을 직접 근사하게 만들어 입었으며, 대학 때는 나와 같이 나가 옷을 사면, 다음 날 내 새 옷을 먼저 입고 나가서 나를 환장하게 했다. 옷을 살 때도 나는 기운이 없어서 적당히 사버리는데, 언니는 심혈을 기울인다. 마음에 꼭 드는 게 나타날 때까지 탐색을 계속하는 것이다. 그래도 마음에 드는 것이 없으면 다시 오지 그냥 대충 사버리는 법이 없다. 그래서 지금도 언니의 옷장에는 내 것보다 세련된 옷들이 많이 걸려 있다.

몇 년 전에 큰언니 구순에 가서 찍은 사진을 보내온 것을 보니, 내가 미국에서 언니에게서 빌려 입고 찍은 재킷이 아주 멋이 있어 보였다. 언니는 아흔이 넘은 후로 나들이를 잘 하지 않으니, 조카 편에 그걸 내게 보내라고 부탁했다. 남편이 6년째 병중이어서, 옷을 안 샀더니 초겨울에 입을 옷이 마땅치 않았던 것이다. 그런데 온 것을 보니 검은 바탕에 박힌 점이 금빛이어서 한국에서 입고 다니기에는 좀 그랬다. 미국 사람들은 옷을 화려하게 입으니 그 빛나는 점들이 눈에 띄지 않았던 모양이다. 요즘 나는 미국 형제들이 그리워서 방에 형제들이 준 물건을 기념품들처럼 널어놓고 지내는 버릇이 생겼다. 그 재킷을 나는 작은언니가 준 기념품으로 생각하고, 벽에 걸어두고 보기로 했다. 나갔다가 비어 있던 방에 들어서면, 그 화사한 옷이 언니 같아서 반갑고 살갑다.

검소한 어머니는 언니가 가달거릴 때마다 호되게 다스리지만, 그런다고 고쳐질 사항이 아니다. 그건 천하에 호가 난 한량인 아버지에게서 물려받은 태생적인 심미적 자질이기 때문이다. 언니의 가달거리기는 그녀의 미모와도 관련이 있는 것 같다. 언니는 미인이니까 싸구려 옷을 입어도 멋이 있어 보였다. 조금만 손을 보면 외모도 확 달라지니, 멋부리기가 재미있는 모양이다. 미인은 자신의 타고난 아름다움을 힘들어도 가꾸어야 할 채무를 짊어지고 태어나는 건지도 모른다. 언니는 늙어서도 여전히 가달거렸다. 머리를 염색하지 않는 대신에 은발형 멋을 창출하는 것이다. 검은 비로드 망토에 빨간 폴라를 입고 까만 베레모를 쓴다든가, 노란 니트 정장에 까만 재킷을 받쳐 입어, 화려하면서도 기품 있는 할머니상을 만들어낸다. 어느 날은 진보라색 하이넥 스웨터가 그녀의 반짝이는 백발을 하도 이쁘게 보이게 해서, 따라 하고 싶어질 지경이었다.

뚱뚱한 데다가 병치레를 하느라고 멋과는 담을 쌓고 사는 동생과 같이 다니면, 다섯 살이나 위인데 순서를 반대로 보는 경우가 많을 지경이다. 그러니 미인을 언니로 두는 것은 동생들에게는 재앙이다. 스페인에 입고 온 하얀 바지는 작은언니의 가달거리기의 상징이었다. 흰 바지에 받쳐 입으니 내가 사준 감색 티셔츠가 한결 돋보였다. 그런데 그 소중한 바지를 빨래를 좋아하는 큰언니가 빨아서 세비야의 호텔에 두고 지브롤터까지 와버려서, 작은언니를 길길이 뛰게 했다. 그렇게 취향이 달라서, 언니들 사이에는 작은언니가 길길이 뛸 일이 자주 일어났다.

우리 자매는 위로 갈수록 외모가 아름답다. 농담을 잘하는 외삼촌의 말을 빌자면, 어머니의 딸 낳는 기술이 나날이 퇴보한 것이다. 그러니까 큰언니는 우리 중에서 제일 아름답고 탐스럽다. 키까지 크고 체격이 늘씬해서, 구십이 훨씬 넘어도 늘 훤칠하다. 하지만 백모란 같은 큰언니의 아름다움에는 작은언니 같은 끼가 없다. 게다가 큰언니는 작은언니처럼 가달거릴 줄을 모른다.

워낙 훤칠하니까 무얼 걸쳐도 훤해 보이는 것뿐이다. 처녀 때는 남자들이 연애편지를 보내고 난리를 쳤지만, 큰언니는 남자가 접근해 오면 길옆으로 비켜서는 재주밖에 없어서, 사랑 한번 못 해 보고 정신대 때문에 일찍 결혼을 하더니 스무 살에는 이미 엄마가 되어버렸다.

큰언니는 작은언니처럼 매혹적이지 않은 대신에 어려서부터 모성적이었다. 평생 남자에게 교태 같은 것을 부려본 일이 있을 성싶지 않게 아직도 순진해 보이는 큰언니에게는, 타인의 결핍과 아픔을 감지하는 신통력이 있었다. 아픈 사람을 돌보는데 천재적인 소질이 있는 것이다. 어머니가 뇌경색으로 쓰러졌다가 3일 만에 눈을 떴을 때, 제일 먼저 한 말이 큰언니에 대한 감사였다. 의식이 없는 타인의 소리 없는 갈망을 어떻게 그렇게 잘 알아낼 수 있느냐면서 어머니는 종일 언니 칭찬을 했다. 혼수상태에 빠졌을 때, 어머니는 아주 심한 갈증에 시달렸다고 한다. 하도 목이 타서, 부자가 나사로에게 물을 구걸하던 장면만 생각나더라는 것이다. 누가 손가락 끝에라도 물을 묻혀 입술을 적셔주면 얼마나 고마울까 하고 애를 태우고 있는데, 진짜로 웬 손이 쓰윽 나타나더니, 신통하게도 알맞게 따끈한 보리차를 거즈에 축여서 입술을 고루고루 적셔주더란다. 그 기적의 손이 큰언니의 것이었다. 입안이 마르는 시기를 알아맞히는 것, 거즈를 담그는 보리차의 온도, 수분 함유량 재기 등을 큰언니는 완벽하게 처리했기 때문에, 어머니는 "구세주를 만난 것처럼 고마웠다"고 하셨다.

그 대신 큰언니는 겁이 많고 독립성이 약했다. 자립정신이 강하고 지적이었던 우리 어머니는, 큰언니의 유약함과 의존적인 성격을 좀 미흡하게 생각했다. 성격이 모질지 못한 언니는 사람을 지나치게 무서워해서, 평생 보디가드가 필요했다. 작은언니가 주로 그 역할을 담당했다. 중학교 때 서울에 유학 와서 아버지 집에 살 때는, 해주댁이 큰언니를 해치지 못하게 작은언니가 방패 역할을 했고, 남학생들이 큰언니에게 지분대는 것을 막는 수문장도 역할도 역시 작은언니가 했다. 어머니 편에서 보면 큰언니는 앞날이 걱정이 되지 않을 수 없는 딸이었다. 그런데 생전 처음 큰 병에 걸려서 간호를 받는 입장이 되어 보니, 그 딸은 자기에게는 없는 너무나 큰 장점이 있다는 것을 알게 되었다. 남의 상처를 어루만지는 능력에 있어 큰 언니를 따를 사람이 없었던 것이다.

"정아 애비 오면 이건 꼭 알려줘야겠다. 그게 얼마나 귀한 품성이냐?"

그 말을 하면서 흡족하게 웃다가 어머니는 다시 깨지 못하는 두 번째 혼수상태에 빠지셨다. 그래서 언니의 놀라운 장점을 발견한 기쁨은 어머니의 표정 속에 오래도록 남아 있었다. 그 신통력을 가지고 언니는 초등학교 5학년 때부터 동생들을 돌보았다. 홍수가 나서 갑자기 집이 없어지자, 집안일을 돕던 친척들이 모두 떠나갔는데, 초등학교를 갓 나온 큰언니가 동생들을 씻기고 먹여서 어머니에게 크게 도움이 되었다. 그때부터 언니는 우리의 '작은 엄마'였다. 맏딸이 살림 밑천이라는 말을 언니처럼 실감 나게 입증하는 사람은 찾기 어렵다. 언니의 맏딸 노릇은 대를 물려 동생들의 신생아 씻겨주기로 이어졌고, 부모님의 노년 돌보기로 연장되었다. 어머니가 몇 달 동안 식물인간으로 누워 계실 때도 우리는 어머니를 간호한 일이 거의 없다. 언니가 혼자 병수발에서부터 간식 챙기기, 간병인 구하기까지 모두 감당했기 때문이다. 힘이 드니 일을 분담하지는 말조차 한 일이 없다. 덕택에 어머니는 의식이 없는 석 달 동안 인간이 누릴 수 있는 최상의 보살핌을 받다가 가셨다.

그런 데다가 큰언니는 무골호인이다. 그러니까 우리는 언니한테 막 까분다. 그리고 어렸을 때 애먹이던 버릇을 어른이 되어도 버리지 못해서 지금도 궂은일은 모두 언니에게 부탁한다. 우리에게는 언니가 엄마이기도 했기 때문에 그 흔들리지 않는 사랑을 믿고 응석을 부리는 것이다. 스페인 여행을 할 때도, 언니는 여전히 엄마였다. 자주 이동해야 하니 짐은 최소화하기로 약속했는데, 언니는 빽을 하나 더 끌고 왔다. 언니의 여벌 빽에는 우리를 걸어 먹이기 위한 음식과 비상약이 들어 있었다. 그 덕에 우리는 건강을 유지하면서 강행군을 계속할 수 있었다. 내가 뺑치기를 당해 어깨를 다쳤을 때도 언니의 요술 주머니는 큰 일을 했다. 보름 동안 바를 파스가 모두 거기에서 나왔기 때문이다. 자기가 바르려고 가져온 것을 모두 내게 주고, 새끼에게 내장까지 내주는 펠리컨처럼 언니는 자신의 아픔은 참은 것이다.

  큰언니가 엄마라면 작은언니는 아빠였다. 사이즈는 다섯 중에서 제일 작은, 진짜로 작은 작은언니는, 가당치도 않게 통이 크다. 피난 가다가 아버지와 어긋나서 6개월 동안 가장이 없던 시기에 작은언니는 가장 노릇을 거뜬히 해치웠다. 우리 식구 넷과 큰언니 식구 셋, 외삼촌 내외까지 열 식구가, 언니가 받은 전쟁기간에 밀려 있던 봉급으로 연명을 한 것이다. 그래도 공치사 한 번 한 일이 없다. 그러니 언니 둘만 있으면 우리는 부모님이 안 계셔도 땅에 질 염려가 없었다.

2001년

이름값

우리 아버지는 30년대에 백두산 근처에서 계속 옮겨 다니는 생활을 하시면서, 작은언니와 내 이름을 그때 살던 고장의 이름에서 따오셨다. 언니는 갑산甲山에서 태어났다고 갑숙甲淑이라 지었다. 그런데 같은 지역에서 아이가 또 태어나니까 이번에는 동네 이름에서 한 자를 따왔다. 갑산군과 혜산군의 접경지대에 있는 동인리同仁里라는 마을이 내가 태어난 곳이다. 그래서 나는 인숙仁淑이가 되었다. 아들 이름은 항렬을 따라 지으면서 딸 이름에는 원칙이 없었다. 그래서 처음에는 딸도 항렬자를 따르다가, 자꾸 죽으니까 큰언니부터 숙 자를 넣어 남녀를 구별했다. 큰언니는 경숙敬淑인데 동생은 필숙畢淑이다. 딸을 연거푸 낳으니까, 그만 나으라고 畢 자를 넣은 것이다. 그런데 또 딸을 낳으니 이번에는 淑 자를 없애고 畢 자를 돌림자로 해서 필선畢仙이라 지었다. 우리 자매 이름을 보면, 딸이 그렇게 많이 나올 줄을 몰랐던 부모님의 당황해하는 모습이 보인다.

그런대로 내 경우는 별문제가 없었다. 유교의 중심 사상이 '仁'이니 '仁' 자가 해로울 것은 없었다. 나는 유교 중에서 '仁'을 가장 좋아했다. 그 글자는 뜻만 아니라 글자 생김새도 좋아서 나중에 영인문학관 이름을 지을 때 내 이름을 대표하는 글자로 '仁' 자를 택했다. 그런데 작은언니의 '甲' 자는 좀 문제가 있었다. 첫아이가 아닌데, 서열이 제일 위인 甲 자를 이름에 넣었으니, 하극상의 작명법이다. 그렇게 지으면 맏이가 맏이 노릇을 하지 못한 대서 기피한다는데, 지명을 따다 보니 그렇게 되었던 것 같다.

1940년대에 어느 한학자가 언니에게 이름을 바꾸라고 권한 일이 있다. 바꾸지 않으면 별수 없이 작은언니는 맏이가 아닌데도 집안의 맏이 역할을 해야 한다는 것이다. 식민지 시기라 이름에 관심을 가질 경황이 없기도 했지만, 우리 부모는 크리스천이니까 그런 속설에 신경을 쓰지 않았다. 창씨개명을 할 기회가 있었는데도 아들들은 이름까지 바꾸면서 딸 이름은 끝 자를 '子' 자로 하고 가운데 글자는 그냥 두었다. 해방이 되자 원이름으로 돌아가니 언니는 90이 넘은 지금도 여전히 갑숙이다. 1974년에 오빠가 돌아가시자 영정 앞에 모인 친척들이 새삼스럽게 언니 이름에 관심을 표명했다. 가족들이 모여 곰곰이 따져보니, 작은언니가 셋째인데도 줄창 부모와 형제를 돌보며 맏이 노릇을 해왔기 때문이다. 그래서 그 일이 이름 때문에 생긴 것이 아닌가 하는 생각들을 하게 된 것이다.

맏이인 오빠는 전문학교 1학년 때 이미 애기 아빠였다. 그 애가 세 살 때 학도징용에 끌려가서 오빠는 해방될 때까지 학생 신분에 묶여 있었다. 해방 후 남하해서 전공을 바꾸려고 고심하고 있는데, 아버지 회사가 갑자기 망했다. 다급하니까 오빠가 허둥지둥 직장을 구한 것이 군산중학교의 역사 교사 자리였다. 오빠는 일제 말에 독학으로 한국문학과 역사 공부를 하고 있었기 때문이다. 심장이 나빠 자리보전하고 있는 아내와 두 아이를 데리고 오빠는 독립해서 군산에 갔다. 하지만 교사의 봉급으로는 세 식구를 부양하면서 병원비와 간병비를 대는 것도 힘에 겨웠다. 새언니가 돌아가시고 재혼한 후에는 경제 사정이 더 나빠졌다. 재혼한 언니가 가톨릭이어서, 피임을 안 하고 아이를 넷이나 더 낳았기 때문이다. 오빠는 대학교수여서 여덟 명의 식구를 감당할 능력이 없었다. 빚이 자꾸 늘어가는 형편이어서 부모를 돌볼 여유가 전혀 없었다.

둘째인 큰 언니는 6·25 때 남편을 잃어서, 아이들을 데리고 아예 친정에 와 있었다. 세 식구가 아버지의 부양가족이 된 것이다. 아버지가 재기하지 못해서 집안 형편이 말이 아닌데, 이미 장성한 오빠와 큰언니가 그 지경이니, 셋째인 작은언니가 나서지 않을 수 없었다. 언니는 할 수 없이 4년제 대학을 포기하고,

숙명여고 5학년 때 서울사대의 2년제 교원 양성 코스를 택했다. 그래서 스물한 살 때부터 군산 사범에서 무용 선생을 하고 있었다. 우리가 군산으로 피난 갔을 때, 작은언니는 교사의 월급으로 큰언니네 식구와 어머니와 동생들을 부양하는 소녀 가장이 되었다. 그러니 언니는 어머니를 도운 첫 자식이다.

식량이 모자라던 일제 말에 서울에서 하숙을 했던 작은언니는, 성장기에 제대로 먹지 못해서 형제 중에서 몸집이 제일 작았다. 그런데도 이름에 '갑' 자를 가진 아이답게 배포는 커서, 맏이 대행을 잘하고 있었다. 1·4 후퇴 직후에는 군산 사범에서 나온 언니 관사에 새로 남하한 외숙모네 식구까지 열 식구가 모여 살았다. 마침 6·25 석 달 동안에 못 받은 작은언니 월급이 한꺼번에 나와서 우리는 위기를 모면한 것이다.

언니는 월급을 어머니에게 봉투째 드리는 효녀였다. 아버지가 독립군을 돕느라고 한 번도 어머니에게 모든 수입을 맡긴 일이 없어서 어머니가 섭섭해하자, 언니는 자기가 월급 타면 봉투째 드리마고 약속을 했다. 고지식한 언니는 그 말을 실제로 실행에 옮겼다. 그러고는 엄마에게서 푼돈을 얻어 썼다. 화장품도 마음대로 쓰기 어려웠다. 그러면서 어머니가 외삼촌 내외분까지 받아들여도 군소리 한마디 하지 않았다. 내가 대학 다닐 때는 결혼한 후였지만 그래도 언니는 내 용돈까지 부담했다. 결혼 전에 부잣집에서 혼담이 들어왔는데, 자기는 부양가족이 많아서 안 된다고 딱 잘라 거절했다고 한다. 소녀 가장 역할을 즐겁게 받아들 인 셈이다.

아이는 일곱이었지만 월급봉투를 몽땅 어머니에게 드린 자식 은 작은언니밖에 없었다. 나도 대학 졸업 후 월급을 어머니에게 드렸는데, 나는 절반만 드렸다. 데이트도 해야 하고 결혼도 해야 해서 내린 결정이었다. 다른 형제들은 그나마도 하지 않았다. 언 니가 석 달 치 월급을 봉투째 갖다 드리니 어머니는 그 돈으로 장터에 상가를 지어서 세를 받아 쓰다가, 우리가 그 도시를 떠날 때 거리낌 없이 상점을 오빠에게 드렸다. 언니의 의견도 묻지 않 았던 것 같다. 그래도 언니는 아무 말도 하지 않았다.

그 대신 언니는 가족을 지겨워하기 시작했다. 1970년에 어머 니가 돌아가시니까 언니는 울지도 못했다. 어머니 칠순에 너무 많이 사 보낸 선물이 목두 빚이 되어 돌아올 것이 겁이 났기 때 문이다. 아직 자리도 잡히기 전인데, 연두색 비로드 옷감과 두루 마기감까지 사 보낸 언니의 선물은 어머니의 마지막을 장식하 는 화려한 꽃다발이었다. 언니가 그 당시에는 한국에 없던 손바 닥만 한 트랜지스터라디오를 보내오자, 그걸 귀에 꽂고 종일 찬 송가를 들으시다가 어머니는 의식을 잃으셨다. 지복至福의 상태 에서 의식의 줄을 놓아버린 것이다.

언니의 맏이 노릇은 세 자매가 언니를 따라 미국에 이민 간 시기에도 계속되었다. 언니는 형제들에게도 그런 헤픈 헌신을 아끼지 않았다. 자기가 먼저 가서 미처 자리도 잡히기 전에 언니는 세 자매와 큰조카를 모두 초청했다. 큰언니네와 동생 둘, 조카네 등 네 세대 17명이 모두 그 조그만 여자 하나를 믿고 태평양을 건넌다. 직장에 나가면서 언니는 그들의 치다꺼리를 도맡을 수밖에 없었다. 취직을 시키고, 집 얻어주고, 아이들 입학 수속을 해주고, 관청과 병원에도 데리고 다니는 본격적인 정착 작업을 모두 혼자 맡아 했다. 대가족의 정착을 도울 서류를 떼러 종일 여기저기 뛰어다니던 어느 날, 언니는 과로로 인해 교통사고를 냈다. 운전하다가 졸아서 접촉 사고를 낸 것이다. 덩치가 언니의 두 배나 되는 흑인 경관이 조사하러 와보니, 엄지 공주같이 작고 이쁜 동양 여자가 핸들을 잡고 너무 달게 자고 있으니, 하도 딱해서 편의를 봐주더라는 말을 들었다.

그렇게 힘들게 네 가족을 돌보면서 미국에서 40년의 세월이 흘러갔다. 아이들 공부를 열심히 시켰더니 큰아들이 의사가 되어서 언니는 노후를 여유 있게 살 수 있었다. 다른 집도 2세들이 다 잘 살아서, 경제적으로 여유가 생겼지만, 언니는 여전히 친정 식구들 돕는 일을 계속했다. 체질화되어 있었다.

"아무래도 그때 이름을 고치는 건데…… 잘못했나 봐."

언니가 어느 날 웃으면서 그런 농담을 하자 식구들이 모두 박장대소를 했다. 너무 늦으셨네요, 하는 합창이 들려왔다. 내가 막내며느리인데도 오지랖이 넓어, 맏며느리처럼 늘 고달프게 사니까, 어느 선배가 "남편이 몇째라도 소용이 없어. 니가 맏며느리 팔자를 타고난 거야"라고 말한 일이 있다. 그렇다면 언니도 나처럼 맏이 팔자를 타고난 것일까? 아니면 순전히 이름 때문이었을까?

지난 정월에 미국에 갔더니 큰언니가 우리를 보면서 말했다. "다른 형제는 몰라도 호천 엄마(작은언니)한테는 죽을 때까지 갚아도 다 갚을 수 없는 신세를 졌어." 큰언니는 진심으로 감사해서 그런 말을 했다. 작은언니는 평생 큰언니의 보호자였던 것이다. 형부가 돌아가셨을 때도 큰언니는 내가 걱정을 하니까 "호천 엄마가 있으니 괜찮아"라고 손을 내 저었다. 작은언니는 언제나 큰언니를 남편보다 더 열심히 챙겨주기 때문이다. 다른 형제들도 신세를 진 것은 마찬가지여서, 모두 큰언니의 의견에 동감했다.

그래서 나는 언니에게 '惠山'이라는 큼지막한 호를 지어주었다. 혜산은 우리가 갑산 다음에 산 고장의 이름이다. 뜻이 작은언니에게 잘 어울렸다. 언니는 재수 없게 '갑'자 이름을 잘못 배정받아서 마지못해 맏이 노릇을 한 것이 아니다. 언제나 능동적으로 온 가족을 돌보았다. 그러니 갑숙이가 아니라 은혜로운 산인 혜산이 더 잘 어울린다.

언니는 그 효도의 보답을 아들에게서 풍성하게 받고 있다. 그래서 요즘은 남들에게도 은혜를 베푸는 진짜 큰 산으로 살아가고 있다. 아들이 골프채를 사라고 돈을 주면, 그 돈으로 개척교회에 밴을 사주고, 아들이 반지를 사라고 돈을 주면, 작은 교회에 냉방 시설을 기증하면서, 큰 이름자를 가진 사람답게 내 조그만 언니는 스케일이 큰 삶을 살아가고 있다. 혜산 여사 만세다.

2001년

작은언니와 사르다나 춤

스페인 여행을 갔을 때의 일이다. 바르셀로나의 카테드랄 앞에 마당이 있었는데 사람들이 그 마당에서 손을 맞잡아 둥근 원을 만들며 사르다나 춤을 추고 있었다. 처음에는 느리지만 차츰 빨라지는 3박자 스텝의 민속춤이다. 관광객은 지도교사를 따라 계단 아래에서 서클을 만들어 따로 춤을 배우도록 되어 있었다. 우리는 거기에 끼었고, 무용 선생인 작은언니는 과감하게 바르셀로나 주민들이 추는 그룹에 들어가 춤을 추기 시작했다. 춤 맵시가 워낙 곱고 스텝이 정확하니 처음에는 뜨악해하던 카탈루냐 사람들이 환호를 지르며 그녀를 환영했다. 춤출 줄만 제대로 알아도 세계 어느 나라에서나 친구를 만들 수 있을 것 같다는 생각을 했다. 육체 언어인 춤은, 언어보다 훨씬 직접적이어서 사람과 사람을 쉽게 친숙하게 만든다. 거기에 음악이 곁들여져서 같이 추는 사람들에게 일체감을 심어준다. 언니는 스페인어를 좀 하니까 어느새 그들과 친구가 되어 명함을 주고받고 있었다.

언니는 무용가가 되고 싶었는데 가족을 부양하기 위해 그 꿈을 접었다. 다섯 살 때부터 축음기를 틀어놓고 춤을 춰서 손님들을 기쁘게 하던 아이다. 그래도 춤은 그녀의 생활에 깊이 들어와 있어, 견비통에 걸렸을 때도 아픈 팔을 쳐들고 춤사위를 보여주면 우리는 신이 났다. 나도 춤을 좋아한다. 그래서 결혼식 후에 모인 사람들이 모두 춤을 추는 서양식 결혼식의 뒤풀이를 좋아한다. 우리나라에서도 강강술래 같은 군무라도 자주 출 수 있는 기회를 만들면, 사람들이 훨씬 더 부드러워지지 않을까? 춤이라고는 시골 소학교 학예회에서밖에 추어본 일이 없지만, 나는 손자 손녀들이 어렸을 때 손을 잡고 춤을 추는 것을 아주 좋아했다. 춤은 많은 사람을 함께 즐겁게 만드는 가장 직접적인 예술인 것 같다. 평생 일벌로 앞만 보며 살아온 우리 어머니가 웬일로 칠순 잔칫날 춤을 추던 생각이 난다. 그 며칠 후에 쓰러지셨으니까 그날은 어머니의 마지막 생신이었다. 그날 어머니는 생전 처음으로 오랫동안 신나게 춤을 추셨다. 춤 한번 신나게 추고 어머니는 곧 뇌경색으로 혼수상태에 빠지셨다. 아름다운 피날레였다고 생각된다.

사르다나 춤은 카탈루냐 사람들의 민족적 동질성을 확인해 주는 일종의 의식과 같은 것이라 한다. 항상 독립을 갈망했고, 수도 없이 독립을 시도했으면서, 끝내 독립을 쟁취하지 못한 카탈루냐 사람들은, 언어도 춤도 자기만의 것을 가지고 있어, 아직도 카탈란으로서의 긍지 속에 살고 있다. 언니도 미국에서 한국 춤을 자주 췄다. 그것도 일종의 리추얼Ritual이었다. 코리안 페스티벌이 열리면 선두에 서서 춤을 추곤 하던 언니 생각이 난다. 피차에 걷기도 힘들어진 자리에 서서 보니 그날들이 너무 아름답게 여겨진다.

2001년

8

셋째 딸 이야기

딸 많은 집 셋째 딸

딸 많은 집 셋째 딸은 선도 안 보고 데려간다는 말이 있다. 그 말이 무엇을 의미하는지 나는 알고 있다. 내가 '딸 많은 집 셋째 딸'이기 때문이다. 남존여비의 시대니까 어느 집에서나 딸은 별로 환영받지 못하는 존재였다. 우리 집도 마찬가지다. 위로 오빠가 있는데도 할아버지는 어머니가 딸을 낳는 것을 좋아하지 않았다. 그러니 내려갈수록 시세가 떨어진다. 첫딸은 처음이니까 봐 주었을 것이고, 둘째까지도 참아주었을 것이다. 하지만 셋째는 말이 다르다. 아무리 이쁜 짓을 해봐야 소용이 없다. 신선도가 떨어지기 때문이다. 동생들이 있으니 응석을 부릴 계제도 아니고, 어머니가 쫓아다니며 과잉보호를 할 형편도 못 되니, 일찍부터 제 일은 제가 알아서 하게 되는 것이 셋째 딸의 처지다. 후천적으로 성격의 모서리가 다스려지지 않을 수 없는 자리인 것이다.

형제가 많은 집에 막내로 태어난 제자가 "막내는 용역계라구요." 하고 투덜대던 말이 생각난다. 위의 아이들이 부려먹기 때문이다. 그러니 누구의 집에 태어나는가도 중요하지만, 태어나는 순서도 제2의 운명이다. 대체로 둘째 아이가 첫째보다 영악한 경우가 많은데, 그것은 나면서부터 강력한 라이벌을 옆에 두고 살기 때문이다. 그러니 탄생 순서도 아주 중요하다. 하지만 '딸 많은 집 셋째 딸' 그것은 저주스러운 자리라고 나는 어렸을 때 늘 생각했다. 천성이 내성적이면서 개성이 강한 편인 나는, 자신이 타고난 차례를 혐오하면서 어른이 되었다. 언니하고 싸우면 쪼끄만 게 까부는 것이 되고, 동생하고 싸우면 다 큰 것이 미운 짓 하는 게 되는데, 무슨 수로 배겨내겠는가? 앉은 자리에서 쪼끄매졌다가 커졌다가 하니 아이덴티티 크라이시스가 온다. 유년기에는 자신이 어린앤지 어른인지 분간이 되지 않아 늘 혼란스러웠다. 게다가 밑으로 동생이 셋이나 되니 어머니를 독차지할 기회도 부족하여 늘 마음에 빈자리가 있다. 초등학교 1학년 때 열을 많이 내며 앓은 일이 있다. 학교에서 극기 훈련을 시킨다고 맨발로 마라톤을 하게 했는데, 피부가 약한 나는 돌에서 균이 옮아 발바닥 깊은 곳이 곪은 것이다. 열이 너무 심하게 나서 정신이 혼몽했다. 그때 어머니가 나를 업고 밤을 새우셨다. 고통 속에서도 어머니 등의 따뜻한 감촉이 너무 살가워서, 아직도 나는 그 감미롭던 고통의 밤을 잊지 못한다. 내가 어머니를 밤새 독점한 기적 같은 밤이었기 때문이다. 어머니를 독점하는 일은 그런 비상 상태에서만 가능한 것이 셋째 딸의 운명이다. 그래서 나는 이따금 크게 앓기를 바라기도 했다.

나는 몸이 약하고 신경이 예민해서 걸핏하면 체하거나 두통을 앓았다. 피난을 온 후에는 그 증세가 더 심했다. 생활이 노상 흔들렸기 때문이다. 그래서 늘 빼빼 말라가지고 신경이 곤두서 있었는데, 어머니는 나를 살뜰하게 보살필 여유가 없었다. 피난 와서 석 달 만에 어머니는 딸 넷을 낳은 후에 겨우 얻은 아홉 살짜리 아들을 잃었다. 그 일로 늘어져 있는 사이에 여동생이 눈병이 났다. 백 가지도 넘는 눈병 중에서 제일 고약하다는 녹내장이다. 안압이 오르면 두통이 심하니까 동생은 계속 중환자다. 그 애를 데리고 어머니는 방방곡곡에 명의를 찾아다녔다. 수술만도 여러 번 거듭하던 형편이었다. 그러니 나의 신경과민 같은 것을 배려를 할 여력이 있을 리 없다. 그런 여건 속에서, 별수 없이 혼자 병을 다스려가면서, 혼자 외로움도 다스려가면서, 타고난 까다로운 성격을 죽여갈 수밖에 없었다.

자립정신도 강해졌다. 자기 문제는 자기 혼자 처리하는 습관이 저절로 몸에 익은 것이다. 만년에 아버지가 나를 보고 효녀라고 해서 펄쩍 뛴 일이 있다. 나는 아버지의 말을 제일 많이 거역한 딸이었기 때문이다. "너는 네 일로 나를 번거롭게 한 일이 없어. 그게 얼마나 큰 효돈지. 아냐?"라고 아버지가 말씀하셨다. 그건 사실이다. 나는 혼자 공부를 해서 월남해서 넉 달 만에 경기여고에 들어갔고, 1·4 후퇴 후 뒤늦게 부산에 있는 학교로 찾아갔는데도 혼자 입시 전략을 세워서 서울대에 들어갔다. 결혼도 스스로 결정해서 했으며, 평생 시댁이나 남편 문제로 부모를 번거롭게 한 일이 없다. 그 모든 점에서 나는 전형적인 '딸 많은 집 셋째 딸'의 운명을 살아온 셈이다. 딸 많은 집 셋째 딸은 참을성과 독립 정신을 갖추고 있으니 시댁 쪽에서 보면 며느릿감으로는 편리한 존재일 수밖에 없어서 "선을 안 봐도 된다"라는 말이 생겨난 모양이다.

하지만 내게는 아직도 어렸을 때 어머니를 독점하지 못한 데서 오는 사랑의 허기가 상처로 남아 있다. 그래서 세 아이를 기르면서 하나하나에게 고루 100프로의 사랑을 주는 어머니가 되려고 혼신의 노력을 다했다. 딸은 외딸처럼 기르고, 아들 둘은 맏아들과 막내아들로 모셔, 제각기 자신을 아주 특별한 존재로 느끼게 하려는 것이 나의 육아 목표였다. 그런데 어느 날 그런 엄마 노릇에 제동이 걸렸다. 그날 밤 나는 과외를 하고 돌아오는 고3인 딸을 마중하러 집을 나서고 있었다. 새로 생긴 우리 동네에 아직 외등이 없던 시절이다. 캄캄한데 집을 나서려니까 막내가 동무해준다고 따라나섰다. 만일 무슨 일이 일어난다 해도 엄마가 무슨 보탬이 되겠는가. 그러니 종일 일하고 와서 고단한데 마중 나가지 말고 혼자 오게 하라고 막내가 내게 어른처럼 충고를 했다. 그래도 언덕길이 어두워서 마음이 안 놓여 나와 있어야 한다니까 "자기의 경우에도 그렇게 걱정이 되느냐"고 물었다. "물론이지. 내가 너를 제일 많이 사랑하잖니." 나는 그 애가 좋아하라고 좀 과장되게 생색을 냈다. 그런데 아이는 갑자기 시무룩해지더니 더는 말을 하지 않았다.

  실지로 마중을 나와 밤의 언덕길에서 아이를 기다리는 시간이면, 나는 그 아이를 외동자식처럼 생각하는 버릇이 있다. 차들이 홍수처럼 밀려다니는 길목에 서 있으면, 아이는 혼자 100프로 내 가슴을 차지해버린다. 그래서 그의 귀환은 언제나 기적처럼 느껴지는 것이다. 내가 그런 감상에 취해 있는데, 막내의 입이 무겁게 열리더니 "그 지극한 사랑을 좀 줄여서 보통으로 해줄 수 없느냐"는 주문이 나왔다. 너무 놀라서 할 말을 잊었다. 어머니에게서 그런 달콤한 고백을 듣는 것이 나의 유년기의 가장 큰 소원이었기 때문이다. 집에 와서 위의 아이들에게 그 말을 고자질했더니, 뜻밖에도 모두 막내의 의견에 동의했다. 그냥 적당히 힘들지 않게 사랑해주면 좋겠다는 것이다. 너무 위해주면 부담이 되어 불편하단다. 친구 집에 가서 오래 놀고 싶어도, 엄마가 간절하게 기다릴 생각을 하면, 제동이 걸리니 자유롭지 못하다는 것이 그들의 일치되는 의견이었다.

  이쪽은 종일 강의하고 와서, 혼신의 힘을 다해 과잉 출력을 하고 있는데, 그 사랑이 부담으로 느껴지다니 기가 막혔다. "오냐. 보통으로 해주마." 나는 좀 토라져서 혼자 중얼거렸다. 그거야 누워서 떡 먹기가 아니겠는가. 나는 핑곗김에 그들을 돌보는 일을 야금야금 줄이기 시작했다. 그중에서도 마음이 여린 막내에게는 더 신경을 썼다. 그 애는 정말로 내 과잉보호에서 벗어나기를 갈망하는 것처럼 보였기 때문이다. 그다음부터 마중 나가기를 그만두었다. 그래도 아이들은 별로 불편해하지 않았다. 딸아이도 곧 대학생이 되어 남자 친구가 바래다주니 문제 될 것이 없었다. 내가 쓸데없이 신경을 써서 아이들과 자신을 모두 불편하게 만든 것 같았다.

그런 아이들을 보면서, 처음으로 형제가 많은 쪽의 이점을 생각했다. 아이가 일곱이나 되어 어머니의 손길이 고루 미치기 어려웠기 때문에, 만만한 할머니와 외숙모 옆에서 나는 얼마나 자유롭게 자랄 수 있었던가? 중학교에 입학하고서도 교통사고로 다쳐 몸이 안 좋아 공부를 하지 않았는데, 동생이 죽은 직후여서, 어머니는 내가 어떤 성적표를 가져와도 나무라지 않았다. 죽지만 않으면 된다는 것이 그 무렵 어머니의 신조였기 때문이다. 그 방심한 분위기가 또 나를 자유롭게 만들었다. 교통사고는 나에게도 성적 순위에 대한 집념을 없애는 효과를 가져왔다. 동생의 죽음으로 허무주의자가 되어 있던 나는, 핑곗김에 성적 다툼에서 해방되어, 하고 싶은 공부만 하면서 아주 자유롭게 중학 시절을 보냈다. 좋은 책을 빌려 오면 아프다는 핑계를 대고 학교를 쉬며 독서만 하기도 했다. 몸이 약하니, 수영으로 체육 점수를 주는 학교에서 수영복을 입어본 일이 없이 졸업하는 일도 가능했으며, 숙제도 하고 싶은 과목만 해 가니 중학교 성적은 엉망이 되었다. 그때는 학교가 6년제여서 고교 입시가 없었던 것도 나의 방종이 오래 허용된 여건이 되었다. 하지만 대학에 들어갈 때가 되자, 나는 저절로 성숙해져서 공부를 시작했고, 원하던 대학에 들어갔다. 그 모든 것을 엄마의 도움을 거의 받지 않고 혼자 해낸 것이다. 그런 자율 정신과 인내심은, '딸 많은 집 셋째 딸' 이 누린 자유의 부피라 할 수 있다.

만약 외딸이었다면 가뜩이나 고양이 같은 성격을 가진 나는 지금 꼴불견의 공주병 환자가 되어 있을지도 모른다. '여자'라고 일치단결하여 스크럼을 짜고 막아서던 남성 동료들 사이에, 혼자 겨우 비집고 들어가서, 무사히 정년을 맞이한 것, 백 명이 넘는 시댁 식구들과 별 마찰 없이 지내온 것 등은 모두 많은 형제 사이에서 부대끼며 살아온 세 번째 순서의 공덕이었다고 할 수 있다.

하지만 정말로 감사해야 할 것은 아래위로 형제들이 버티고 있어 외로움을 모르고 자랐다는 사실이다. 여자 형제가 다섯이나 되니 외딴집에 있어도 외롭지 않았고, 친구가 없어도 심심하지 않았다. 그들 한가운데에 서서 나는 사실은 제왕도 부럽지 않은 호사를 누린 셈이다. 그 사실을 깨달은 것은 70년대에 들어와 내가 서울에 혼자 남았을 때였다. 어렸을 때의 내 꿈은 외딸로 태어나는 것이었다. 부모님의 사랑을 독차지하고 싶어서다. 그런데 정말로 다 떠나서 외딸이 되고 보니, 그건 너무나 힘들고 끔찍한 자리였다. 오빠는 돌아가셨고, 여자 형제들은 모두 미국으로 가버려서, 낯선 여인과 사는 아버지와 둘이만 남았을 때, 부모를 혼자 돌보아야 하는 외딸 역시 저주받은 존재라는 것을 몸으로 터득했다.

그때 아버지는 숲을 보면서 사시겠다고 부천으로 이사를 가셨다. 그 먼 곳에서 팔십 노인답게 자주 돌아가는 연습을 하셨다. 아버지의 지병은 폐농양의 결과로 생겨난 중증의 천식이다. 그래서 발작이 일어나면 촌각을 다투는 위급한 상태가 되는 경우가 많다. 그런 위급한 경우가 일 년에 몇 번씩 발생한다. 그런데 40킬로 밖에 있는 내가 달려갈 때까지 아무도 병원에 모시고 가지 않는다. 새 마나님이 글을 몰라 입원 수속을 할 줄 모른다는 것이 이유였다. 그래서 아버지와 나는 심청이와 심봉사 같은 절박한 부녀관계로 묶여져버렸다. 고달픔과 외로움이 목을 조이는 것 같은 세월이었다. 마지막에 동생이 간호를 돕겠다고 미국에서 나왔을 때 구세주를 만난 것 같은 기분이었다. 아버지 장례식을 혼자 치르면서 너무 외로워서, 세 번째 아이를 낳기로 결심했다던 제자 생각이 났다. 형제는 하늘이 내려준 친구다. 일곱이나 되는 친구들 한복판에 있으면, 세상에 무서운 것이 없다. '딸 많은 집 셋째 딸' 만세다.

  요즘 아이들은 "친구와 장난감을 같이 가지고 노는 법을 모른다"고 미국의 어느 유치원 보모가 놀라워하는 것을 본 일이 있다. 혼자 자라는 아이가 많기 때문이다. 그래서 나는 자식을 기르는 어머니들에게 외동 자식이라도 '딸 많은 집 셋째 딸'처럼 대범하게 키우라고 권하고 싶다. 자신을 군중 속의 평범한 하나라고 생각하며, 옆 사람들과 유대 관계를 가질 수 있게 사랑과 보살핌을 절제하고, 어느 정도까지는 제 일을 저절로 하게 내버려두는 것이 필요할 것 같다. 세상에 공주병 환자처럼 처치 곤란한 존재는 드물다. 그들은 타인을 배려할 줄 모르며, 자기 객관화가 되지 않기 때문에, 이웃에 해를 끼치기 쉽다. 그러니 저도 외롭다. 지금도 나는 사춘기에 어머니가 동생 때문에 정신이 없어서, 나를 참견하지 않고 내버려둔 것을 감사하게 생각한다. 그 일은, 내가 허욕을 부리지 않고, 정말로 원하는 일만 하면서 일생을 살아오는 원동력이 되었기 때문이다.

1979년 여름 《신상新像》

어느 고양이의 꿈

우리 어머니는 큰 방에서 사는 걸 좋아하셨다. 집이 작으면 다른 부분을 생략하더라도 큰 방 하나는 꼭 확보하신다. 단칸방에 살더라도 방 하나는 파격적으로 커야 하니까 셋방살이를 하지 못한다. 그것 때문에 피난을 가서도 세를 드는 대신에 하꼬방을 지어 살았는데, 그때도 안방은 네 평이 넘었다. 어머니의 안방이 커야 하는 이유는 칠 남매나 되는 아이들을 모두 한 방에서 재워야 한다고 생각했기 때문이다. 어머니는 아이들이 전부 당신 시야 안에서 잠든 것을 보는 때가 제일 행복하시단다. 비단 자녀들뿐 아니다. 어머니는 방에 사람이 가득 차는 것 자체를 좋아하셨다. 외딸인 데다가 아기 때 모친을 여읜 어머니는, 늘 외로워서 사람이 가득 찬 방을 선호하셨던 것 같다.

성장기의 이런 여건은 여러 가지 부작용을 낳았다. 사춘기가 되어도 반항할 엄마가 없었던 어머니는, 맏아들이 커서 당신에게 반항하는 심리를 전혀 이해하지 못하셨다. 혼자 있고 싶어 하는 것도 마찬가지다. 그래서 아이들이 사춘기가 되어 반항하거나, 각방 쓰기를 원하면 어머니는 세상이 무너지는 것처럼 불안해져서 무조건 화부터 내셨다. 월남하기 전에 살던 우리 집에는 방이 다섯 개가 있었다. 함경도의 집들은 양통식으로 되어 있다. 건물의 가운데가 가로로 막히고 앞쪽과 뒤쪽으로 방들이 나뉜다. 큰 집은 정지방 말고도 밭 전田 자 식으로 방이 네 개가 있다. 넉자 정도의 넓은 툇마루가 달린 앞쪽이 남자들의 거처다. 정지는 앞뒤 방 두 개를 합친 넓이를 가지고 있어 아주 크다. 게다가 부엌, 바닥(토방)과 이어져 있고, 그 너머에 광과 외양간이 붙어 있다. 정지 칸은 거의 건물의 반을 차지한다.

  함경도의 정지방은 온 가족이 모여 생활하는 거실과 식당, 침실을 겸하는 공간이다. 거기에는 신과 가축의 자리도 있다. 추운 지방이라 소의 월동을 위해 외양간을 부엌 맞은편에 만든 구조인데, 여물을 주기 좋으라고 소들을 정지간을 향해 매 놓아서, 자다 깨보면 눈을 끔벅거리며 소가 우리를 보고 있는 것을 발견하게 된다. 신이 거하는 공간은 부엌 동쪽에 있다. 부엌 동쪽 벽에 그릇을 올려놓는 여러 층의 선반이 만들어져 있는데, 함경도에서는 그곳을 조왕이라 부른다. 조왕신이 거하는 공간, 신성 공간이다. 그래서 아낙네들은 그곳을 열심히 단장한다. 됨질을 오래 해서 마호가니 빛이 나게 만든 선반 꼭대기 층에는, 신줏단지와 씨앗 단지들을 올려놓는다. 우리 집은 어머니가 크리스천이어서 신줏단지는 없었고, 청색으로 모란이 그려진 하얀 항아리에 씨앗을 담은 것이 가지런히 놓여 있었다. 맨 아래 칸에 놓이는 모랭기(작은 목기 함지)들도 잘 뒴질을 해서 고운 빛을 내고 있고, 가운데 두 칸은 사기나 유기 등으로 만든 일상적인 그릇의 차지다. 목숨壽 자나 복福 자가 새겨진 그릇들도 아름답지만, 잘 닦여진 유기그릇도 아름답다. 그래서 조왕은 외양간까지 있는 어수선한 정지 칸에서 가장 아름다운 부분이 된다.

  조왕 아래 부엌 바닥에는 물이 열 동이쯤 들어가는 물두멍이 있고, 그 옆의 중앙 부분에 정지와 바닥 높이가 같게 솥이 네 개 걸려 있다. 무쇠로 된 솥들도 목기들처럼 기름칠이 잘 되어 역시 봐줄 만하다. 문제는 '바당'이라 불리는 토방과 외양간이다. 토방은 정지보다 1미터쯤 낮고, 거기에는 땔감과 소 여물감, 작두 같은 것들이 널려 있어 언제나 지저분하다. 한 여자는 바당에서 소에게 여물을 주며 불도 때고, 다른 여자는 반찬도 장만하고 밥도 푸면서 정지에서 일하는 것이 함경도의 정지 풍경이다. 아늑한 것을 좋아하고 지저분한 것을 견디지 못하는 나는 그 휑하니 크고 어수선한 정지 칸과 바당을 몹시 싫어했다. 잠이 안 오는 밤에 어둠 속에서 소가 되새김질하는 소리를 듣는 것도 끔찍한 일이었다.

그런데 어머니가 툭 터진 공간을 좋아해서 우리는 언제나 정지에서 생활해야 했다. 유난히 컸던 우리 집 정지에는 끼니때가 되면 대형 두리반이 두 개나 펼쳐졌다. 대가족인 데다 객식구까지 곁들인 푸짐하고 넉넉한 식탁 풍경이다. 식후에는 같은 곳에서 각자가 자기 맡은 일을 한다. 할머니와 동네 여자들은 오른쪽 치마를 무릎까지 걷어 올린 자세로 나른히 앉아서, 무릎에 비벼가며 삼베실을 낫고, 어머니는 발틀에 올라앉아 바느질을 하며, 아이들은 두리반에 모여 숙제를 한다.

밤이 되면 노존(삿자리 안페라)이 즐비하게 깔린 정지는 그대로 식구들이 모여 자는 침실이 된다. 할아버지는 작은댁에, 오빠와 아버지는 서울에 살고 있어서 남동생과 조카를 빼면 어머니의 정지는 언제나 여자로 가득 찼다. 우리 집에만 여자가 여덟이니 저절로 여인국이 되는 것이다. 어머니는 자리가 모자라면 머리를 마주 대고 자게 할망정 아이들에게 다른 방을 주는 일은 절대로 없었다. 어머니는 조왕신이 보는 앞에서 뜨개질을 하면서 자녀들의 자는 얼굴을 관찰했다. 보기만 해도 건강 상태와 심리 상태가 다 나타나기 때문에 여러 아이를 건사하기에는 편리한 면도 있었을 것이다. 아버지는 외지에서 딴살림을 하고 있었지만, 그 원시적인 정지 칸에서 어머니는 풍요신처럼 늘 거룩하고 당당했다.

어머니의 정지에서 같이 자던 풍속도는 지금도 자취가 남아 있다. 어쩌다 내가 로스앤젤레스에 가면 거기 있는 네 자매가 모여들어 모두 한방에서 잔다. "우리 오늘 같이 자자아!" 그러면서 언니들이 눈을 빛낸다. 오랜만에 살을 비비며 같이 뒹굴면, 어머니의 정지에 돌아간 기분이 되기 때문이다. 하지만 시차로 인해 잠을 못 이루는 나는 형제들이 다 잠들면 다른 방으로 가서 혼자 책을 읽는다. 그러면 자다 깬 작은언니가 와서 말한다. "아이구야, 넌 아직도 고양이구나!"

'고양이.'

그건 혼자 있는 것을 좋아한다고 어머니가 내게 붙인 별명이다. 문제는 사람이 벅적대는 방을 좋아하는 어머니가 '괭이처럼' 혼자 있기를 좋아하는 나를 낳은 데 있다. 다른 자식들은 모두 그런 분위기에 이의가 없는데, 나만 그걸 못 견뎌 했다. 위가 약하고 빈혈이었던 나는 북적거리는 어머니의 정지 분위기를 아주 싫어했다. 자다가 깨보면 소가 눈을 멀뚱멀뚱 뜨고 우리를 들여다보고 있는 것도 질색이었다. 군산에 있는 왕고모님은 우리보다 훨씬 전에 집을 지었는데도, 정지와 부엌 사이에 미닫이를 달아서 훨씬 아늑하고 문화적이었다. 하지만 툭 터진 것을 좋아하는 우리 어머니는 부엌에 펌프까지 들여놓으면서, 칸막이 문은 달지 않았다. 그런 어머니의 정지에서 나는 안정을 잃어 늘 잠을 설쳤고, 항상 흔들리는 배에 타고 있는 것처럼 멀미가 났다. 나는 빈방에 혼자 조용히 있고 싶었다. 그래서 초등학교 4학년 때 "오빠가 쓰던 윗방에 가서 혼자 자면 안 되느냐"고 어머니에게 물어본 일이 있다. 그 방은 일 년에 열 달은 비어 있으니 전혀 문제가 없어 보였다. 오빠 방에는 유리에 그림이 그려진, 현대화된 의걸이 자개 2층 장이 있고, 축음기와 책상이 있어 깔끔했다. 그뿐 아니다. 사방을 막아주는 벽도 있어서 아늑하다. 그런데 내 말을 들은 어머니는 질겁을 하셨다. "괭이처럼 혼자 있는 걸 좋아하면 외롭다"는 것이 어머니가 펄쩍 뛰는 이유였다. 어머니는 그걸 믿어 의심치 않았다. 그래서 쪼그만 계집애가 혼자 있고 싶어 하는 걸 몹시 불온하게 생각하셨다. 마치 무슨 나쁜 병에나 걸린 것같이 끔찍하게 여겼던 것이다.

해방이 되어 아버지와 같이 살게 되었을 때도 어머니의 안방 풍속도는 변하지 않았다. 그때는 피난살이였으니까 한방에서 사는 일에 나도 이의가 없었다. 하지만 작은 마님과 단둘이 오붓하게 살던 아버지는 달랐다. 열 살짜리 남동생이 부삽을 떨면 짜증을 내셨다. 페미니스트인 아버지는 원래 남자아이를 별로 좋아하지 않았다. 불행하게도 그 아이가 아버지와 한방에서 산 지 석 달 만에 폐렴에 걸려 죽자, 그 일은 어머니를 많이 노엽게 만들었다. 그래서 아버지에게 어머니가 오금을 박으면서 한 말이 "괭이처럼 혼자 있기를 좋아하니 늘그막이 외롭겠다"는 예언이었다.

 카산드라(트로이의 공주. 예언자)의 불길한 예언처럼 그 말은 적중했다. 어머니는 육 남매가 지켜보는 가운데서 이승을 떠나셨다. 그런데 아버지는 외아들을 잃고, 딸들도 다 이민 가서 나 하나만 있는 데서 외롭게 노년을 보내셨다. 어렸을 때 어머니를 독점하고 싶어서 "외딸이었으면 좋겠다"는 생각을 한 적이 있는 나도, 외딸이 짊어져야 하는 부담과 고독 앞에서 몸서리를 쳤다. 내가 자리를 비운 사이에 아버지가 임종하신 날, 나는 우리 부녀가 둘 다 고양이 같아 벌을 받는 것 같다는 생각을 했다.

 합숙소 같은 어머니의 정지 풍경은 우리가 더 큰 집에 이사 가서 안정된 생활을 할 때도 여전히 계속되었다. 원효로에 있던 우리 집은 방이 다섯 개 있는 적산가옥이었는데, 결혼한 자녀 둘이 하나씩 차지했다. 그러고도 방이 세 개나 남았는데, 미혼 자녀들이 다른 방에서 자는 것을 싫어한 어머니는 아버지와 밑의 네 아이를 데리고 큰 방을 같이 쓰셨고, 나머지 방 두 개는 고향 피난민들에게 빌려주었다. 그 일에는 아버지도 이의를 달지 않았다. 피난민들은 모두 당신을 의지해 월남한 사람들이었기 때문이다. 방만 주는 것이 아니라 입히고 먹이는 일까지 부담하는 규모가 큰 구호 사업이 시작되었다. 식구가 스무 명도 넘어서 남자 식모가 쌀을 한 말씩 삶아대야 하는 그 난리 속에서 나는 신경쇠약에 걸려 나날이 여위어갔다.

하지만 그 일은 오래 계속되지 못했다. 아버지의 탄재炭材 회사가 망했기 때문이다. 아버지가 부양 능력을 상실하자 피난민들은 자동적으로 떠나갔고, 오빠네와 형부네와 작은언니는 취직해서 군산으로 내려갔다. 그때 어머니는 대지를 잃은 지모신처럼 풀이 죽고 왜소해 보였다. 사람들이 모여들지 않는 것이 어머니를 못 견디게 한 것이다. 하지만 나는 식구가 단출해지는 것이 좋아서 가난이 닥쳐오는 것도 개의치 않았다. 우리는 작은 방 세 개가 있는 연립주택(나가야長屋, 이어 지은 연립주택)으로 왕창 줄여서 이사를 했는데, 다다미 석 장짜리나마 내 방을 가지게 된 것은 그 작은 집에서였다. 그건 내 오랜 숙원의 성취였다. 나는 큰 방을 원한 것이 아니기 때문이다. 하지만 생활이 어려워져서 곧 2층은 세를 주고 우리는 다시 지렁이 가족처럼 한방에서 엉겨 살게 되었다.

나만의 공간을 확보하기 위한 노력은 그 후에도 몇 년이 지난 다음에야 성취되었다. 아이러니하게도 부산에서 역사상 가장 작은 판잣집을 지을 때 그 일이 이루어졌다. 여남은 평의 작은 집을 지으면서 어머니는 서울대에 들어간 나를 위해 폭 넉 자짜리 골방을 따로 만들어주었다. 어머니는 아마 당신의 팔 하나를 잘라내는 것 같은 비장한 심정으로 그 방을 내게 주셨을 것이다. 드디어 소원을 이룬 나는 그 골방에서 행복했다. 비가 올 때마다 도배 종이가 들뜨는 서푼 판자벽에, 시험지 같은 것으로라도 번

번이 새로 도배를 하면서, 나는 그 작은 방에서 밤을 새우며 서정주와 정지용, 보들레르, 도스토옙스키, 카뮈 등의 작품들을 읽었다.

　다행히도 나는 혼자 있는 일을 죄로 여기지 않는 남자를 만나 결혼했고, 그래서 고양이인 것이 흉이 되지 않는 세월을 편하게 살았다. 하지만 아이가 셋이 생기니까 나의 정지도 조용할 틈이 없었다. 아이 셋이 모여 떠들고 장난치고 난리를 부리는데, 손님들이 줄창 들락거린다. 주인이 원하건 원치 않건 주부의 방은 드나드는 사람들의 휴식처일 수밖에 없다. 처녀 때처럼 다락에 숨어버릴 수도 없지 않은가? 그러다 보니 나는 공부할 자리가 없는 대학교수가 되어 허덕이게 되었다. 그러자 다시 나만의 공간을 향한 갈망이 솟구치기 시작했다. 버지니아 울프가 부르짖던 것과 같은 것이 내게도 필요했다. 더도 덜도 말고 일 년만 살림과 가계부와 가족들의 치다꺼리에서 벗어나, 공부만 하면서 살고 싶다는 간절한 바람이 내 안에서 커가고 있었다.

　결혼한 지 34년이 지나서야 그 소원이 이루어질 기회가 왔다. 해외 파견 교수의 차례가 온 것이다. 마침 며느리가 같이 있던 시기여서 살림 걱정을 안 해도 되었고, 동경대와의 협의도 잘 되어 내가 원하던 '한일 모더니즘의 비교 연구'를 위한 모든 여건이 갖추어졌다. 그런데 떠나려고 찍은 필름에 문제가 나타났다. 뇌하수체에 혹이 생겼다는 청천벽력 같은 진단이 나왔다. 그것도 떠나기 전날에야 알게 되었다. 8월 말이니 여기서는 이미 새 학기가 시작된 후였고, 연구비를 받은 지 한 달이나 지나서 무를 수도 없었다. 암담한 기분으로 비행기에 올랐다. 검사 기간만 3개월이 소요된다니 최악의 경우 중도에 돌아갈 각오를 하고 그냥 떠난 것이다.

그렇게 해서 오늘 나는 신주쿠의 오피스타운에 있는 한 아파트에 짐을 풀었다. 마침 소독한 날이라 수돗물에서는 클로로칼키 냄새가 진동하고, 창밖에서는 자동차 소리가 지축을 울린다. 5미리 유리창을 뚫고 5층까지 쳐들어오는 소음은 착암기로 두개골을 빠개는 것처럼 악착스러웠다. 집안일을 정리하고 오느라고 과로해서 몸살까지 겹쳐 열이 나기 시작했다. 휴가철인 데다가 대부분이 사무실이어서 밤의 아파트는 텅텅 비어 있었다. 유령의 집 같은 건물에 혼자 있으니 공중에 높이 떠 있는 골리앗 크레인에 갇혀 벌을 서고 있는 것 같은 기분이 되었다. 그 순간 어머니의 얼굴이 떠올랐다. 내가 혼자 자겠다고 처음 말했을 때 경악하던 그 모습이.

공부를 한답시고 내가 버리고 온 우리 집에는 말랑말랑한 볼기를 가진 갓 태어난 아기가 있고, 바스락거리기만 하면 아무 때나 눈을 떠주는 남편이 있다. 어머니는 아버지도 없는 집을 평생 한 번도 떠날 생각을 하지 않고 지켰는데, 혹시 내가 잘못을 저지른 것은 아닐까? 그 잘못에 대한 벌로 뇌에 혹이 생겨난 것은 아닐까? 겨우 꿈이 이루어지려는 시점에 머리에 혹이 생겨서 그러지 않아도 심란한데, 그런 죄의식까지 생기니 귀양 와서 위리안치된 죄수처럼 마음이 더할 수 없이 삭막했다. 그때 'freedom is exile'이라는 사르트르의 말이 생각났다. 자유가 원래 귀양살이와 같은 외로움과 직결되어 있는 것이라면, 그동안의 나의 부자유는 얼마나 큰 축복이었던가.

하지만 나는 그 축복을 버리고 귀양살이를 택한 자신의 선택을 후회하지는 않았다. 나는 이미 육십이 됐고, 더 이상 양보할 시간이 없었다. 병으로 좌절할 것이 분명한 출발이라는 점이 문제기는 했지만, 공부만 하며 사는 시간은 대학교수인 내게는 필수적인 것이기 때문에 그런 선택은 불가피했다. 그것은 남자들에게는 아무 때나 허용되고 있는 것이다.

그렇더라도 어머니에게는 용서를 빌고 싶다. 당신이 원하는 것을 들어드리지 못했기 때문이다. 사랑과 궁합은 모녀 사이에서도 별개의 것인가 보다. 지금 내가 바라는 것은 저승에도 어머니가 원하는 큰 정지 칸이 있었으면 하는 것이다. 거기에 뒤따라간 가족들만이라도 모아놓고 어머니가 흡족해하실 수 있게 말이다.

1992년 9월

조세트 원피스와 무명 속옷

1942년 여름방학 때, 언니들이 내려오는 편에 아버지가 내게 조세트(얇은 옷감) 원피스를 사 보내셨다. 짙은 코발트빛 바탕에 안개꽃 같은 섬세한 흰 꽃이 다문다문 그려져 있고, 목둘레에 하얀 프릴이 달린 아름다운 원피스였다. 세상에 나서 처음으로 받아본 세련되고 우아한 원피스에 나는 걷잡을 수 없이 홀려버렸다. 서울에서도 보통 아이들은 입기 어려운 아주 비싼 옷이라 한다. 아버지는 그 옷을 화신상회라는 곳에서 사셨다고 했다. 에스컬레이터라는 것이 있는 백화점이란다.

공교롭게도 새 옷을 받자마자 홍수가 나서 집이 물에 잠겼고, 우리는 서당 집 마루방으로 거처를 옮겼으며, 언니들은 일찍 서울로 돌아갔다. 새집을 지어야 하니까 어머니는 밤낮없이 동분서주했고, 할머니는 병환이 깊어 집안이 두루 엉망이었는데, 시국까지 뒤숭숭했다. 창씨개명과 공출, 일어상여용日語常用 등 일본의 압제가 나날이 옥죄어 오고 있었던 것이다. 그런데 그 여름에 나의 관심사는 오직 새 원피스에만 집중되어 있었다. 그 옷이 너무나 너무나 입고 싶어서 나는 혼자 이발관에 가서 머리를 상고머리로 가다듬었다. 낡은 운동화도 빨아놓고, 날마다 비누칠을 해가며 열심히 세수를 한 후 어머니의 '우데나 구리무(utena cream, 일제 크림)'도 훔쳐 바르면서 내가 할 수 있는 만반의 준비를 다 하고 있었다.

하지만 속옷이 없었다. 하늘거리는 얇은 천으로 된 그 원피스는 홑겹이어서 전에 받았던 스웨터나 세일러복처럼 그냥 걸치면 되는 것이 아니었다. 속이 환히 들여다보이니까 우아한 속옷이 필수적이었는데, 내게는 어머니가 만들어준 무명 속옷밖에 입을 옷이 없었다. 요즘처럼 러닝셔츠가 있는 것도 아니니, 얇은 옷을 입을 형편이 아니었다. 그 당시에는 서울에도 조세트 원피스 밑에 받쳐 입을 아이들용 속옷은 드물었을 텐데, 아버지는 어쩌자고 잠자리 날개 같은 홑겹 옷을 이런 시골에 사 보낸 것일까? 나는 우리의 현실을 너무나 모르고 있는 아버지도 원망했다. 하지만 그 옷을 보내준 건 눈물겹도록 고마운 일이었다. 아버지가 그 옷을 내게 입혀보고 싶어 했다는 것이 감격스러웠고, 아버지가 아니면 내가 어디서 저런 고운 옷을 구경이나 할까 싶어 황송하기도 했다.

모처럼 만난 이쁜 옷을 입을 수가 없으니 나는 피가 바짝바짝 말라 들어갔다. 평생 옷 때문에 그렇게 고민을 해본 일이 없을 정도였다. 천상 어머니가 틈을 내서 내리다지 인조 속치마를 만들어주어야 하는데, 그 무렵의 어머니는 얼굴도 구경하기 힘들 정도로 너무 바빴다. 큰언니만 있어도 무슨 방도를 생각해냈을 텐데 큰언니는커녕 작은언니도 서울에 가고 없으니 속수무책인데, 옷은 너무 입고 싶었다. 그래서 하지夏至날 나는 큰 결단을 내렸다. 눈 딱 감고 그 옷을 무명 속옷 위에 걸쳐 입고 학교를 향해 떠난 것이다. 치수가 꼭 맞는 옷이라 이 여름이 지나면 내년에는 입을 수도 없겠는데 꾸물거리다가는 그 옷을 한 번도 못 입어보고 말지도 모른다는 생각이 그런 결단을 촉구했다.

그런데 거리에 다른 사람들이 나타나기 시작하자 나는 자신의 몰골에 스스로 경악했다. 등교 시간이 촉박해서 갈아입으러 집으로 돌아갈 수도 없으니 계속 전진하기는 해야 하는데……, 한 걸음, 한 걸음이 골고다의 길이었다. 한 번도 비치는 옷을 입어본 일이 없는 나는 너무 창피해서 두 팔로 가슴을 감싸 안다시피 하고 걸었다. 속옷과 겉옷이 너무나 이질적인 것도 신경이 쓰이는 데다, 무명 팬티까지 훤히 들여다보이니 벗고 다니는 것과 무엇이 다르겠는가?

속옷만 문제가 되는 것도 아니다. 마에고무라 불리던 실내화 같은 검은 운동화도 그 옷과는 영 어울리지 않았고, 시보리 소매

(일본에서 문양을 꾸며서 만드는 염색법)를 한 지리멘 책보도 이질 적이기는 마찬가지여서, 나는 친구들 사이에서 단박에 웃음거리가 되어버렸다. 누더기 같은 옷을 입었을망정 팬티가 들여다보이는 옷을 입은 아이는 없었기 때문이다. 사내아이들은 졸졸 따라다니며 놀려대고…… 종일 앞섶을 두 손으로 가리고 얼굴이 빨개져서 몸 둘 바를 몰랐던 그날은, 내가 이 세상에서 보낸 가장 길고 치욕적인 하루였다. 화가 잔뜩 난 나는 집에 돌아오자마자 그 원피스를 막 꾸겨서 옷 보따리 사이에 쑤셔 박고, 다시는 쳐다보지도 않았다. 그런 걸 보내서 나를 망신시킨 아버지를 내놓고 원망했으며, 속치마를 안 만들어준 엄마도 너무 미워서 그날 나는 물 한 모금 안 마시고 잠자리에 들었다.

  세월이 아주 많이 지나 이 자리에 서서 보니, 그 조세트 원피스는 아버지가 속한 세계의 상징이었고, 무명 사루마다(팬티)는 어머니의 세계를 대표하는 것이었다. 집에 있는 빅터 레코드, 세고비아 기타, 그리고 오빠가 채집해서 만든 현란한 호랑나비 표본 같은 것들은 모두 아버지의 세계에 속했다. 아버지의 댄디즘 덕에 우리 집에는 격에 맞지 않는 사치품이 많았다. 조카가 태어날 무렵에 오빠는 사진 찍기에 미쳐 있었다. 그래서 기와를 반밖에 못 인 성안집에 암실까지 있었다. 우리에게 에스키모 이야기 같은 걸 전해주던《소년구락부》라는 잡지와 탐조등이 그려진 최신식 필통, 세련된 세일러복 같은 것들도 모두 아버지의 문화에 속했다.

어머니는 말배라고 불리는 물 밤이 풍성하게 열리는 연못이 있는 산골의 과수원집 딸이어서, 대지가 우리에게 주는 것 외에는 믿지 않는 농경민적 문화 의식을 가지고 있었다. 1910년대부터 기독교인이었지만, 어머니는 아무리 바빠도 조왕신의 거처는 늘 정갈하게 닦아놓는 토속적 세계에 속해 있어, 아이들이 입학 시험을 치를 때면 산에 가서 종이를 사르면서 산신님께 기도하는 일도 있었다. 어머니는 대지 그 자체처럼 질박했다. 경제적 여유가 있던 중년기에도 어머니는 낟알을 땅에 버리는 짓을 절대로 하지 않았다. 낟알을 버리면 지신地神이 노하신다고 했다. 거기에 기독교적이 검약 정신까지 곁들여져서, 어머니는 평생 사치를 해본 일이 없다. 여유가 있을 때도 하브다에(비단 옷감 이름) 같은 이쁜 옷은 입지 않았다. 조세트 원피스와는 거리가 멀었다. 노력한 만큼 대지가 제공하는 정직한 소득으로 분수에 맞게 사는 것이 어머니의 농경민적 철학이었다. 어머니는 언제나 최첨단을 걷는 아버지의 댄디즘에 한 번도 흔들리지 않았다. 우리 어머니는 독립 정신이 강한 진취적인 분이었지만, 문화면에서는 굳건한 자세로 당신의 농경민적인 질박한 세계를 지켜나갔다.

우리는 조세트 원피스와 무명 속옷처럼 엄청난 격차가 있는 이질적인 두 문화 사이를 오락가락하며 자랐다. 하루는 아버지가 보낸 하이칼라 옷을 입고 서울 아이처럼 살고, 다음 날은 어머니가 만든 무명 블라우스를 입고 시골 아이처럼 사느라고 정체성의 혼란을 겪었다. 그런데 어머니와 아버지의 관계에서는 그 이질성이 대립하는 것이 아니라 상호 보완적인 역할을 해서 문제가 없었다. 아버지는 어머니의 지반처럼 흔들림이 없는 토속 문화를 믿고 마음 놓고 알라모드 a la mode의 첨단적 삶을 즐겼고, 아버지의 조세트 원피스는 어머니의 침체하기 쉬운 질박한 세계를 윤색하는 등불 같은 역할을 했다.

 전쟁과 피난으로 두 분이 모두 경제적인 타격을 입어 삼팔따라지로 하향 평준화된 후에도 그 이질성은 여전히 남아 있었고, 우리는 그 속에서 계속 흔들리며 성장했다. 두 척의 이질적인 배 사이를 오락가락하느라고 우리 형제는 모두 힘이 들었지만, 나름대로 균형을 찾으며 제각기 자신의 세계를 구축해나갔다. 나도 마찬가지다. 조세트 원피스의 환상적인 아름다움과 무명 속옷의 질박한 세계 사이의 거리를 극복해서 하나의 조화로운 세계를 만드는 것은 나에게도 평생의 과제였다. 그것은 요즘에 와서야 내 안에서 하나의 결실을 맺었다. 영인문학관이 그것이다. 아름다운 것을 향한 아버지적인 성향이 박물관을 만들게 된 원동력이었다면, 적은 기금으로 그것을 운영하는 노하우는 근면으로 역경을 극복한 어머니에게서 배운 것이기 때문이다.

2004년 1월

9

어느 읍의 이야기

어느 읍의 이야기

밥을 먹고 있는데 미국에 있는 동생이 온다는 전화가 왔다. 말이 그렇지 웬걸 와 낼까 싶어 전혀 기대하지 않고 있었는데, 정말로 온다니 가슴이 두근거리기 시작했다. 동생은 지난겨울에 유방암 수술을 받았다. 우리 아이가 결혼할 무렵이라 모두들 내게 비밀로 해서 그 소식을 들었을 때는 이미 수술이 끝난 후였다. 훌떡 떨치고 가서 볼 형편도 못 되고, 밤마다 그 애가 죽는 꿈에 시달렸다. 경과가 어떤지 진상을 알 길이 없는 지옥 같은 시간이었다. 어차피 내게는 모두 좋게만 말할 테니 전화를 걸어 봐도 진상을 알 수 없기는 마찬가지다.

수술이 끝나고 얼마 안 됐는데 동생의 둘째 딸이 부랴부랴 결혼을 한다는 소식이 들려왔다. 불길한 느낌이 들었다. 항암 치료를 받아 머리털이 하나도 없다는데 결혼식을 서두는 것은 앞날에 대한 자신이 없음을 의미하는 것이 아닐까? 그렇다고 내색을 할 수도 없어 결혼을 축하한다는 전화를 했더니, 동생은 예전처럼 밝은 음성으로 농담을 하기 시작했다. 도려낸 가슴을 채우는 특별한 패드를 댄 브래지어를 사러 갔는데, 아들이 사이즈를 잘못 말해서 너무 큰 걸 사 와 뜻밖에 글래머가 되는 횡재를 했다는 것이다.

"내 머리가 빠진 걸 용케들 알고 사방에서 큰일만 생긴다구요. 가발 쓰고 장모 되는 꼴 상상하며 즐겨요."

임파선까지 전이되었다니 죽을지도 모르는데 한가하게 그런 말을 하면서 낄낄거리고 있으니 그나마 다행이라고 할 수밖에 없다. 5월에 한국에 갈 테니 관광 코스나 잡아두라는 말로 그날의 전화는 끝이 났다. 그렇지만 한국에 지가 무슨 수로 또 올 수 있을까 싶어 내내 우울했는데, 진짜로 오다니 저승에서 환생해 오는 것 같은 느낌이 들었다.

공항에 내린 동생의 모습은 뜻밖에도 건강해 보였다. 아직 어린 막내를 생각해서 몸에 좋다는 약은 다 집어 먹었더니 다리 아프던 것도 나아 건강해졌다고 했다. 한국에 너무나 오고 싶어서 물리치료가 끝나기가 무섭게 짐을 쌌단다. 집에 들어오자마자 동생은 가발과 브래지어를 훌훌 벗어버렸다. 뻣뻣한 말총머리가 풍성하게 나 있던 머리통에 고질고질하고 노리끼한 잔털이 비실거리며 듬성듬성 나 있어 몰골이 말이 아니다. 그 풍성하던 머리카락이 다 사라지고 고작 3, 4센티 정도의 엉성한 몇 가닥의 털밖에 남은 것이 없다니 믿을 수가 없었다. 바가지만 한 큰 젖이 달려 있던 왼쪽 가슴은 암의 뿌리를 캐내느라고 팔 속까지 후벼 파서 분화구처럼 우묵하게 파여 있고…….

그런데도 동생은 그늘 하나 없이 너무나 씩씩했다. 한 움큼씩 약을 주워 먹으면서도 우스갯소리를 연발하고, 틈만 나면 거리에 나가 종일 싸다녔다. 구경거리가 있으면 선머슴처럼 신이 나서 앞장을 선다. 송도에 가고, 민속촌에 가고, 창덕궁에 가고, 오페라를 보고…… 운전하는 질부를 데리고 하루도 쉬지 않고 밖에서 놀았다. 쇼핑도 했다. 원래 통이 커서 돈 쓰는 걸 보고 있으면 나같이 소심한 사람은 간이 떨어질 지경이었는데, 이번에는 그 증상이 더 심했다. 뚱보니까 옷 태가 이쁘지 않다고 늘 싸구려만 사고 다니더니, 다시는 그런 것 입지 않으련다면서 비싼 옷을 사들이기 시작했다. 그러면서 사람들에게 돈 나누어 주는 일도 병행했다. 평생을 병치레하면서 사는 동안 신세 진 사람들의 명단을 만들어가지고, 불원천리하고 찾아다니며 십만 원씩, 이십만 원씩 나누어 주는 것이다. 마지막으로 친척 아이가 하는 교회에 천 불을 홀랑 내주던 날, 나는 참지 못하고 야단을 쳤다. 여유 있는 편이기는 하지만 사만 불이 한꺼번에 드는 큰 수술을 한 직후라 그녀에게는 돈이 없었다. 지금 쓰고 다니는 돈은 그러니까 모두 꾼 돈이다. 그걸 갚으려면 남편이 얼마나 힘이 들 텐데 왜 그런 식으로 돈을 막 쓰느냐고 야단치니까, 드디어 그의 입에서 '죽음'이라는 단어가 튀어나왔다. 죽으면 그만인데 페이업pay up 한 집이 두 채 있으니 하나를 팔아 갚으면 된다는 것이다. 나는 아차, 싶어서 입을 다물었다. 웃으며 보내는 세월 뒤에서 동생은 죽음과 유착된 의식을 가지고 있었다. 그래서 다시는 못 볼 것 같아 그렇게 미친 것처럼 그리운 거리들을 보고 다니고, 가지고 싶던 물건들을 사들이고, 주고 싶었던 사람들에게 돈을 나누어 준 것이었다.

밤이 되니 나는 너무나 심란해졌다. 가족들이 주는 생일 선물을 돈으로 받아 해마다 인도에 교회 하나씩을 세우고, 이웃을 저렇게 열심히 돕는 인간에게 어쩌면 그렇게도 가혹한가 싶어 하나님이 원망스러웠다. 국민학교 때 녹내장에 걸리는 데서 시작해서 10여 년 전에 앓은 근육무력증까지 고약한 병은 도맡아 앓으면서 살아온 인간에게 암까지 걸리게 하는 법이 어디 있느냐 말이다. 그런데 내가 그 말을 입 밖에 내자 동생은 뜻밖의 반응을 보였다. 근육무력증을 앓고 난 후, 자기가 현세적 삶에 현혹되어 있었던 것을, 이 병을 통해 깨우치게 되었으니 감사해야 한다는 것이다.

이유를 알 수 없는 엄청난 재앙 속에서 자식을 잃고, 재물을 잃고, 부스럼에 뒤덮인 몸이 되었지만, 신의 섭리에 대한 믿음을 잃지 않아 구원을 받은 욥 생각이 났다. 섭리의 옳음을 믿을 수 있어 재앙에서 자유로워진다는 것은 얼마나 축복받은 일인가? 그제야 나도 그 애를 향한 연민을 훌훌 털어버리고 우리 둘은 행복하게 웃었다. 병약한 몸으로 오십을 넘어 살았으니 이제는 죽어도 억울할 것은 없다 싶었던 것이다.

1990년 8월

병복病福

 세상에 복도 가지가지로 많은데, 내 동생은 그중에서 병복만 골라 타고난 사람이다. 그것도 아주 풍성하게 타고났다고 할 수 있다. 어렸을 때 그녀는 녹내장이라는 눈병을 앓았다. 백 개도 넘는 눈병 중에서 가장 고약하다는 병이다. 초등학교 4학년 때 남동생이 죽었는데, 그 죽음이 그녀에게는 너무 큰 충격을 주었다. 피난 온 직후라 심신이 안정되지 않은 데다가 숨이 넘어가는 현장을 목격한 것이다. 원래 겁이 많은 동생은 밤낮을 가리지 않고 정신없이 울어쌓더니 눈이 충혈되기 시작했다. 겁에 질려 발발 떨면서 경련하듯 우는 울음, 그것이 심상치 않다는 걸 어른들이 깨달았을 때는 이미 늦었다. 녹내장이라는 액운이 그녀를 휩쓸고 간 뒤였다.
 그때까지 동생은 정상적인 시력을 가진 건강한 아이였다. 말수가 적은 조용한 아이였기 때문에 별로 눈에 띄지 않는 편이었다. 병은 그런 아이를 이웃에까지도 유명한 존재로 만들어버렸다. 죽은 아이에 대한 지나친 비탄 때문에 산 아이가 치명적인 환자가 되는 걸 눈치채지 못한 죄책감이 어머니를 밤낮으로 괴롭혔다. 그렇다고 그 책임을 어머니에게 물을 형편은 아니었다. 그때의 어머니는 차마 직시할 수 없을 정도로 깊은 절망에 빠져서, 삶에 대한 의욕을 완전히 상실한 상태였기 때문이다. 나는 입학시험을 앞둔 6학년생이고, 동생은 눈에 핏발이 선 채 자지러진 울음을 울고 있는, 어머니에게는 우리를 도울 기력이 없었다. 어머니가 자살하실까 봐 세 자매가 돌려가며 결석을 하고 지켜야 할 지경이었다. 그런 암담한 세월이 몇 달 계속되었다. 그러다가 어머니가 겨우 눈을 떠보니 동생은 이미 불치의 병에 걸려 있었던 것이다. 그때부터 어머니의 생활은 그 몇 달간의 세월을 보상하려는 노력 속에서 탕진되었다. 모든 재산과 시간이 그애의 눈을 위해 바쳐졌다. 유명하다는 의사는 다 찾아 경향 각지를 헤매다녔다. 유난히 겁이 많아서 간호사가 주사기를 내밀면 세브란스 병원의 페치카 뒤로 잦아들어 발발 떨던 아이. 그 애와 같이 땀을 흘리고, 그 애와 같이 울며 보내는 세월이 끝없이 이어졌다. 하지만 어머니의 노력은 도로 떨어질 바위를 밀어 올리는 시시포스의 작업과 흡사했다. 할 수 없이 6학년 때 학교를 휴학한 것이 그만 영원한 휴학이 되고 말았다. 병원에 다니는 것이 직업처럼 되어 버린 세월이 10년이나 흘러갔다. 주사가 무서워 페치카 뒤에서 발발 떨던 상고머리의 소녀는, 갖은 험한 수술을 다 받아가면서 처녀로 성장했다. 그런데 희한하게도 아주 배포가 유한 낙천적인 처녀로 성장한 것이다.

  어른이 되자 안압眼壓이 내려가 통증이 줄어들었다. 시력은 형편없이 퇴화되었지만 통증이 가신 것만 해도 신령님께 감사할 일이었다. 동생은 결혼해서 세 아이의 어머니가 되었다. 그리고 한동안 신의 고문에서 벗어난 평온한 나날들이 이어져갔다. 그러다가 1970년부터 다시 병복이 그녀를 찾아왔다. 수족을 놀리기가 불편한 증세가 나타난 것이다. 다시 생존을 위한 투병 생활이 시작되었다. 유명하다는 의사는 모두 찾아다니고, 먹으라는 약은 풀뿌리건 나무뿌리건 가리지 않고 먹는 극한적인 투병 생활이 계속되었다. 그러다가 그의 가족은 미국으로 이민을 갔다. 거기서도 휠체어를 타고 몇 달 동안 이 병원, 저 병원에 끌려다닌 끝에 겨우 병명을 찾아냈다. '근육무력증', 몸에 아세틸콜린이라는 물질이 부족해서 생긴다는 불치의 병이다. "맙소사!" 나는 맥이 풀려 비명을 질렀다. 희랍의 선박왕 오나시스가 못 고치고 죽은 병이었기 때문이다. 병도 하필이면 그런 극악한 것만 골라 걸리나.

  동생의 반생은 두 차례에 걸친, 병이라는 재앙과의 싸움 속에서 탕진되었다. 그런데 희한한 것은 억울하다고밖에 표현할 수 없는 참담한 재난 속에서 그녀가 노상 웃으며 산다는 사실이다. 눈알을 칼로 째고 꿰매고 하던 소녀 시절이나, 팔다리를 못 쓰는 30대 후반이나 그녀 주위에는 언제나 웃음꽃이 피어 있었다. 혼자 웃는 게 아니다. 남과 더불어 웃으며 사는 특이한 재능이 그녀에게 있었다. 지난 10월에 동생이 귀국했다. 한약을 먹기 위해서다. 공항에 내린 그녀의 모습은 참담했다. 세관원들이 짐을 챙겨주고 부축해야 할 만큼 건강이 좋지 않았다. 몸이 불어 완연한 뚱보가 되었는데, 보행도 괴로운 형편이니 보는 사람의 가슴은 터질 지경이다. 그런데도 돌아오는 차 속에서 우리는 내내 허리를 잡고 웃었다. 마침 남편이 초청한 루이제 린저 여사가 체한 중이어서 나는 공항에서 돌아오자마자 린저 여사와 함께 시골에 가야 했다. 사흘 만에 돌아와 보니 집에 축제가 벌어져 있었다. 동생을 보러 모여드는 사람들이 줄을 이어 우리 집으로 오는 가파른 언덕을 오르고 있었다. 추운데도 산에 가서 매일같이 나무뿌리를 캐다 바치는 교우, 옥수수와 청둥호박을 이고 오는 친구, 60리 밖에서 도토리묵을 쑤어 오는 친척들……. 참 희한한 일도 많다 싶은데, 그들은 모이면 웃느라고 정신이 없다. 손발이 잘 움직여지지 않아 조카에게 업혀 가는 때도, 등에서는 고모가 웃고 앞에서는 조카가 웃는다. 손님이 많아 한방에서 여럿이 잘 때는 자다 말고 일어나 앉아 누가 누구를 발길로 찼다는 둥 누구 발가락이 옆 사람의 입에 들어갔다는 둥 소란을 떨면서 킬킬거린다. 계단을 오를 힘이 없으면 우리 아이 셋이 앞뒤에서 끌고 밀고 하면서 올라오는데, 미는 쪽이나 밀리는 쪽이나 웃느라고 정신이 없다. 아이들은 이모를 좋아해서 아예 여기서 살자고 졸랐다.

그렇게 웃으면서 일은 또 남의 세 배나 한다. 고아원을 방문하고 산소에 찾아가고, 바느질과 빨래와 뜨개질까지 한다. 남의 팔에 의지하고 다닐망정 안 하는 일이 없다. 그러니까 주변 사람들은 자칫하면 그의 병을 잊는다. 나도 그런 사람 중의 하나다. 그래서 어려운 일이 생기면 그 애에게 부탁하고, 필요한 물건이 있으면 그 애에게 전화를 건다. 말하자면 그 애에게 의지하고 사는 것이다. 그녀를 위해 눈물을 흘리거나 하는 일도 극히 드물다. 그저 이따금 '저렇게 불편한 육체를 가지고 어떻게 웃음이 나올까.' 하고 신기하게 생각할 뿐이다.

날이 흐린 어느 날 아침, 동생은 영 나 있는 데로 올라올 생각을 하지 않았다. 처녀 시절처럼 이름을 부르고, 약을 올리고, 갖은 수단을 다 써도 꿈쩍을 하지 않는다. 할 수 없이 아래층으로 내려가 보니 머리를 끈으로 동여매고 성경을 읽고 있다. 붉은 줄을 치면서 읽고 있는 책을 빼앗아보니 '욥기'였다. 줄 친 부분에는 이런 말이 씌어 있었다.

이 나의 가죽, 이것이 썩은 후에 내가 육체 밖에서 하나님을 보리라.

"육체 밖에서 하나님을 보겠다고? 얘! 그거 괜찮다. 좋아! 너 죽으면 이 구절을 묘비에 새겨줄게."

사실은 눈물이 나올 것 같아 짐짓 이렇게 내가 험하게 나가니까, "어렵쇼! 자기는 제법 오래 살 것같이 구네!" 대뜸 이렇게 응수하길래 기가 차서 웃고 말았다. 한참 마주 보고 있다가 우유를 가지러 2층으로 올라오는데 나는 자꾸 다리가 휘청거렸다. 아무 하고나 같이 웃으며 보내는 그런 시간 뒤에서 동생이 육체 밖의 세계를 음모하고 있었다는 게 가시처럼 목에 걸려 아팠던 것이다. 그러면서 한편으로는 병복으로 얼룩진 괴로운 여건 속에서, 육체 밖의 세계를 찾아낸 그녀가 부러워 손을 들어 축복해주고 싶은 마음도 되었다.

1969년 5월 《여성동아》

우리들의 병든 기쁨조

최근 몇 년 동안에 나는 목소리가 급격하게 나빠졌다. 몇 해 전에 대형 강의실의 마이크가 성능이 안 좋아 성량을 높이며 강의한 결과인 것 같다. 언젠가는 누구 집에 전화를 거니까 아이가 받으면서 "엄마, 웬 할아버지야." 해서 기함을 했다. 본래 나는 맑은 목소리를 가지고 있었다. 처음 교단에 섰을 때 여학생들이 음성이 맑은 걸 보니 강영숙 아나운서 동생인가 보다고 소문을 내서 웃은 일도 있다. 소리를 과용해야 하는 문과 교수인 데다가 성대가 약한 것도 원인 중의 하나이리라. 어쨌든 목소리가 완전히 망가져서 노래를 전혀 부를 수 없게 되었다. 그래서 스페인에 갔을 때 라만차의 벌판에서 음악이 필요해지자 형제들에게 노래를 불러달라고 부탁했다. 큰언니는 원래 음성이 나빠서 사양했고, 작은언니도 노래할 기운이 없대서 동생이 기쁨조로 뽑혔다. 난치의 병을 고루 앓은 병객인 동생은 목소리만은 여전히 맑고 고와서 그날 종일 우리가 듣고 싶어 하는 노래들을 불렀다.

우리 형제가 모이면 부르는 노래는 모두 흘러간 옛 노래지만 레퍼토리는 다양하다. 선생이 여럿이기 때문이다. 우선 어머니에게서 배운 찬송가와 동요가 있다. 의식이 있던 마지막 날에 어머니가 요청한 찬송가는 '나 어느 곳에 있든지 늘 마음이 편하다'라는 성가였다. 그래서 우리는 지금도 어머니 산소에 가면 그 노래를 부른다. 어느 곳에 있든지 늘 마음이 편하고, 주 예수 주신 평안함이 충만해 있기만 하다면, 그 모습을 우리가 보지 못해도 참아드릴 수 있을 것 같아, 그 노래를 부르면 우리도 마음이 편안해진다.

다음은 좀 더 슬픈 찬송이다. 예수님의 수난을 노래한 것인데 "주님 가신 자리마다 더운 눈물 붉은 피가 가득가득 고였구나"라는 대목이 있다. 어머니가 혼수상태에 빠졌을 때 우리는 '주님' 대신에 '어머니'라는 말을 대입해서 눈물을 흘리면서 이 노래를 불렀다.

오동나무 비바람에 잎 떠난 이 밤
그리웁던 세 동무가 모였습니다.
이 밤이 새이고 날이 밝으면
세 동무도 흩어져서 멀리 갑니다.

이 노래도 어머니에게서 배운 것이다. 「오빠 생각」도 마찬가지다. 그다음은 자장가. 어머니의 자장가에는 음의 고저가 없다.

멍멍개야 짖지 말아 꼬꼬닭아 우지마라.
우리 아기 잘도 잔다. 자장 자장 워리 자장.

그 노래는 너무 심심해서 듣고 있으면 잠이 저절로 온다. 축음기에서 어머니가 자주 듣던 곡은 "어머님! 어머님! 기체후 일향만강 하옵나이까아아아" 하는 것이었다. "복모구구 부림해서 지지로소이다" 하는 다음 구절은 전혀 뜻을 알 수 없어서 우리에게는 주문이나 다름없었다. 아버지가 잘 들으시는 곡은 그보다는 모던하다. '도쿄 무스메노 하츠고이와' 하는 일본 연가이기 때문이다. 그 노래의 2절은 '한양 아가씨의, 한양 아가씨의 푸른 사랑은 어여삐 무르녹은 샨델리아'라는 한국어 버전으로 되어 있다. 독립유공자인 아버지는 어느 날 우리에게 느닷없이 '독립군의 노래'도 가르쳐주셨다.

이곳은 우리 땅 아니건만 무엇을 찾아서 나 여기 왔나?
조선의 거름 될 이내 독립군 설 땅이 없어도 희망 있겠네

높이 솟은 백두산아 부러 마러라 저 건너 부사산을 부러 마러라

왕인이 가져간 논어 천자문 무릎 꿇고 배우던 왜놈의 종자다.

동생은 놀랍게도 그 노래를 삼절까지 다 외우고 있었다. 어느 광복절 날 KBS에서 그 노래를 방송하면서 2, 3절의 가사가 없어졌으니 아는 사람이 있으면 방송국에 연락해달라는 멘트가 나왔다 한다. 그런데 자기는 끝까지 다 안다고 동생은 신이 나 있다. 어렸을 때는 그 노래가 금지곡이어서 우리가 그 노래를 부르면 어머니가 질색을 하셨다.

다음은 언니들에게서 배운 일본 노래들. 언니들에게서 배운 노래는 가짓수가 많다. "뽀뽀뽀, 하도 뽀뽀" 하는 동요에서 시작해서 "가고노 도리(조롱에 든 새)" 같은 사랑 노래. 큰언니가 첫날밤에 불렀다는 "열아홉 살 가슴에 꽃이 핍니다" 같은 것도 있고, 부를 때마다 분노를 금할 수 없는 일본 군가도 있다. 속이고 끌고 간 처녀들의 노래인데 가사가 가증스럽다.

이키시 데이신挺身 와레라가 호코리(살아 몸바침함은 우리들의 자랑)

아 고센죠古戰場노 아아 시슈우다이刺繡隊(아아 고전장의 아아 자수부대여)

"쯔끼노 사바쿠(사막의 달밤)"와 "야마노 하토바노 가게니기테

(산속 방파제 그늘에 와서)"같은 센티멘털한 노래도 있고, "요이마찌 구사노 야루세나사"처럼 거리의 여자의 애달픔을 노래한 것도 있었다. "어린 동생들을 데리고 앉아 온갖 잡가를 다 가르쳤으니, 쯧! 쯧!" 하면서 동생은 언니들을 놀리고 나서 오빠에게서 배운 노래로 레퍼토리를 옮겨갔다. 오빠에게서 배운 것은「황성옛터」와「고오죠오노쯔키(황성의 달)」라는 일본 노래다. 이 노래로 춤을 만들어 큰언니가 학예회 때 솔로로 춘 일이 있다. 하얀 긴 한복을 입혀 놓아 갑자기 어른같이 커 보이던 언니…… 나에게는 큰언니처럼 큰 사람은 평생 다시는 없다. 언니는 내가 날 때부터 언제나 나보다 몇 10센티는 더 컸기 때문이다.

오빠가 좋아한 노래에는「아타미노 가이강 산뽀스루(아타미 바닷가를 산보하는 — '이수일과 심순애'의 일본어판)」라는 것도 있었다. 일본의 자본주의화 과정에서 처음으로 돈 때문에 남자를 버리는 여자 이야기가 나오는 노래다. 새로운 사상이 미처 정착하지 못한 때여서 버리는 구실이 구구하다. '당신을 양행洋行을 시키기 위해'와 '부모의 가르침에 순종하여서'가 뒤섞여 있다. 남자의 대사는 더 우습다. 아직 결혼도 안 한 사이인데 "사랑하는 아내를 돈과 바꾸어 양행을 하러 갈 내가 아니"란다. 오자키코요 尾崎紅葉의「金色夜叉(오자키 코요의 소설명)」라는 소설에서 줄거리를 따온 노래다. 초등학교 때 나는 이 소설을 읽으면서 '夜叉'라는 단어의 음도 뜻도 몰라서 '요마타夜叉'라고 읽으면서 무슨 뜻인지 몰라 고민을 많이 했다. 일본어 사전이 없었기 때문이다. 오빠의 십팔 번은 그것을 한국어로 번안한 '이수일과 심순애'를 함경도 사투리로 해설하는 것이다. "월색이 고요하고 대동강이 춤을 추는데……." 오빠는 돌아가실 무렵에도 우리에게 그것을 자주 들려주었다.

쇼 쇼 쇼죠지   쇼죠지노 니와와
쯘즌 쯔키요다   민나 테테 코이코이코이

이 경쾌한 노래도 오빠가 가르쳐준 것이고 '오늘도 기막혀라 늙으신 할아버지. 먼 산을 바라보며 아드님만 기다리네'라는 구성진 노래도 오빠에게서 배운 것이다.

바이카 무스메와 오샤레 모노   (배화 아가씨는 멋쟁이소녀)
신메이 무스메와 바카마지메.   (진명 아가씨는 바보 골샌님)
도토쿠 무스메와 오텐바모노.   (동덕 아가씨는 왈가닥 처녀)
다카라 후세이노 고노무 도코로   (그래서 보성애들 좋아한단다)

이 노래는 오빠가 다니던 보성고교생들이 만든 노래인 것 같다. 해방 후에 군선群仙(고향의 지명)에서 선생을 할 때 오빠가 작사 작곡한 「군선의 찬가」도 우리 형제만이 부르는 오빠의 애창

곡이다. 거기에 초등학교에서 배운 일본 군가들과 동요, 중·고등학교에서 배운 외국 가요들과 전시에 부르던 「바위고개 언덕」, 「굳세어라 금순아」 같은 노래들. 「빨간 마후라」 같은 월남전 때의 군가, 5·16 때 명동의 다방에서 울려 퍼지던 「아모레 미오」와 아이들이 유치원에서 배워 온 노래들······. 레퍼토리는 무궁무진하다. 우리는 그 노래들의 힘을 빌려 저승에 간 가족을 불러 모아 함께 안달루시아로 들어갈 수 있었다.

문제는 먼저 간 이들에 대한 그리움이 아니라 남은 이들에게 다가오는 이별이다. 우리의 뚱뚱한 기쁨조는 관광 도중에 아무데서나 주저앉는 상태이고, 나머지 사람들도 모두 파스를 여기저기 붙이고 다니는 처지여서 모처럼 함께 여행하는 것이 끈적한 감회를 불러온다. 흘러가는 것은 노래만이 아니기 때문이다.

2000년 12월 《삶과 꿈》

10

남동생의 숙제장

갈대 마나님 – 죽은 동생의 숙제장

갈대 마나님 무얼 보고 손짓하오
물속에 있는 달 보고 그러지 뭐
먹감는 달을 왜 자꾸 나오라오
밤늦기 전에 자라고 그러지 뭐

개나리꽃이 망울질 무렵이면 생각나는 동시 한 구절 – 초등학교 2학년 책에 나오던 것이다. 네모진 굵은 칸이 쳐진 어린이용 공책에 이 시가 다섯 번이나 되풀이하여 쓰여 있었다. 숙제였던 것이다. 그 숙제를 하다 말고 저승에 가버린 열 살 난 사내아이……. 그 공책은 1946년 4월에 죽은 내 동생의 유일한 유물이다.

그때 피난민이었던 우리 가족은 지하실 위에 있는 커다란 다다미방에서 서울에서의 첫 겨울을 보냈다. 지하실에서 올라오는 냉기에 온몸이 오그라 붙는 것 같은 다다미 위에서 섬약한 동생은 겨우내 골골거리다가 막바지에 폐렴에 걸렸다. 아직 '페니실린'이 나오기 전이라 폐렴은 어린이에게 치명적인 병이었다. '도리아농'이라는 주사가 폐렴에 특효가 있다는 말이 들려왔지만, 낯선 피난지에서 어머니는 그 약을 구하는 방법을 몰랐다. 미군을 통해 사는 모양인데, 서울에 온 지 백 일밖에 안 된 우리 어머니는 그 도시의 지리도 제대로 모르는 시골 아낙네였다. 돈도 없고, 아이를 맡길 친척도 없는 타향에서 어머니가 발을 동동 구르며 우왕좌왕하는 사이에 아이의 생명은 나날이 축이 났고, 보름을 못 넘기고 그 애는 새처럼 가볍게 이승에서 떠나갔다.

책이 없어 사담史談을 들려주는 것으로 때우던 국사 시간이었다. 바보 온달의 이야기가 진행되고 있어 나는 한참 신이 나 있었다. 온달의 이야기를 제대로 아는 아이는 나밖에 없어 내가 발표를 하고 있는 중이었다. 그때 누가 와서 교실 문을 노크했다. 그 애의 죽음을 알리러 온 사람이다. 사람은 나이를 아주 많이 먹어야만 죽는 것으로 알고 있었던 내 유치한 상식이 송두리째 무너져 내리는 사건이 일어난 것이다. 그건 내게 불어닥친 폭풍우였다.

집에 가니 그 애는 까만 학생복을 입고 삼베 보 위에 조용히 누워 있었다. 살아온 기간이 짧아서였을까. 데스마스크가 정갈하고 화평했다. 옆방 아줌마가 소리 없이 효창공원에 가서 개나리 두 가지를 꺾어 왔다. 피기 시작한 꽃이 가지 끝에 다닥다닥 달린, 길게 휘어진 선이 아름다웠다. 그 꽃을 관 위에 얹고 그 애는 우리 곁을 떠났다. 아직 얼음이 덜 풀려 무덤 속이 차가웠다. 어머니는 그 언 땅속 구덩이에 방석을 차곡차곡 깔아주었다. 일본 사람들이 남겨놓고 간 명주 방석이다. 딸 넷을 줄줄이 낳은 후에 겨우 얻은 어머니의 소중한 둘째 아들……. 그 애는 개나리를 관에 얹고 땅밑에 깔린 방석 위에 내려앉은 후, 다시는 더 나이를 먹지 않아서 아직도 내 머릿속에는 칸이 넓은 어린이용 숙제장과 함께 있다.

갈대 마나님 무얼 보고 손짓하오
물속에 있는 달 보고 그러지 뭐

시간이 아주 많이 흐르니 죽음도 그 동시처럼 정화되어 편안한 회억回憶만 남는다. 하지만 그 애를 잃었을 때의 어머니 연세가 지금의 내 나이와 같다는 사실은 무심하게 넘겨버릴 수 없는 통증을 불러온다. 새로 지어놓은 집을 거기 두고, 물 밤이 풍성하게 열리던 천정 뜨락의 연못도 거기 두고, 개 짖는 소리도 정겨웠던 고향의 산과 들……. 정든 모든 것들을 고향에 남겨두고, 빈손 들고 삼팔선을 넘어온 지 백 일도 못 되어 한 아이를 땅에 묻던 날 어머니의 아픔의 무게를 생각한다. 당신도 지금은 땅에 묻힌 지 오랜 한 줌의 흙에 불과하지만, 시간이 아무리 흘러도 그 아픔은 정화되거나 퇴색될 것 같지 않다. 그건 이 불안정한 땅에서 아이를 낳아 길러야 하는 나에게 어머니가 물려준 슬픈 유산이었기 때문이다.

1980년 6월 《주부생활》

11

막내의 '은하수'

막내의 '은하수'

사람은 태어나는 순간부터 운명의 지배를 받는다. 언제, 어디서, 누구의 아이로 태어나는가 하는 것이 평생의 삶을 지배하기 때문이다. 그래서 금수저, 흙수저 타령이 나온다. 하지만 그건 너무 단순한 분류법이다. 경제적 측면만 문제 삼고 있기 때문이다. 경제 밖에도 우리의 운명을 좌우하는 요인은 얼마나 많은지 모른다. 그중 하나가 태어나는 순서다.

우리 막내는 재수 없게도 딸 많은 집 막내딸로 태어났다. 더 재수 없는 조건은 바로 위에 몸이 약한 오빠가 있었다는 사실이다. 새로 아기가 생겨 젖이 안 나오자 오빠의 건강이 더 나빠졌다. 딸을 줄줄이 넷이나 낳다가 겨우 아들을 낳은 우리 어머니는 그 오빠에 대한 집착이 유별났다. 그 귀한 애가 죽게 생겼는데, 원하지 않은 아이가 또 생긴 것이다. 그래서 내 동생은 생기자마자 엄마에게서 미움을 받기 시작했다. 가능하면 그 애를 지우고 싶은데, 1930년대여서 방법을 모른 것이다. 원하지 않는데 생겨나서 자신의 귀한 아들의 먹이를 쭉쭉 빨아 먹으며 커가는 그 새 생명을 어머니는 용서할 수 없었다. 설상가상으로 겨우 달을 채워 낳은 아이는 딸이었다. 얼굴에 빨간 점까지 달고 나온, 고맙지 않은 다섯째 딸. 태어나자마자 배냇 젖도 안 물린 채 어머니는 그 핏덩이를 유모에게 맡겼다. 그 애가 나자마자 아버지가 예비 검속에 걸려 통화성으로 조사받으러 가게 되었다. 그래서 어머니는 아버지의 사업체를 처분해버리고 고향으로 돌아오는 수밖에 없었다. 어수선하고 경황이 없기도 했다. 그래서 장백현 그 먼 곳에서 함경남도 이원까지, 국토를 종단하는 이사를 하면서, 새아기를 유모 집에 남겨두고 왔다. 3년 만에 데리러 가니까, 그새 정이 들어서 아이가 유모 품에 달라붙어 악을 쓰고 울면서 엄마의 접근을 거부했다. 할 수 없이 유모까지 데리고 와서 한동안 있다가 할머니에게 아이를 인계하고 돌아가게 만들었다.

  유모는 선량한 사람이었지만, 아기가 죽어 젖이 있다고 한 말은 거짓말이었다. 할 수 없으니까 그녀는 아기를 암죽을 먹여 길러서 배가 짜구가 나 있었다. 의사가 음식을 적게 일정 간격으로 먹이라는 엄명을 내렸다. 그런데 할머니가 너무 마음이 약해서 그걸 하지 못하셨다. 아기가 밥 달라고 울면 할머니는 눈물이 나서 차마 거절하지 못하는 것이다. 그래서 아기의 배는 고쳐지지 않았다. 그것이 아기와 어머니 사이에 또 하나의 벽을 쌓는 계기를 만들었다. 아기는 어머니만 보면 먹던 밥을 감추는 버릇이 생긴 것이다. 할머니가 그렇게 하는 걸 보고 배운 것이다. 그래서 아기와 엄마의 관계는 나날이 나빠져갔다. 우리 어머니는 자식이라면 껌뻑 숨이 넘어가는 헌신적 여인이고, 이웃에 전염병자가 생기면, 그들을 먹이려 끼니마다 주먹밥을 만드는 분인데, 그 애에게는 살이 끼인 듯 모성애가 솟아나지 않았다. 젖을 먹이지 않은 탓인 것 같았다. 남의 눈에는 엄마가 그 애의 계모 같이 보였다. 그것도 사이가 우주 나쁜 계모 같았던 것이다.

그래서 그 애는 같은 집, 같은 부모에게서 태어난 형제 중에서도, 가장 불행한 아이로 자랐다. 프랑스 소설 『홍당무Poile de Carrotte』에 나오는 사내아이와 비슷한 존재였다고 할수 있다. 하지만 하나님은 자비로워서 그 애에게, 다섯 딸의 사위 중에서 가장 어질고 착한 남편을 보내주셨다. 남편이 아내에게 너무 큰 사랑을 베푼 것이다. 그 사랑이 막내의 상처를 치유하고 자신을 사랑할 수 있게 만들어주었다. 그 부부는 마지막까지 사이가 아주 좋았다. 마지막 날에 제부는 수족이 불편한 아내를 몇 해 동안 간호했는데, 무거운 환자를 매번 가장 편한 자세로 안아 올리려 애쓰는 모습이 눈물겨웠다. 젊어서부터 그 집 부부 싸움은 언제나 내 동생이 잘난 체하면서 "그래도 난 다시 태어나믄 꼭 당신과 다시 결혼할 꺼다!" 하면서 끝이 난다. 6년 전에 마지막으로 보았을 때 동생은 이미 휠체어를 타고 있었다. 그러니 6년간 그녀의 남편은 아내를 휠체어를 태우고 내려주고 하면서 산 것이다. 그런데 처형들이 모두 부러워할 정도로 그는 휠체어에 앉는 아내를 아기 다루듯 정성을 다해 모셨다. 거기에 애비를 닮은 딸까지 달려 있었다. 금년에 그 애가 드디어 세상을 떠났는데, 마지막 날들이 너무 좋아서 나는 그 애를 위해 울지 않기로 했다. 부자도 아니고 미인도 아니었지만. 아이 셋 낳아 기르며 편하고 충족한 삶을 누리다 갔기 때문이다.

그 애는 목소리가 고왔고 기억력이 비상했다. 성경 암송 대회 때마다 1등을 하면서 좋아했고, 곱고 높은 목소리로 찬송가를 부르며 온 집 안을 꽃동산을 만들었다. 문제는 그 소리가 너무 높아서 합창에는 어울리지 않는 데 있었다. 그래서 그 애는 다섯 자매가 저희끼리 엉겨 노는 시간에만 기쁨조로 뽑혔다. 일본 노래를 모르는 세대여서 그 애의 레퍼토리는 해방 후의 것이 많다. 해방 후의 노래에는 자유를 되찾은 신생국가 대한민국의 신명이 실려 있었다.

「정이월 다 가면 3월이라네」 「나의 살던 고향은」 「삼천리 반도 금수강산」 「가랑잎 떼굴떼굴 어디로 굴러가오」 「서산 너머 햇님이」 「산 너머 남쪽에는」 같은 노래를 그 애가 부르면, 늙은 언니

젊은 언니들이 따라서 합창하면서, 그 신나던 시기로 돌아간다.

> 정이월 다 가면 3월이라네
> 강남 갔던 제비가 돌아오며는
> 이 땅에도 보오오미 오온다네
> 아리랑 아리랑 아라리요
> 아리랑 강남을 어서나 가세

이건 내가 좋아하던 노래인데 작자가 월북해서 한동안 금지곡이 되었었다고 한다.

> 삼천리 반도 금수강산
> 하나님 주신 도옹산

하는 노래도 항상 좋다

> 일하러 가세 일하러 가 삼천리강산 위해
> 하나님 명령을 받았으니 반도 강산에 일하러 가세

하는 후렴이 나오면 어깨가 들썩거린다. 그 좋은 반도 강산에 살지 못하고 교포가 된 언니들에게는 그 노래가 향수 음악이다.

나머지 노래들도 다 좋다. 그 시절에 여고생이던 작은언니는 '봄의 교향악이 흘러 퍼지는'이나 「보리수」 같은, 학교에서 배운 노래를 좋아하지만, 그때 초등학생이었던 나는 막내의 노래들이 좋다. 바로 밑의 동생은 "가랑잎 떼굴떼굴" 하고 있는데, 큰언니는 "유야케 고야케" 하는 일본 노래의 2절이 생각이 안 나서 속상해하고……. 나중에는 노래가 뒤얽혀 차 속이 시끄럽다. 그러다가 지쳐서 꾸뻑거리며 종착역인 작은언니 집에 다다를 즈음이 되었는데, 갑자기 막내가 비명을 지른다.

"아이구! 「푸른 하늘 은하수」를 잊었구나!"

걷지도 못하는 환자가 된 동생에게서 내가 마지막으로 들은 노래는 「푸른 하늘 은하수」였다. "돛대도 아니 달고 삿대도 없이" 동생이 부르는 노래가 지금도 이따금 환청처럼 들려오는 것 같다. 어제 그 애 산소에 갔다 오는 차 속에서, 남은 세 언니가 울면서 그 노래를 불렀다. 내일이면 우리도 헤어져야 한다. 다시는 보지 못할 형제들이 이미 볼 수 없게 된 막내의 애창곡을 부른 것이다.

2023년 12월

해설

가족 이야기의 서사 심리학
강인숙의 자전적 에세이 전집 1 『성안집 사람들』

―서정자(문학평론가)

　강인숙의 에세이는 자전적 이야기가 대종을 이루어왔다. 그래서 가족에 관한 것이 많다. 가족은 자서전의 뿌리요, 배경이기 때문이다. 이 집 가족 이야기는 험하고 깊은 산골의 대명사인 삼수갑산에서 시작된다. 1933년에 태어난 저자가 유년기에 체험한 일제강점기의 고난 이야기와 열세 살 되던 해 해방이 됐지만 석 달 만에 기차 지붕에 올라 월남하기까지 살았던 깊고 험한 산골의 삶의 이야기가 이 책의 배경이다. 저자의 아버지는 독립운동가였지만 해방 후 북한에서 우파로 분류돼 생명의 위협을 느끼게 되자 가족을 이끌고 월남한다. 이는 4~5백 년 전 온성의 영달진으로 귀양 간 강집 어른의 후손이 드디어 서울로 귀환하는 의미가 있다. 토지를 잃고 도시에 와 어린 아들마저 잃어 살아갈 용기를 잃은 어머니에게, 명문 여고에 입학하여 새 삶의 힘을 불어넣어준 저자가, 낯선 서울의 전통문화에 적응하는 중 6·25 전쟁을 만나, 불타는 분당의 끓는 장독들과 가로수가 불붙은 원효로 거리를 걷고, 한강 모래사장에서는 눈앞에서 한강의 다리가 무너져 사람과 차가 떨어지는 현장을 지켜보는 등, 우리의 험한 현대사를 살아낸 가족의 이야기가 다양하고 실감 나게 쓰여 있다. 1·4 후퇴 때는 피난길에서 어머니와 저자와 동생이 서로 갈라져 밀려오는 피난민 틈에서 영영 놓칠 뻔하다가 찾는 장면을 거쳐, 오빠가 있는 군산으로 가 있다가 대학 입학을 위해 부산으로 가고, 서울의 스승들이 각자 근무하는 학교의 과외반에 끼어 공부하도록 도와 서울대에 무난히 입학하는 이야기, 천막 강의실에서 학문의 세계에 진입하는 이야기, 환도하여 석박사 과정을 마치고 교수가 되어, 일을 가진 주부로서 겪은 체험 등 파란만장한 우리 현대사가 이 책들에서 펼쳐진다. 저자는 이제 할아버지 세대, 부모 세대, 그리고 오빠 언니와 동생들, 3대의 가족들이 겪은 백여 년의 체험을 『성안집 사람들』을 선두로 하여 전 생애에 겪은 일들을 쓴 에세이집을 모아 전집으로 엮으려 한다. 다섯 권의 대하大河 자전적 에세이집이 될 것이다.

세상에 많은 것이 수필집이고 에세이집이지만 자신의 생애를 중심으로 이토록 정직하고 성실하게 기록한 방대한 양의 자전적 에세이집은, 나는 아직 만나보지 못했다. 진정한 의미에서 자전적인 에세이란 얼마나 쓰기 어려운 글인가. 다섯 권으로 엮일 대하大河 자전적 에세이집의 첫 권으로 쓰인 『성안집 사람들』 원고를 받아보고 필자는 눈이 번쩍 뜨였다.

저자 강인숙은 1964년과 1965년 「자연주의의 한국적 양상」 「춘원과 동인의 거리」 두 문학평론으로 《현대문학》을 통해 평론가로 등단하였고, 『한국현대작가론』 출간으로 평론가의 입지를 굳혔으며, 일찍이 『불·일·한 3국의 자연주의 소설 비교연구 I, II』와 『일본 모더니즘 소설연구』 등 독보적인 학문적 성과를 이룩한 원로 인문학자이다. 여성 문학평론가로 1930년대 후반 활동한 임순득이 있지만, 해방 후 정식 등단 절차를 거쳐 평론 활동을 한 여성 문학평론가는 강인숙이 그 제1호다. 또한 유명한 사실이지만 강인숙은 영인문학관 관장이기도 하다.

이런 아우라를 지닌 그가 학자, 교수, 평론가, 문학관 관장의 권위를 내려놓고, 자신과 가족 이야기를 열심히 썼다.* 솔직하고 정직하게 쓴 것이다. 이것이 왜 대단한 일인가 하면, 저자가 활

---

*   강인숙 에세이집 『언어로 그린 연륜』(1976), 『생과 만나는 저녁과 아침』(1978), 『겨울의 해시계』(1991), 『네 자매의 스페인 여행』(2002), 『아버지와의 만남』(2004), 『어느 고양이의 꿈』(2008), 『편지로 읽는 기쁨과 슬픔』(2011), 『내 안의 이집트』(2012), 『셋째 딸 이야기』(2014), 『서울, 해방공간의 풍물지』(2016), 『민아이야기』(2016), 『어느 인문학자의 6·25』(2017), 『시칠리아에서 본 그리스』(2018), 『글로 지은 집』(2022), 『만남』(2024), 『나는 글과 오래 논다』(2024), 『성안집 사람들』(2025) 이상 열일곱 권.

동하던 시대는 학계나 문학계를 막론하고 거의 모든 제도와 사회가 남성 중심이었다. 이 남성 중심주의 사회에서 여성이 지식인으로 살아남으려면 그 첫째 금기가 사적인 이야기를 하지 않는다. 가족이나 집안 이야기를 하는 것은 사적 공간의 일이라 '인정'을 받을 수 없을 뿐 아니라 사회 활동에 불리한 일이다. 하물며 글로 써서 공개하는 일이랴. 그런데 저자의 에세이는 특이하게도 가족의 이야기에 집중되다시피 쓰였다.

그건 가족 이야기가 아니라 인간 이야기다. 자기 근처의 잘 아는 인간들을 통하여 저자는 삶과 인간을 탐색하고 있는 것이다. 아버지를 연구해서 『아버지와의 만남』을 쓰고, 어머니를 연구해서 한국적 모성의 삶을 모색한다. 그것은 지모신地母神, mother goddess 같은 영상을 지닌 모성상이다(『셋째 딸 이야기』). 어린 시절부터 청소년기를 거쳐 중년기와 노년기에 이르기까지 자기 삶의 이야기를 다섯 권의 에세이집에 그토록 열심히 쓴 것은 자신의 정체성에 대한 끊임없는 질문에 답하기 위해서이다. 삶의 이야기를 씀으로써 자신의 정체성을 통합한 그는 노년에 이르러 자신의 이야기(신화)를 완성하고 우리에게 지금 무언가를 건네주고 있다. 개인이 자기의 신화를 이룩하는 것은 후진에게 무언가를 주려는 것이 목적이라고 한다. 강인숙의 에세이는 '시대적 벽화'*로서의 의의만이 아니라 여성학 또는 여성사적으로도 큰 기여일 수 있다.

자기 삶의 의미를 알기 위해서나 자기 자신을 알고자 한다면 자신의 이야기를 알아야 한다. 댄 매캐덤스Dan P. McAdams에 의하면 사람은 어린 시절부터 삶의 이야기를 통해 정체성을 형성해간다. 이미 존재하는 신화 속에서 자기 정체성을 확인하는 것이 아니라, 자기가 신화를 만들어간다. 삶의 이야기는 자신의 삶에 일치성과 목적을 제공하고 심리 사회적인 세계에서 의미 있는 내용을 기술하기 위해서, 한 개인이 청소년기靑少年期 후반과 청년기에 시작하여 만들어가는 개인적 신화다.** 『이야기 심리학』***에 의하면 영아기로부터 자신의 이야기에서 독특한 분위기가 형성되고 유아기에 이야기 속의 상징체계가 만들어지며, 학령기에 삶의 동기가 나타나기 시작한다. 또한, 청소년기에 자기 삶의 이야기에서 어떤 사상적 토대가 세워져가고 청년기에는 자기 삶의 이야기에서 주인공을 비롯한 다양한 등장인물에 의해 영향을 받는 이마고Imago들이 더욱 분명하고 강하게 생성

---

*　　강인숙, 『셋째 딸 이야기』 웅진임프린트콤, 2014. 서문.
**　　최인훈은 어느 글에서 사람은 자기를 설명하려는 본능을 지녔다고 한 바 있다. 자기 정체성 확립에의 욕구는 본능인지도 모른다.
***　　Dan p. McAdams, The Stories We live by: Personal Myths And The Making Of The Self, 양유성 이우금 공역, 『이야기 심리학』, 학지사, 2015. 서문.

된다는 것이다. 그리고 중년기에는 생산성generativity*의 대본이 삶의 이야기를 주도해나가기도 하며 노년기에는 자기 삶의 모든 이야기를 통합하거나 화해시키는 작업을 한다. 이처럼 우리는 이야기의 틀과 체계로 인간의 성장 과정을 재해석함으로써 자신의 신화를 제작해내고 자신의 정체성을 발전시켜나간다.

사람을 키우는 것의 8할은 가족이라고 한다. 가족은 삶의 동반자이자 연구 대상이다. 자기 정체성 확립에 가족이 차지하는 중요성을 새롭게 인식한다. 가족을 이해하는 것은 곧 자신과 사회를 이해하는 길이기 때문이다. 이 에세이를 보더라도 가족의 연구는 평생을 요하는 과제요, 가족 모두를 교차 연구함으로써 정체성 형성을 완성하는 건 지난한 사업이다.

강인숙은 리얼리스트다. 가족 이야기를 쓰는 그 자세부터가 자신과 현실을 직시하려는 사실주의에서 출발하는 것이다. 이해하기 어려웠던 아버지를 냉정하게 분석하여 이해에 도달하는 것이 그 한 예다. 동시에 그는 미의 컬렉터다. 전화戰禍의 현장을 그릴 때도 미적 감각을 놓지 않는다. 그는 자신의 이런 미를 추구하는 취향이 아버지의 에피큐리언epicurean적 핏줄에서 비롯한 것

---

* Generativity는 심리학에서 생식성生殖性, 보통 중년기에 나타나는 후진 양성 욕구를 말한다. Dan p. McAdams, The Redemptive Self, OXFORD university press 2013. prologue.

임을 기어이 찾아낸다. 그러나 그 이마고를 수집하는 과정은 아동기 청소년기 청년기를 거쳐 노년기에 이르기까지 계속되며 가족 이야기는 그의 정체성 탐색의 과정임을 우리는 확인한다. 이 '대하 자전적 에세이집'의 각 권의 시대적 배경은 다음과 같다.

1. 일제강점기 —『아버지와의 만남』(2004),『어느 고양이의 꿈』(2008),『셋째 딸 이야기』(2014),『성안집 사람들』(2025)
2. 해방공간의 남과 북 —『서울 해방공간의 풍물지』(증보판 출간 예정)
3. 6·25 —『어느 인문학자의 6·25』(증보판 출간 예정)
4. 결혼 후(1958~2022) —『글로 지은 집』(2022),『만남』(2024)

이들 에세이를 읽으며 필자가 크게 놀란 것은 기록의 정확성이다. 이 전집은 저자 강인숙의 평생에 걸친 성실이 이룩한 빛나는 업적이다. 여기에서 아마도 처음 쓰이는 '대하 자전적 에세이집'의 대하大河의 문학적 의미를 잠깐 짚어보자면, 대하는 대하소설이라는 용어와 뜻을 같이한다. 작가가 선택한 특정 역사 속에서 수많은 인물이 등장해 도도한 강물이 흐르듯 서사가 이뤄지는 것을 뜻하는 것이다.* 이 에세이집은 1879년과 1891년생이신 할아버지 두 분의 삶에서 시작하여 삼대의 삶, 즉 19세기 말부터 20세기 중반까지의 한 가족 삼대의 시간적 배경을 지닌다는 점에서 '대하'라는 용어를 사용하기에 부족하지 않다고 볼 수 있다. 역사소설에서도 '과거'의 상한선을 현재로부터 대체로 두 세대, 다시 말해서 40년에서 60년 정도의 과거사를 소재로 한 소설을 역사소설로 규정한다.** 주인공이 두 세대를 앞선 인물의 삶을 '보고' '느낀' 것을 기록할 뿐 아니라 그들로부터 직접 들을 수 있는 이야기의 과거까지를 리얼리티로 인정하는 것이다. 그런 점에서 저자의 기록으로서 대하 자전적 에세이집은 역사적 서사로서의 가치를 지닌다.

저자는 노년이 되어 북한산 기슭의 외딴집에서 잡초를 뜯으며, 살아 있어도 만날 수 없는 미국의 혈육들을 생각한다. "내 조국은 내가 자란 브루클린 14구다'라고 헨리 밀러가 말했다. 그러나 내게 고향은 어느 고장이 아니다. 어느 마을도 아니다. 내 고향과 내 조국은 어려서 살았던 퇴락한 성안집 울타리 안이며, 거기서 함께 살았던 혈족들이다"라고 말한다. 본시 강씨 일가의 본거지였던 서울로 월남해 온 것이 저자에게 귀환일 수가 없었다는 말이다. 저자가 돌아가야 할 곳(고향)은 산새도 쉬어 넘는다는 마운령摩雲嶺 산맥의 끝자락, 마지막 고을인 곡구谷口의 찰방터다. 왕조시대에 큰 역참이 있었고 서남쪽에는 개천이 'ㄴ'자

---

*   한국문학평론가협회 편 문학비평용어사전 상, 국학자료원, 468쪽.
** A.V.Fleishman, The English Historycal Novel, The Johns Hopkins pre.,1971.

형으로 흘러 천연의 해자가 되어 있던 곳. 규모가 컸던 역참의 건물들은 한일 합병 후에 모두 헐려서 수만 평의 성안에는 건물이 하나밖에 남아 있지 않았다고 한다. 방 세 칸짜리 작은 주택은 지붕이 절반만 기와로 이어져 있고, 고방도 마방도 없는 단출한 건물로 자연석으로 쌓은 돌 각 담이 둘러싸고 있다. 호랑이가 나온다는 그 넓은 역참 터의 작은 건물이 저자가 1942년까지 살던 성안집이다. 건물은 지대가 높은 데 있어서, 마루에 앉아 있으면, 개천 넘어 남쪽 들판에 장난감 같은 기차가 다니는 철로가 보인다. 그리고 철로 너머에 남벽藍碧색 바다가 있다. 저자의 별명이 광해군狂海君일 정도로 바다를 좋아하는 것은 유년기에 마루에서 바라보던 이 남벽색 바다를 잊지 못해서인지도 모른다. 동쪽과 서쪽에 터널이 있고, 그 사이에 둥그스름하게 모래사장이 펼쳐져 있는…… 풍성하고 아름다운, 청정 해역이다. 집은 작지만 우주만큼 넓은 어머니의 정지방이 있었고, 방학이 되어 서울로 유학 갔던 오빠 언니가 오면 집안은 온통 축제의 장이 된다. 김정호의 대동여지도를 보면 강집姜諿 입조 어른이 4~5백 년 전 귀양 간 두만강변 영달진은 온성穩城에 있고, 일제강점기 시기 원산 회령 구간 열차가 다니는 함경선을 찾아보니, 곡구역谷口驛이 있다. 저자의 가족은 곡구역에서 기차를 타고 월남했을 것이다.

아버지는 3·1 운동 때 3년이나 옥살이를 하고도 해방될 때까지 20년을 고향에 가는 것이 금지되는 심한 벌을 받는다. 군자금 모금 조직과 연결되어 있었기 때문이다. 그래서 저자의 집에는 일제강점기 내내 아버지가 안 계셨고, 별수 없이 어머니가 가장 역을 대행했다.『성안집 사람들』, 저자의 고향인 가족들의 이야기에는 증조부가 일찍 돌아가 어린 채 남겨진 두 아들, 할아버지들의 이야기가 나온다. 두 조부는 나이가 열두 살 차이였는데 개화 세대이면서 두 할아버지의 인생은 극적으로 갈린다. '우리 할아버지(첫째)'는 어쩔 수 없이 가장의 책임을 맡게 되었고, 그가 할 수 있는 일은 농사를 짓는 것이었다. 그런데 작은할아버지는 신교육을 받고 일본으로 가서 와세다 대학 정법학부를 제대로 졸업한다. 작은할아버지가 장래가 보장되는 은행에의 취업을 거절하고 고향으로 돌아와 학교의 교장이 됨으로써 두 할아버지의 삶이 극적으로 갈리게 된다. 총독으로부터 사과를 받아냈다는 소문의 주인공이며 만인이 우러러보는 애국지사의 길을 걷는 둘째 할아버지. 그런데 열두 살에 소년 가장이 된 우리 할아버지는 그런 동생의 치다꺼리까지 하느라고 학교 문전에도 못 가본다. 개화의 대열에서 완전히 탈락한 것이다. 그런 격차가 있는데도 불구하고 두 분 다 좌절로 끝나는 비극적 이야기다. 식민지라는 여건이 지적 엘리트마저 짓뭉개버렸기 때문이다. 저자는 우리에게 중요한 말씀을 전한다. "세상 어디에도 착한 점령군은 존재하지 않는다. 세상 어디에도 적군에게 사랑을 베푸는 군대는 없다. 나라는 스스로 지켜야 하는 것이다. 우리에게 스스로를 지킬 그 슬기와 용기가 없으면, 이 백성은 다시 식민지의 백성이 되는 수밖에 방법이 없다."

『성안집 사람들』에는 이 두 할아버지의 이야기와 함께 저자의 정체성 형성을 도와준 가족의 이야기가 엮여 있다. 이어지는 자전적 에세이 전집의 서론이자 저자의 그리운 고향 이야기이다.

성안집 사람들

ⓒ 강인숙, 2025

초판 1쇄 인쇄 2025년 9월 25일
초판 1쇄 발행 2025년 10월 10일

지은이 강인숙
기획실 정진우 정재우
주간 김종숙 | 편집 김은혜 정소영 김혜원
디자인 강희철 | 마케팅 홍보 고다희 | 디지털콘텐츠 구지영
제작 관리 윤준수 고은정 이원희 | 제작처 영신사

펴낸곳 열림원 | 펴낸이 정중모 방선영
출판등록 1980년 5월 19일(제406-2000-000204호)
주소 경기도 파주시 회동길 152
전화 031-955-0700 | 팩스 031-955-0661
홈페이지 www.yolimwon.com | 이메일 editor@yolimwon.com
페이스북 /yolimwon | 트위터 @yolimwon | 인스타그램 @yolimwon

ISBN 979-11-7040-348-7 03810

* 저자와 출판사의 서면 허락 없이 내용의 일부를 무단 도용하거나 발췌하는 것을 금합니다.
* 책값은 뒤표지에 있습니다. 잘못된 책은 구입하신 곳에서 교환해드립니다.